城市轨道交通车辆总体构造

主　编　杨　波　殷　俊　谢　绝
副主编　杜　凡　王　涛

西南交通大学出版社
·成　都·

内容简介

"城市轨道交通车辆总体构造"是车辆工程专业的主要专业课，是一门知识面较宽、综合性较强的课程。本书立足于车辆工程专业应用型本科人才培养的教学与研究，贯彻理论联系实践的原则，分别介绍了城市轨道交通车辆基本构造、车体与车门系统、转向架、车辆连接装置、牵引传动系统、制动系统、列车控制网络系统、辅助供电系统及新技术发展等内容。每个章节结合应用型人才特点，设有实践环节和复习思考题，有助于学生对重点知识的学习与巩固。

本书可作为城市轨道交通车辆专业教材，也可用于地铁公司的职工培训参考书，还可作为从事城市轨道交通车辆设计、制造、运用、检修和维护等相关技术人员的参考资料。

图书在版编目（CIP）数据

城市轨道交通车辆总体构造 / 杨波，殷俊，谢绝主编. 一成都：西南交通大学出版社，2023.8
ISBN 978-7-5643-9413-4

Ⅰ. ①城… Ⅱ. ①杨… ②殷… ③谢… Ⅲ. ①城市铁路 – 铁路车辆 – 车体结构 Ⅳ. ①U270.3

中国国家版本馆 CIP 数据核字（2023）第 142213 号

Chengshi Guidao Jiaotong Cheliang Zongti Gouzao

城市轨道交通车辆总体构造

主　编／杨　波　殷　俊　谢　绝　　　　责任编辑／李　伟
　　　　　　　　　　　　　　　　　　　　封面设计／GT 工作室

西南交通大学出版社出版发行
（四川省成都市金牛区二环路北一段 111 号西南交通大学创新大厦 21 楼　610031）
发行部电话：028-87600564　　028-87600533
网址：http://www.xnjdcbs.com
印刷：郫县犀浦印刷厂

成品尺寸　185 mm×260 mm
印张　15.75　　字数　393 千
版次　2023 年 8 月第 1 版　　印次　2023 年 8 月第 1 次

书号　ISBN 978-7-5643-9413-4
定价　48.00 元

课件咨询电话：028-81435775
图书如有印装质量问题　本社负责退换
版权所有　盗版必究　举报电话：028-87600562

前 言

随着我国经济的持续发展和城镇化进程的不断推进，城市人口和机动车数量越来越多，由此带来的交通拥堵和环境污染问题日趋严重。城市轨道交通以其快捷、舒适、安全、低碳等其他交通方式无法比拟的优势，成为改善现代城市交通困局的有效措施。以地铁、轻轨和有轨电车等为代表的城市轨道交通正逐步成为许多大中城市交通发展战略中的骨干。

当前，我国城市轨道交通事业正处于快速发展阶段，相应行业人才的需求也日益紧迫。根据国际城市轨道交通职业人才配备标准，每建设一千米的城市轨道交通线路，至少需要60名管理及技术人员；每开通一条城市轨道交通线路，需要各类专门人才1 000余人。作为城市轨道交通的载客主体，车辆是系统中最重要的机电一体化装备。因此，城市轨道交通需要大量车辆技术专业的应用型人才。同时，非车辆岗位的技术人员也应具备一定的车辆专业知识，以保障城市轨道交通系统的安全运营。

本书以培养城市轨道交通应用型本科人才为特点，针对应用型人才的特点和要求，合理设置章节内容，并与城市轨道交通运营实际紧密结合，既可作为相关专业的高等教育教材，也可为企业内部员工培训提供参考；同时，书中导入大量城市轨道交通现场照片或原理示意图，图文并茂、通俗易懂、可读性较强，并引用了城市轨道交通车辆运用现场的实践案例，课后设置习题，以提高读者的理论水平和实践能力。

本书由西南交通大学希望学院杨波、殷俊、谢绝担任主编，西南交通大学希望学院杜凡、德阳城市轨道交通职业学院王涛担任副主编。具体编写分工如下：第二章、第三章、第七章由杨波编写，第四章（部分）、第十章由殷俊编写，第一章、第四章（部分）、第五章由谢绝编写，第六章、第八章由杜凡编写，第九章由王涛编写。本书在编写过程中参阅了大量市面上同类型专业院校的教材及相关企业的技术资料，在此向所有资料和文献的各位作者表示真挚的感谢。

由于编者水平及编写时间有限，书中难免存在疏漏和不妥之处，恳切希望广大读者批评指正。

编 者
2023 年 1 月

目　录

第一章　城市轨道交通导论 …………………………………………………… 1
　　第一节　城市轨道交通系统简介 ………………………………………… 1
　　第二节　城市轨道交通车辆概述 ………………………………………… 8

第二章　城市轨道交通车辆总体 ……………………………………………… 12
　　第一节　城市轨道交通车辆的类型及组成 ……………………………… 12
　　第二节　城市轨道交通车辆技术参数 …………………………………… 16
　　第三节　典型城市轨道交通车辆总体简介 ……………………………… 20
　　第四节　地铁车辆限界 …………………………………………………… 35

第三章　车体与车门 …………………………………………………………… 42
　　第一节　车体概述 ………………………………………………………… 42
　　第二节　铝合金车体 ……………………………………………………… 46
　　第三节　司机室介绍 ……………………………………………………… 53
　　第四节　车门概述及分类 ………………………………………………… 56

第四章　转向架 ………………………………………………………………… 70
　　第一节　概　述 …………………………………………………………… 70
　　第二节　构　架 …………………………………………………………… 75
　　第三节　轮对轴箱装置 …………………………………………………… 78
　　第四节　弹性悬挂装置 …………………………………………………… 88
　　第五节　牵引连接装置 …………………………………………………… 103
　　第六节　驱动装置 ………………………………………………………… 106
　　第七节　基础制动装置 …………………………………………………… 112

第五章　车辆连接装置 ………………………………………………………… 119
　　第一节　概　述 …………………………………………………………… 119
　　第二节　车　钩 …………………………………………………………… 120
　　第三节　缓冲器 …………………………………………………………… 130

　　　　第四节　附属装置 …………………………………………………………… 134
　　　　第五节　贯通道及渡板 ………………………………………………………… 138

第六章　牵引系统 ………………………………………………………………………… 144
　　　　第一节　城市轨道交通车辆电气牵引系统基础 …………………………… 144
　　　　第二节　城市轨道交通车辆牵引系统设备组成 …………………………… 150

第七章　制动系统 ………………………………………………………………………… 164
　　　　第一节　制动系统的基本要求及分类 ……………………………………… 164
　　　　第二节　KBGM 电空制动机 ………………………………………………… 171

第八章　列控系统 ………………………………………………………………………… 187
　　　　第一节　列车自动控制（ATC）系统分类 ………………………………… 187
　　　　第二节　列车自动监控（ATS）子系统 …………………………………… 188
　　　　第三节　列车自动防护（ATP）子系统 …………………………………… 191
　　　　第四节　列车自动驾驶（ATO）子系统 …………………………………… 200
　　　　第五节　正线计算机联锁（CI）子系统 …………………………………… 202

第九章　辅助系统 ………………………………………………………………………… 209
　　　　第一节　辅助供电系统 ………………………………………………………… 209
　　　　第二节　空调通风系统 ………………………………………………………… 212
　　　　第三节　车辆照明系统 ………………………………………………………… 216
　　　　第四节　乘客信息系统 ………………………………………………………… 217

第十章　城市轨道交通车辆新技术 ……………………………………………………… 222
　　　　第一节　跨座式单轨车辆技术 ………………………………………………… 222
　　　　第二节　直线电机车辆技术 …………………………………………………… 226
　　　　第三节　有轨电车储能技术 …………………………………………………… 237

参考文献 …………………………………………………………………………………… 245

第一章　城市轨道交通导论

随着我国经济的高速发展和城市化进程的有序推进，城市规模持续扩大，城市人口不断增加，原有的城市交通体系无法满足人民日益增长的出行需求，同时带来的环境污染问题也制约着城市的绿色生态建设和可持续发展。而城市轨道交通以其速度快、运量大、节能环保、安全舒适等优势成为解决上述矛盾的有效途径。截至 2022 年 12 月 31 日，中国内地共有 55 座城市开通城市轨道交通线路 308 条，车站 5 875 座，运营里程 10 287.45 km，全年完成客运量 193.02 亿人次，在开通城市数量、运营里程长度和客运量等方面均居全球第一。

第一节　城市轨道交通系统简介

一、城市轨道交通的概念

"城市轨道交通"是一个包含范围较大的概念，在不同的国家和地区，甚至在不同的发展阶段，都会有所差异。在我国行业标准《城市公共交通分类标准》（CJJ/T 114—2007）中，将其定义为"采用轨道结构进行承重和导向的车辆运输系统，依据城市交通总体规划的要求，设置全封闭或部分封闭的专用轨道线路，以列车或单车形式，运送相当规模客流量的公共交通方式"。国家标准《城市轨道交通技术规范》（GB 50490—2009）对该术语的解释为"采用专用轨道导向运行的城市公共客运交通系统，包括地铁系统、轻轨系统、单轨系统、有轨电车、磁浮系统、自动导向轨道系统、市域快速轨道系统"。

一般而言，广义的城市轨道交通是指以轨道运输方式为主要技术特征，在城市公共交通系统中具有中等以上运量、专门为城市内公共客运服务的交通运输系统，如图 1-1 所示。随着社会的发展和技术的进步，城市轨道交通已成为城市公共交通的主干线和客流运送的大动脉，是一种在城市公共客运服务中发挥骨干作用的现代化立体交通系统，如图 1-2 所示。城市轨道交通是城市的生命线工程，是城市建设史上最大的公益性基础设施之一，对城市的全局和发展模式都会产生深远的影响。

图 1-1　城市轨道交通客运服务现场　　　　图 1-2　立体化城市轨道交通体系

总之,城市轨道交通是公共交通铁路化的产物,城市轨道交通以其大载客量、快捷、准时、安全、环保的特点成为解决交通拥挤的最有效手段。城市公共交通的轨道化程度已成为一个城市现代化的重要衡量标准之一。

二、城市轨道交通的种类

目前,城市轨道交通的应用在世界范围内方兴未艾,但由于国家地区的不同、发展阶段的不同,使得城市轨道交通种类繁多,技术指标差异较大,尚无完全统一的分类标准。根据我国 2009 年颁发的现行标准《城市轨道交通技术规范》,城市轨道交通主要包括 7 种制式,即地铁系统、轻轨系统、单轨系统、有轨电车、磁浮系统、自动导向轨道系统和市域快速轨道系统。我国不同城市轨道交通制式运营里程占比如图 1-3 所示。

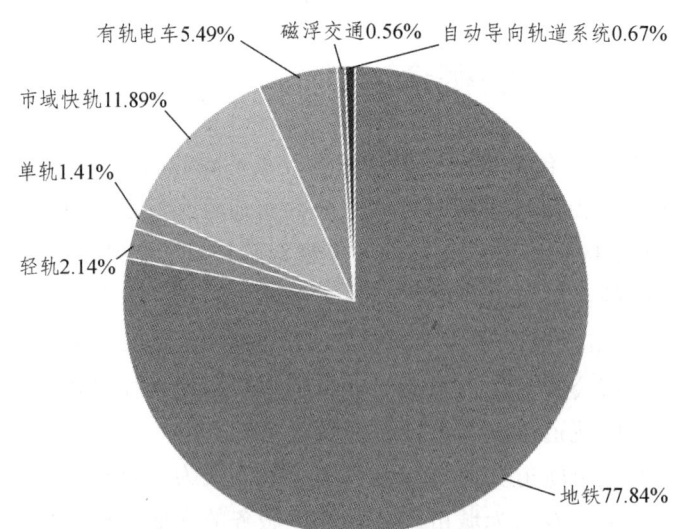

图 1-3　中国城市轨道交通运营线路制式结构（数据截至 2022 年年底）

1. 地铁系统

地铁,又称为地下铁道,最初是指修建在城市地下隧道中的铁路,但目前地铁早已突破原本只在地下运行的区域限制,当条件允许时,也可穿出地表,在地面上或高架桥上运行,如图 1-4 所示为武汉轨道交通 7 号线地铁列车。因此，在我国现行的国家标准《地铁设计规范》（GB 50157—2013）中，将地铁定义为"在城市中修建的快速、大运量、用电力牵引的轨道交通。列车在全封闭的线路上运行，位于中心城区的线路基本设在地下隧道内，中心城区以外的线路一般设在高架桥或地面上"。地铁是一种高载客量的轨道运输系统，单向高峰小时最大断面客运量在 3 万～7 万人次。一般来说，地铁线路实行全封闭，采用钢轮钢轨体系，标准轨距为 1 435 mm，列车编组由 4～8 辆组成，可实现信号控制的自动化。地铁系统具有速度快、容量大、安全、环保、准时、舒适、占地面积少等优势，但缺点在于建设成本较高、周期较长。基于上述特点，地铁系统适用于客运需求较大、出行距离较长的城市中心区域。

2. 轻轨系统

轻轨系统，原始含义为"轻型轨道交通系统"，是指车辆运行的线路所采用的钢轨比重型地铁的钢轨轻。由于轻轨的钢轨较轻，其承载能力受限，运输能力自然也远不及地铁。随着技术的发展，轻轨开始采用和地铁同样规格的轨道结构，载运工具和运行模式也极为相似。但是与地铁相比，轻轨运量小，因而编组车辆较少、运营线路偏短、行驶速度稍慢、行车间隔略长，其运营管理模式也有所不同。所以，轻轨与地铁的主要区别便是运量上的差别，它是一种中等运量的轨道运输系统，单向高峰小时最大断面客运量为 1 万～3 万人次，其走行模式以钢轮钢轨式为主，如图 1-5 所示。轻轨系统标准轨距为 1 435 mm，主要在城市地面或高架桥上运行，线路采用地面专用轨道或高架轨道，遇繁华街区，也可进入地下或与地铁接轨。轻轨主要用于连接市区与郊区，在市区和重点郊区之间构建快速便捷的运输通道。

图 1-4　武汉轨道交通 7 号线地铁列车

图 1-5　上海轨道交通 5 号线轻轨列车

3. 单轨系统

单轨系统是一种车辆与特制轨道梁组合成一体运行的中运量轨道运输系统，其轨道梁不仅是车辆的承重结构，同时是车辆运行的导向轨道。单轨系统的类型主要有两种：一种是车辆悬挂在轨道梁下运行的方式，称之为悬挂式单轨，如图 1-6 所示；另一种是车辆跨骑在轨道梁上运行的方式，称之为跨座式单轨，如图 1-7 所示。单轨系统适用于单向高峰小时最大断面客流量 1 万～3 万人次的交通走廊。因其占地少、造价低、工期短，且与其他交通方式完全隔离，单轨系统运行稳定可靠，建设适应性较强，主要适用范围包括：

（1）城市道路高差较大、道路半径小、线路地形条件较差的地区；

（2）旧城改造已基本完成，而城市道路又比较窄的地区；
（3）大量客流集散点的接驳线路；
（4）市郊居民区与市区之间的联络线；
（5）旅游区域内景点之间的联络线、旅游观光线路等。

图 1-6 悬挂式单轨

图 1-7 跨座式单轨

4. 有轨电车

有轨电车是指采用电力驱动 1~3 辆编组的载运工具在专用轨道上运行的城市轨道交通系统。现代有轨电车的线路铺设往往因地制宜，既可修建在市区街道上，也可铺设在地下隧道或高架桥梁上，但在大多数情况下有轨电车系统通常建设在地面上，与既有道路平行，并且存在平面交叉，一般采用缘石、栅栏或通过设置高差的形式将线路与其他交通方式隔离，如图 1-8 所示。现代有轨电车与地铁相比，由于其车辆容量小、编组少、最高运营速度较低（一般为 70 km/h）、存在平交道口以及站间距短（一般为 500~800 m），所以运量较低，单向高峰小时最大断面客流量通常在 1 万人次以下，是一种低运量的城市轨道交通系统。另一方面，现代有轨电车相较地铁而言具备造价低、工期短、施工量小的优势，适合作为大都市郊区和中小城市轨道交通的主要形式。

图 1-8 沈阳现代有轨电车

5. 磁浮系统

磁浮系统的基本原理是磁铁同性相斥、异性相吸的特性。与传统轨道列车依靠钢轨与车轮之间的黏着接触实现牵引不同，磁浮系统在常温条件下利用电导磁力悬浮技术使列车上浮，列车运行方式为悬浮状态，减小了摩擦力，采用直线电机驱动行驶。因此，磁浮列车不需要轮对、齿轮传动机构和架空输电线网，现行标准轨距为 2 800 mm，通常在高架桥上运行，遇特殊地段也可在地面或地下隧道里运行，如图 1-9 所示。目前，磁浮交通系统根据速度的不同，分为高速磁浮和中低速磁浮两种类型，其中高速磁浮列车的速度可达 500 km/h 及以上，中低速磁浮列车速度约为 100 km/h。磁浮交通系统是一种采用先进技术方式的中等运量轨道运输系统，适合于城市人口超过 200 万的特大城市，可作为重大客流集散区域或城市群市际之间较理想的直达客运交通方式，对单向高峰小时最大断面客流量在 1.5 万～3 万人次的中、远程交通走廊较为适用。

图 1-9　长沙磁浮快线

6. 自动导向轨道系统

自动导向轨道系统（Automated Guideway Transit，AGT），是一种运载工具（多采用橡胶轮胎）在专用轨道上营运的新型轨道交通系统，其车辆沿着特制的导向装置运行，车辆行驶和车站管理均采用计算机控制，可实现无人驾驶和全自动化，一般在繁华市区线路宜采用地下隧道，市区边缘或郊区多采用高架结构。理论上讲，广义的自动导向轨道系统包含了自动旅客捷运系统（Automated People Mover System，APM）、智能轨道快运系统（Autonomous rail Rapid Transit，ART）、个人快速运输系统（Personal Rapid Transit，PRT）等无人驾驶自动化系统。自动导向轨道系统是一种中低运量的旅客运输系统，车辆定员标准按车厢座位数设定，定员为 70～90 人，车辆轴重不超过 9 t，必要时中间段可设少量停靠站，比较适用于旅游观光线路、城市机场专用线或城市中客流相对集中的点对点运营线路，如图 1-10 所示。

图 1-10　伦敦希思罗机场的 PRT

7. 市域快速轨道系统

市域快速轨道系统（简称市域快轨）是一种大运量长距离的轨道运输系统，客运量可达

20万~45万人次/日（一般不采用高峰小时客运量的标准）。市域快轨可作为大城市市域范围内的轨道交通线路，服务于城区与郊区、中心城市与卫星城市、重点城镇之间的客运交通。市域快速轨道列车，主要在地面或高架桥上运行，必要时也可在隧道内行驶。当采用钢轮钢轨体系时，标准轨距依然为1 435 mm，由于线路较长，站间距相应较大，因而可选用最高运行速度在120 km/h以上的快速车辆，往往采用电动车组的形式，如图1-11所示。市域快轨适用于大型城市区域、重大经济区之间中长距离的客运交通，其功能是满足都市圈外围空间或新城与城市核心区的交通出行需求。根据交通需求分析，若市域范围内适应市域快轨模式的通勤商务客流量较小、尚未形成规模，该区域的轨道交通应以国家铁路系统中的市郊铁路为主；若市域范围内重要城镇与中心城区的联系较为密切且空间距离较远，而市郊铁路又无法满足需求时，则往往需要规划建设联系外围空间、新城与城市中心区的市域快轨。市域快轨是城市公共交通系统的重要组成部分，既服务于中心城区与外围空间的快速出行，又兼顾中心城内部出行，可与地铁、轻轨一起构筑起城市轨道交通的主骨架，共同引导城市发展，促使城市布局更加合理化，促进城市外围土地开发与城市总体规划的实现。

图1-11 温州轨道交通S1号线的市域动车组

三、城市轨道交通的特点

与其他交通方式相比，城市轨道交通具有诸多明显的优势，主要体现在以下多个方面：

（1）运能大。城市轨道交通高密度运转，运载工具行车间隔短、发车频率快、行驶速度高、列车编组辆数多，因而具有较大的运输能力。

（2）速度快。城市轨道交通列车多采用现代化的电动车组驱动方式，有较高的运行速度和较快的起动、制动加速度，又有良好的线路条件、先进的自动控制体系和科学的运营组织模式，因而可以使乘客较快地到达目的地，缩短了出行时间。

（3）安全可靠。城市轨道交通运行在专用轨道上，不与其他交通工具产生干扰，同时受气候条件影响也非常小，并且广泛采用先进的通信信号技术和控制系统，具有可信赖的准点率，极少发生交通事故。

（4）节能环保。城市轨道交通通常以电能作为动力源，无须消耗燃料，也没有废油及废气的产生，对环境污染较小；城市地铁车站和线路深埋地下，振动时产生的噪声对外界的干扰也比较小；轨道交通系统载客多，减少了私家车的交通量，从而减少了城市中燃油汽车产生的废气和噪声，实现了低碳出行，有利于改善城市环境，是一种绿色的公共客运系统。

（5）舒适度高。城市轨道交通车站装有空调通风装置、引导装置、自动售票系统等现代化的设施，为乘客出行提供了便利；城市轨道交通车辆具有良好的乘车环境、运行平稳，其舒适性优于公共汽车等其他交通工具。

（6）节省空间。城市轨道交通充分利用地下和地上空间，不占用地面街道，有效缓解了由于汽车大量增加而造成的道路拥堵，有利于城市空间的合理利用，提高了土地利用价值，改善了城市景观。

虽然城市轨道交通具备上述种种优势，但其局限性也不容忽视。城市轨道交通系统的弊端主要体现在投资成本大、建设周期长、施工难度高、经济效益有限、线路建成后不易调整等几个方面。

四、城市轨道交通的构成

城市轨道交通是一个庞大且复杂的综合体系。从专业技术的角度来看，其涵盖了土木、建筑、机械、电气、电力电子、信息技术、环境控制、运输组织等多个门类；从系统构成的角度来看，城市轨道交通系统是由多个分别实现不同功能的子系统组合而成的，包括车辆、线路、车站三大基础设施（见图1-12）及供电系统、通信系统、信号系统和运行组织部门等。各子系统的功能如下：

图1-12　城市轨道交通系统三大基础设施——车辆、线路和车站

（1）车辆。车辆是城市轨道交通完成客运工作的重要工具，是行车组织工作的直接对象。城市轨道交通列车的数量、质量和技术水平直接影响城市轨道系统运营的效率。

（2）线路。线路是城市轨道交通列车运行的基础，用以支撑列车完成运输工作。不同类型的轨道交通，其轨道线路结构也有所不同。

（3）车站。车站是城市轨道交通系统与外界社会联系的窗口和纽带，为乘客提供乘降列车的场所，是运输工作的基层单位。

（4）供电系统。供电系统负责为城市轨道交通正常运行提供所需电能，包括电动列车的动力和辅助设施如照明、通风、空调、通信、信号等设备运转所消耗的能量。

（5）通信信号系统。通信信号系统用于指挥列车运行、保证行车安全、提高运输效率，实现内部沟通、外部联系、调度指挥、抢险救援等任务。

（6）运行组织部门。运行组织部门负责科学合理地调动城市轨道交通系统的所有基础设施，做好客运组织、行车调度、票务管理等各项工作，保证整个运输系统的高效有序。

综上所述，城市轨道交通是一个多专业、多工种配合工作，围绕安全行车这一中心而组成的有序联动、时效性极强的系统。现代城市轨道交通系统中，采用以计算机技术为核心处理方式的各种自动化设备，代替人工操作的机械电气式行车组织、运行控制和安全保障设备，有力保障了城市轨道交通的安全和效率。

世界城市轨道交通的发展历程

中国城市轨道交通运营数据

第二节　城市轨道交通车辆概述

作为城市轨道交通系统的重要组成部分，车辆是直接参与乘客运输工作的载体，也是各类先进科学技术的结晶，其技术选型和规格参数不仅是选择轨道交通线路技术标准的依据，也是确定系统运营管理模式和检修制度的重要参考，同时还是系统设备选型和规模界定的基础条件。因此，城市轨道交通车辆是城市轨道交通系统中最为关键的设备之一。

一、城市轨道交通车辆的发展

1863年1月10日，世界公认的第一条城市地铁在英国伦敦开通运营，标志着城市轨道交通的诞生。当时地铁车辆采用英国铁路部门的蒸汽机车作为动力装置，但很快就被内燃机车所替代。1879年，德国西门子公司成功研制出最早的电力机车，并在柏林的工商业博览会上公开试运行。1890年，伦敦地铁改用电力牵引，采用直流600 V的制式，由线路旁边专门用来供电的第三轨向车辆提供电力支持。由此，地铁进入电力牵引时代，其运行环境和服务条件得到极大的改善，从而正式步入发展的黄金时期。最初地铁车辆的车体材料是木制的，后来改为钢制，以提高强度和防火性能。随着材料技术的发展，1953年开通的加拿大多伦多地铁，车体材质进一步改良为铝制，有效地降低了车辆自重和维护成本。

目前，城市轨道交通车辆产业已有上百年的发展历史。伴随着机械、材料、电气、电子、计算机、互联网等技术的不断发展，它们在城市轨道交通车辆上的应用也日益成熟，现代城市轨道交通车辆已然成为一个名副其实的高科技产品，是一个集成各项高新技术手段的机电一体化装备。

在国际上，根据所采用的电气牵引系统的不同，将城市轨道交通车辆的发展划分为以凸轮调阻车、斩波调压车和调频调压车为代表的三个阶段。其中，前两个阶段均采用直流电动机，而第三阶段改用交流电动机。

1. 第一代：凸轮调阻车

第一代凸轮调阻车生产于 20 世纪 60～70 年代，典型型号有 DK3、DK16、DK20、BD1 等。如图 1-13 所示为北京地铁曾采用的 DK3 型地铁电动客车，其车身最大长度为 19 000 mm、最大宽度为 2 600 mm、最大高度为 3 510 mm、车辆质量为 34 t、设计最高速度为 80 km/h；制动方式为空气制动和电阻制动；供电制式为直流 750 V（第三轨供电），受流方式为集电靴；控制方式为凸轮调阻制动，其原理为使用凸轮片逐级改变电阻从而实现调速，如图 1-14 所示。

图 1-13　DK3 型地铁电动客车

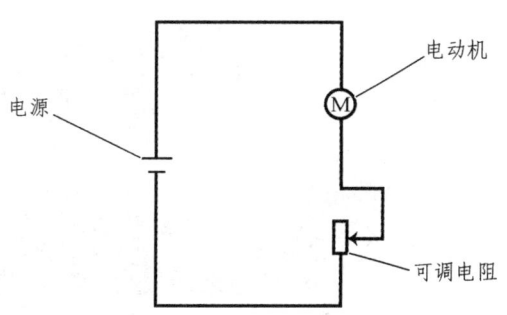

图 1-14　凸轮调阻原理示意图

2. 第二代：斩波调压车

从 20 世纪 70 年代起，列车驱动装置由凸轮调阻器变革到斩波器，由此斩波调压车也逐渐取代了凸轮调阻车，采用斩波调压技术的车型有 DK6、DK9 等。如图 1-15 所示为 DK6 型地铁电动客车，采用了我国自行研制的斩波调压技术，通过控制接在接触网（或第三轨）与牵引电动机之间的斩波器的导通与关断来改变牵引电动机的端电压，从而实现调速的目的（见图 1-16），用以控制地铁动车的起动和再生制动。斩波调压车不但能够实现无级平滑的起动、制动调速性能而提高稳定性，而且取消了起动、制动电阻器，相比 DK3 型列车减少了 20% 以上的电能消耗。

图 1-15　DK6 型地铁电动客车

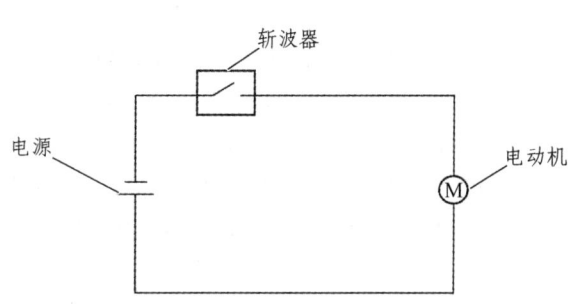

图 1-16　斩波调压原理示意图

3. 第三代：调频调压车（VVVF 车）

调频调压即为可变电压、可变频率（Variable Voltage and Variable Frequency，VVVF）。随着电子技术的不断发展与成熟，交流牵引电动机有全面取代直流牵引电动机的趋势，大功率晶闸管技术的突破，使得可调压调频的逆变装置得以广泛应用，成功解决了交流电动机的调速问题。目前，VVVF 已经在国内外得到广泛运用，成为城市轨道交通车辆的主流技术。如图 1-17 所示为深圳地铁 1 号线使用的调频调压列车，其交流异步牵引电动机采用 VVVF 控制，即直流电通过逆变器转化为三相交流电，用电压和频率的变化来控制异步牵引电动机的转速变化，获得最佳的调速性能，并实现再生制动，如图 1-18 所示。因为省去了直流传动所需的牵引制动转换开关和正反向转换开关，调频调压车实现了车辆牵引系统轻量化，且电能再生率可达 35%左右，节能效果显著提高。

图 1-17 深圳地铁 1 号线的调频调压列车

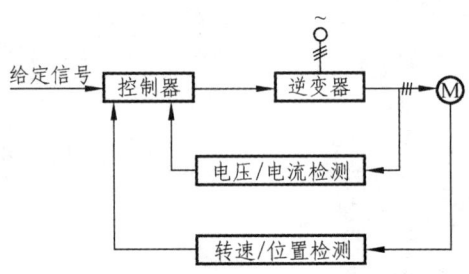

图 1-18 调频调压原理示意图

二、城市轨道交通车辆的特点

城市轨道交通车辆是用来运载乘客的工具，不同地区、不同时期、不同类型的车辆各有其自身的特点，但总体技术上是向着快速化、轻量化、自动化、智能化、少维修、舒适型、节能减排、低碳环保、高安全性和高可靠性的方向发展。现代城市轨道交通车辆具有以下特征：

（1）列车动力分散配置、运行快速准时。根据需求由各种动力车和非动力车组成相对固定的编组，动力性能优越；且列车运行在专用轨道上，享独立路权，基本不产生线路堵塞现象，列车运行间隔时间和候车时间较短，准点率极高。

（2）列车车体轻量化、车载设备设计紧凑。采用大截面铝合金型材或不锈钢材焊接车体的整体承载结构，在保障安全性能的前提下能最大程度减轻车体自重；车体承受载荷能力较强，各种车载设备设计合理且布局紧凑。

（3）列车采用先进的微机控制技术。列车具备自动控制系统，设有列车自动防护（Automatic Train Protection，ATP）、列车自动驾驶（Automatic Train Operation，ATO）、列车自动监控（Automatic Train Supervision，ATS）等功能装置，并配置相应的车载设备，能够实现行车控制和信号控制自动化。目前，部分城市轨道交通车辆具有故障自诊断功能，甚至实现了无人驾驶。

（4）车辆载客能力强、环境条件优。城市轨道交通车辆发车频率高、编组多、容量大，每辆车的车门数多至 6~10 个，以便列车停站时能在较短时间内完成大量的客流交换；车辆内部宽敞明亮，有完善的空调通风系统和多媒体设备；车辆间采用封闭式全贯通通道和密接式车钩，便于乘客在车内行走进而使车辆内客流均匀分布，减少车辆运行过程的纵向冲击。

（5）列车采用调频调压交流传动。制动时可以实现电制动和空气制动的混合制动，以便进一步降低能耗。

（6）车辆系统的部件设计和材料选型以列车安全运行和乘客人身安全为首要原则。大量系统部件是冗余设置的，当设备正常功能失效时，其响应将以安全为导向目标；城市轨道交通车辆在安全性能、降低噪声、减少振动和防火等方面均有严格要求，车辆的可靠性较高。

习 题

1-1 下列属于高运量的城市轨道交通系统是（ ）。
A. 地铁　　　B. 轻轨　　　C. 有轨电车　　　D. 自动导向轨道系统

1-2 下列城市轨道交通系统不通过车轮和钢轨的黏着实现行驶的是（ ）。
A. 地铁　　　B. 单轨　　　C. 有轨电车　　　D. 磁浮系统

1-3 地铁系统的标准轨距为（ ）。
A. 750 mm　　B. 1 000 mm　　C. 1 435 mm　　D. 1 500 mm

1-4 下列车辆中采用交流牵引电动机的是（ ）。
A. 凸轮调阻车　　　　　　　B. 斩波调阻车
C. 斩波调压车　　　　　　　D. 调频调压车

1-5 作为城市轨道交通系统与外界联系的窗口，为乘客提供乘降列车的场所是（ ）。
A. 车站　　　B. 车辆段　　　C. 线路　　　D. OCC

1-6 什么是城市轨道交通？其优点有哪些？

1-7 城市轨道交通系统的种类主要有哪些？

1-8 地铁与轻轨系统的区别主要是什么？

1-9 简述城市轨道系统的基本组成及各部分的作用。

1-10 城市轨道交通车辆牵引控制方式的发展经历了哪几个阶段？

1-11 现代城市轨道交通车辆通常具备怎样的特征？

第二章　城市轨道交通车辆总体

城市轨道交通车辆是城市轨道交通系统中最关键的设备之一，具有技术含量高、多种现代技术融合的特点。其结构形式和技术参数既是界定轨道线路技术标准的基础，也是确定运营管理模式和维修方式的基本条件，同时还是系统中其他设备选型和确定设备规模的重要依据。城市轨道交通车辆的原理与传统的机车车辆与动车组车辆类似，但它的结构形式和性能更加多样化，以适应各个地区、城市不同的交通环境，满足城市交通客流量大、安全、舒适、便捷、美观、节能和环保的要求。

第一节　城市轨道交通车辆的类型及组成

一、车辆类型

中国城市轨道交通行业在 21 世纪处于飞速发展阶段，短短 20 年的发展时间已达到发达国家上百年的水平，各级城市对城市轨道交通车辆提出了多样化的要求。同时，中国城市轨道交通车辆国内外供应商众多，车辆品种较多，规格各异。为保证中国城市轨道交通车辆制造、运营、维修的良性发展，规范车辆类型、统一主要技术规格尤为重要。建设部与国家发展和改革委员会于 1999 年联合颁布了首部《城市快速轨道交通工程项目建设标准（试行本）》，根据我国城市轨道交通车辆的发展现状以及城市对车辆选型的不同要求，提出了 A、B、C 型车的概念，它主要是根据车体宽度来进行分类的。2008 年，建设部与国家发展和改革委员会又组织相关部门对标准进行全面修订，更新和完善了部分车辆的关键参数，尤其是增加了两类车型，即 D 型（低地板车辆）和 L 型（直线电机车辆）。同时，《地铁车辆通用技术条件》（GB 7928—2003）中具体规定了地铁运营车辆的技术规格。

根据最新的轨道交通车辆类标准，车辆基本形式可按以下五种方式进行分类。

（1）按车体宽度和驱动方式，可分为以下两类、六种车型。

① 黏着牵引系统：A、B 型车，车体宽度为 3.0 m、2.8 m 的四轴系列车型；C、D 型车，车体宽度为 2.6 m，车地板不同高度的四轴、六轴、八轴铰接车系列车型；单轨胶轮车，车体宽度为 3.0 m 的跨座式单轨胶轮系列车型。

② 非黏着牵引系统：L 型直线电机车辆系列。

（2）按车辆的牵引控制系统，可分为交流变压车和变频车。

（3）按车体材料，可分为碳素钢车（早期）、耐候钢车、不锈钢车和铝合金车（现采用最多的车体）。

（4）按获取电能方式，可分为受电弓车、受流器车、受电弓加受流器车。

（5）按线路供电电压等级，可分为 DC 1 500 V 和 DC 750 V。

地铁运营车辆的主要技术规格可参照表 2-1。

表 2-1 城市轨道交通车辆各类车型主要技术规格

序号	项目名称		A 型车	B 型车	C 型车		
			四轴车	四轴车	四轴车	六轴车	八轴车
1	车辆基本长度/m		22	19	18.9	22.3	29.5
2	车辆基本宽度/m		3	2.8	2.6		
3	车辆高度/m	受流器车（加空调/无空调）	3.8/3.6	3.8/3.6	3.7/3.25		
		受电弓车（落弓高度）	3.8	3.8	3.7		
		受电弓车（工作高度）	3.9～5.6				
4	车内净高/m		2.1～2.15				
5	地板面高/m		1.1		0.95		
6	车辆定距/m		15.7	12.6	11	7.2	
7	固定轴距/m		2.2～2.5	2.1～2.2	1.8～1.9		
8	车轮直径/mm		ϕ840		ϕ760		
9	车门数（每侧）/个		5	4	4	4	5
10	车门宽度/m		≥1.3				
11	车门高度/m		≥1.8				
12	定员人数/人	单司机室车	295	230	200	240	315
		无司机室车	310	245	210	250	325
13	车辆轴重/t		≤16	≤14	≤11		
14	站立人员标准	定员/(人·m^{-2})	6				
		超员/(人·m^{-2})	9				
15	最高运行速度/(km·h^{-1})		≥80		≥70		
16	起动平均加速度/(m·s^{-2})		≥0.9		≥0.85		
17	常用制动减速度/(m·s^{-2})		1.0		1.1		
18	紧急制动减速度/(m·s^{-2})		1.2		1.3		
19	噪声/[dB(A)]	司机室内	≤80		≤70		
		客室内	≤83		≤75		
		车外	80～85（站台）		≤82		

注：① 车辆详细技术条例，可参照 GB 7928—2003《地铁车辆通用技术条件》和 CJ/T 5021—95《轻轨交通车辆通用技术条件》；② C 型车未包括低地板车。③ 轴重单位沿用我国铁路习惯采用的单位吨（t）。

现代城市轨道交通车辆运用时采用固定编组形式，与动车组编组相似，有动车（M）和拖车（T）之分。另外，由于每节车辆的车载设备不尽相同，为了便于车辆的管理和维护，大部分城轨车辆的制造商和城轨运营公司根据车载设备不同对车辆重新分类。如上海申通地铁公司将上海地铁车辆1、2号线的列车分为A、B、C三类车辆，与上述按车体宽度分类的A、B、C型车的概念完全不同。其中，A类车为拖车，设驾驶室；B类车为动车，车顶安装受电弓；C类车为动车，车下安装空气压缩机组。广州地铁、成都地铁等也采用了此种分类方法。

二、车辆组成

城市轨道交通车辆类型不同，技术参数也不一样，但其基本结构相似，图2-1所示为地铁车辆基本组成图。

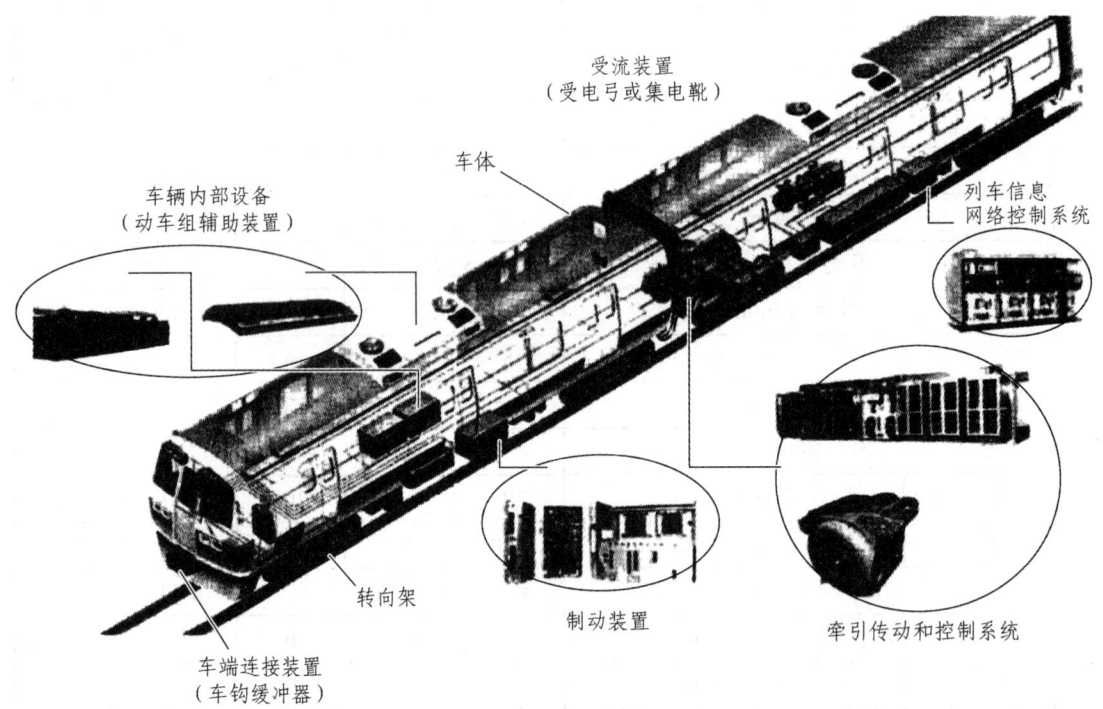

图 2-1 地铁车辆基本组成

城市轨道交通车辆一般由以下八部分组成：

1. 车　体

车体是容纳乘客和司机的地方，又是安装与连接其他设备和部件的基础。车体分为有司机室车体和无司机室车体两种。现代轨道交通车辆车体材料主要采用铝合金和不锈钢。如采用铝合金车体，其主要优点是实现车辆轻量化，节能减排；具有较高的能量吸收能力，可降低振动，减少噪声；采用型材或板材，减少连接件的数量和质量；耐腐蚀性强，可减少维护费用，延长使用寿命。

2. 转向架

转向架是车辆的走行装置，用来牵引（对动力转向架而言）和引导车辆沿轨道行驶，承受并传递车体与轨道之间的各种载荷，并缓和其动作用力，它是保证车辆运行品质的关键部件。转向架一般由构架、轮对轴箱装置、弹簧悬挂装置、驱动机构（动车）、牵引装置和基础制动装置及其他附属件组成。转向架有动力转向架和非动力（拖车）转向架之分。两者之间的区别主要在于动力转向架装有牵引电机及传动装置。

3. 牵引传动和控制系统

牵引传动和控制系统的作用是实现电能传递和转化，并控制列车正常运行。

车辆电气系统是车辆上的各种电气设备及其控制电路的总称，一般根据作用和功能分为主电路系统、辅助电路系统和电子与控制电路系统三部分。

4. 车端连接装置

车端连接装置包括车钩缓冲装置及贯通道装置。车钩的主要作用是连接车辆使其编组成列，并传递列车纵向力（牵引力、纵向冲击力）。车钩后部还装有缓冲装置，用来缓和车辆之间的纵向冲击。通过车钩还可将车辆之间的电路和空气管路良好连接。贯通道装置是车辆之间客室的连接通道。与传统机车车辆不同，城市轨道交通车辆一般采用宽体式贯通道装置。

5. 制动装置

制动装置是保证列车运行安全必不可少的装置。现代轨道交通车辆制动系统非常复杂，城市轨道交通车辆、动车组制动装置一般采用电制动与空气制动混合制动的原则。无论动车还是拖车，都设有制动装置，它可以保证车辆运行中按需要减速或在规定的距离内停车。城市轨道交通车辆、动车组制动系统一般具备常用制动、紧急制动、停车制动功能，部分还设耐雪制动等功能。

6. 受流装置

受流装置从接触导线（接触网）或导电轨（第三轨）将电流引入动车。受流装置通常分受电弓和集电靴两种，受流方式根据位置不同有上部受流和下部受流之分，上部一般采用受电弓，下部采用集电靴。

受电制式上，国内目前采用 DC 750 V 和 DC 1 500 V，早期线路如北京等城市采用 750 V，上海、广州、深圳、成都等均采用 1 500 V。与 750 V 相比，DC 1 500 V 的主要优点有：提高供电质量，减少牵引变电所数量，便于实现地下、地面及高架的连接。

7. 车辆内部设备

车辆内部设备根据服务对象不同，可分为服务于乘客的设备和服务于车辆运行的设备。服务于乘客的设备主要包括照明、通风、空调、广播、座椅、吊环、扶手等。服务于车辆运行的设备尽量不占用车内空间，主要布置在车辆下。例如，吊挂于车底的设备主要包括蓄电池箱、斩波器、逆变器、继电器箱、主控制箱、接触器箱、空气压缩机组和储风缸等，以及安装于车顶的空调等设备。

8. 列车信息网络控制系统

列车信息网络控制系统对整个列车的牵引、制动和车内所有设备进行控制、监测和诊断。该系统主要由列车信息中央装置、列车信息终端装置、列车信息显示器及车内各种设备的监控、诊断和显示装置等组成。

全自动运营地铁线路——燕房线

另外，一些地铁公司还把车辆分为机械部分和电气部分，如表2-2所示。

表 2-2　车辆设备分类

部分	车辆设备	部分	车辆设备
机械部分	车体及内装设备	电气部分	牵引及电制动装置
	车钩缓冲装置		辅助系统
	车门系统		列车控制及监控系统
	转向架		列车自动控制（ATO、ATP）系统
	空气制动装置		乘客信息系统
	空调和通风装置		通信系统

第二节　城市轨道交通车辆技术参数

城市轨道交通车辆技术参数是概括性说明车辆技术规格的某些指标，是从总体上体现车辆性能及结构的参数，可为城市轨道交通规划及线路设计等提供基本依据，主要有性能参数和主要尺寸两大类。

一、车辆的性能参数

1. 自重、载重

自重指车辆整备状态下的自身结构及设备组成的全部质量；载重指正常情况下车辆可允许的最大装载质量，一般以吨（t）为单位。

2. 最高运行速度

最高运行速度指车辆设计时根据安全及结构强度等条件所决定的车辆最高行驶速度，同时要求以该速度持续运行时车辆具有足够良好的运行状态。

3. 轴　重

轴重指不同车轴形式在车辆设计运行速度范围内，车轴允许负担（包括轮对自身的质量）的最大质量。不同轴重的选择与线路、桥梁及车辆走行部的设计紧密相关。

4. 通过最小曲线半径

通过最小曲线半径指配置某种形式走行部的车辆在站场或厂、段内调车时能安全通过的最小曲线半径。要求车辆在此曲线区段上行驶时不得出现脱轨、倾覆等危及行车安全的事故，同时也不允许走行部与车体底架其他设备相碰撞。

5. 轴配置或轴列式

轴配置或轴列式指用数字或字母表示车辆走行部结构特点的一种简单表示方式。例如，4 轴动车，2 台动力转向架，则轴配置记为 B-B；6 轴单铰轻轨车辆的两端为动力转向架，中间为非动力铰接转向架，其轴配置记为 B-2-B。

6. 制动形式

制动形式指车辆采取何种方式获得制动力，如车辆有摩擦制动、再生制动、电阻制动和磁轨制动等不同形式。

7. 起动平均加速度

起动平均加速度指在平直线路上，列车载荷为额定定员，自牵引电动机取得电流开始，至起动过程结束（即转入其自然特性时），该速度值被全过程经历的时间所除得的商（以 m/s^2 为单位）（注：牵引电动机自然特性即通常所指的在额定电压、满磁场时的牵引电动机的速度特性、牵引力特性等工作特性）。

8. 制动平均减速度

制动平均减速度指在平直线路上，列车载荷为额定定员，从制动指令发出至列车完全停止的全过程，相应的制动初始速度（一般取最高运行速度）被全过程经历的时间所除得的商。

9. 冲击率

冲击率指由于工况改变引起的列车中各车辆所受到的纵向冲击。在城市轨道交通车辆中，冲击率主要用于说明车辆本身电气及制动控制系统所应达到的冲动限制。冲击率一般用加速度变化率来衡量，以 m/s^3 为单位。例如，地铁车辆正常运行（包括起动加速和电制动，紧急制动情况除外）时，纵向冲击率不得超过 1 m/s^3。

10. 车辆平稳性

车辆平稳性是评定旅客舒适程度的主要依据，反映车辆振动对人体感受的影响。评定平稳性的方法主要以人的感觉疲劳程度为依据，通常以平稳性指标表示。我国主要采用德国铁路工程师斯佩林的公式来计算平稳性指标 W，W 值越大，说明车辆的平稳性越差，规定地铁、轻轨车辆运行的平稳性指标应小于 2.5。斯佩林公式如下：

$$W = 0.896 \sqrt[10]{\frac{j^3}{f} F(f)}$$

式中，j 为振动加速度（cm/s^2）；f 为振动频率（Hz）；$F(f)$ 为与频率有关的修正公式，反映人体对不同方向和频率振动的敏感度。

二、车辆的主要尺寸参数

1. 车辆长度

车辆长度指车辆处于自由状态，车钩呈锁闭状态时，两端车钩连接面之间的距离。区别于车体长度的概念，车体长度指不包含牵引缓冲装置或折棚的车体结构的长度。

2. 车辆最大宽度

车辆最大宽度指车体结构横断面上最宽部分的尺寸。

3. 最大高度

最大高度指车辆顶部最高点与钢轨顶面之间的距离。通常需说明与最高点相关的结构，如有无空调、受电弓的状态等。

4. 车辆定距

车辆定距指同一车辆的两转向架回转中心之间的距离。

5. 固定轴距

固定轴距指同一转向架的两车轴中心线之间的距离。

6. 车钩中心线距离钢轨面高度

车钩中心线距离钢轨面高度简称车钩高，它是指车钩连接面中点（指钩舌外侧面的中心线）至轨面的高度。车钩高取新造或修竣后空车的数值。列车中各车辆的车钩高要求基本一致，是保证车辆正确连挂、列车运行中正常传递牵引力且不会发生脱钩事故所必需的。我国传统机车车辆、货物车辆、旅客列车车辆车钩高度为 880 mm；地铁车辆因厂家较多，不同地铁公司车钩高度不一致，如广州、上海地铁车辆为 720 mm，天津滨海轻轨车辆和北京地铁车辆为 660 mm。为了车辆运用方便和减少运营成本，应尽可能统一车钩高度。

7. 地板面高度

地板面高度指车辆地板面与钢轨顶面之间的距离。地板面高度与车钩高一样，指新造或修竣后空车的数值。地板面高度受到两方面的制约：一方面是车辆本身某些结构高度的限制，如车钩高及转向架下心盘面的高度；另一方面又与站台高度的标准有关，规定车辆地板面应与站台高度相协调。例如，上海地铁车辆地板面高为 1.13 m，北京地铁车辆为 1.053 m。

三、成都地铁 10 号线车辆主要技术参数

城市轨道交通车辆技术参数可服务于车辆的运营及维护，成都地铁 10 号线列车为中车四方车辆有限公司生产的 4 动 2 拖 6 节编组形式的 A 型车，列车最高运行速度 100 km/h。车辆主要技术参数如下：

➢ 车辆长度
Tc 车   23 640 mm
                          24 400 mm（车钩连接面）

	M、Mp 车	21 880 mm
		22 800 mm（车钩连接面）
	列车总长度（6 辆编组）	140 000 mm
➢	车辆宽度	3 000 mm
➢	车辆高度	
	不含受电弓、排气口及空调单元	3 500 mm
	受电弓落弓时高度	3 842 mm
➢	受电弓工作高度	
	最小工作高度	170 mm
	最大工作高度	1 600 mm
	最大升起高度	1 700 mm
➢	车辆地板面高度	1 130 mm
➢	车辆内部中心高度（客室净高）	
	地板面到天花板中心最小高度	2 110 mm
	客室内乘客站立区最小高度	1 900 mm
➢	车门及车窗	
	车门形式：客室侧及司机室侧门均是电动塞拉门	
	客室门数量	10 对/辆
	客室门净开度（宽×高）	1 400 mm×1 860 mm
	全列车客室门等间距	4 560 mm
	司机室侧门	
	司机室侧门净开度（除扶手外）	570 mm
	司机室侧门开启门槛以上高度	1 860 mm
	客室车窗数量	8 套/辆
➢	贯通道	
	贯通道宽度	≥1 500 mm
	贯通道高度	≥1 900 mm
	贯通道长度	≥920 mm
➢	转向架	
	转向架中心距	15 700 mm
	转向架固定轴距	2 500 mm
	车轮直径（采用整体碾钢轮）	840 mm（新轮）
		805 mm（半磨耗）
		770 mm（全磨耗）
	轮对内侧距	（1 353±2）mm
	转向架最低点离轨面最小距离（车轮全磨耗）	≥60 mm
	车钩中心线距轨面高度（AW0，空簧充气，新轮）	720^{+8}_{0} mm

➢ 列车牵引性能

最高运行速度	100 km/h
车辆构造速度	110 km/h
车钩连挂速度	5 km/h
计算用牵引黏着系数	0.16 ~ 0.18

定员情况下，在平直干燥轨道上，车轮为半磨耗状态，额定供电电压时：

起动平均加速度（0 ~ 40 km/h）	≥1.0 m/s²
平均加速度（0 ~ 100 km/h）	≥0.6 m/s²
列车在车辆段内安全通过速度	≥25 km/h

➢ 列车制动性能

定员情况下，在平直干燥轨道上，车轮为半磨耗状态，列车从最高运行速度给制动指令到停车，制动平均减速度：

常用制动平均减速度	≥1.0 m/s²
紧急制动平均减速度	≥1.2 m/s²
计算用制动黏着系数	0.14 ~ 0.16

广州地铁 1 号线车辆主要技术参数

第三节　典型城市轨道交通车辆总体简介

一、概　况

国内某城市地铁 1 号线初期建设线路全长约 18.5 km，整条线路全部为地下线，采用 B 型车，列车编组初期、近期和远期均采用 6 辆编组形式，线路远期最大设计运输能力可达 4.32 万人次/h（线路远期预测客流为 3.82 万人次/h）。开通初期计划配属不锈钢车体列车共 17 列，6 辆编组，动力形式为 4 动 2 拖。

车辆要求适应该城市所处地区环境影响，运行安全可靠，运营维护方便，以人为本，舒适性高；轻量化和模块化设计，工艺先进，节省能源；零部件互换性高，维修成本低；列车运行时既可采用有人自动驾驶（ATO），也可采用人工手动驾驶的单司机值乘方式。

在列车行驶方向的司机台左侧设有紧急逃生通道，列车紧急情况下通过客室车门对乘客进行紧急疏散（特别是隧道内）。车辆设计寿命为 30 年（以年平均走行距离约 119 000 km 为计算依据）。

二、车辆运行环境

1. 气候条件

车辆要能适应该地区的自然条件，可在地下、地面和高架线路上运行。该线路具体气候条件参数如下：

海拔	1 200 m
环境温度	-10 ~ 40 ℃（遮阴处）
相对湿度（最湿月月平均温度不大于 25 ℃）	≤90%

2. 线路条件

车辆运行的线路条件参数如下：

标准轨距		1 435 mm
最小平面曲线半径	正线	350 m
	车辆段	150 m
最小竖曲线半径		一般 5 000 m，困难条件 2 000 m
最大坡度	正线	≤30‰
	辅助线	≤35‰
	车站线路	≤3‰
站台距走行轨面高度		1 040 mm

3. 供电条件

该线路采用的供电方式是接触导线受电方式（隧道内采用刚性接触网，车场及出入段线采用柔性接触网）。供电条件参数如下：

接触导线安装高度（距轨面）	车辆段车场线高度	5 000 mm
	隧道内的平均高度	4 040 mm
	隧道内的最小高度	4 000 mm
	高架线和地面线（最小高度）	4 400 mm
供电额定电压	DC 1 500 V	
电压变化范围	DC 1 000 ~ 1 800 V（再生制动时网压不高于 DC 1 980 V）	

三、车辆主要技术规格

1. 列车编组

整列车由 6 辆编组而成，为 4 动 2 拖（即 4M2T）结构，其编组结构示意图如图 2-2 所示。

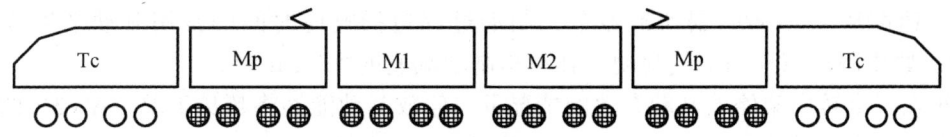

图 2-2 列车编组结构示意图

1) 车辆形式

Tc 车：带有司机室的拖车。

M 车：无司机室的动车。

Mp 车：无司机室带受电弓的动车。

2) 列车编组方式

初、近、远期均采用由 2 个牵引动力单元（Tc*Mp*M）组成的 6 辆编组列车，即"= Tc*Mp*M1*M2*Mp*Tc ="。其中，"="为半自动车钩；"*"为半永久牵引杆。

对应于车辆编组"= Tc*Mp*M1*M2*Mp*Tc ="的车辆编号顺序为 1、2、3、4、5、6。

对应于车辆编组"= Tc*Mp*M1*M2*Mp*Tc ="的车辆，1（Ⅰ）、2（Ⅱ）位端顺序为"= Tc（Ⅰ—Ⅱ）*Mp（Ⅰ—Ⅱ）*M1（Ⅰ—Ⅱ）*M2（Ⅱ—Ⅰ）*Mp（Ⅱ—Ⅰ）*Tc（Ⅱ—Ⅰ）="。

2. 列车载荷量

整列车在不同工况下的载客量如表 2-3 所示。

表 2-3　列车在不同工况下的载客量

列车载客状态	单车/人		列车/人
	Tc 车	M、Mp 车	6 辆编组
空车（AW0）	0	0	0
座席（AW1）	36	42	240
定员（AW2）	226	254	1 468
超员（AW3）	290	325	1 880

3. 车辆结构参数及主要尺寸

车体材质和结构：车体采用不锈钢材料，与碳素钢、耐候钢相比，车体外部不涂装。车体结构属于板梁组合薄壁筒形整体承载全焊接结构。

4. 车辆自重

Tc 车自重约 32 t，Mp 车自重约 36 t，M 车自重约 35 t。

5. 列车动力性能

1) 牵引特性

列车速度从 0 达到 36 km/h 的平均加速度　　　　　　$\geqslant 1.0$ m/s^2

列车速度从 0 达到 80 km/h 的平均加速度　　　　　　$\geqslant 0.6$ m/s^2

最高运行速度　　　　　　　　　　　　　　　　　　　80 km/h

2) 制动特性

列车速度从 80 km/h 制动到停车，制动过程包括响应时间的常用制动平均减速度为 1.0 m/s^2。紧急制动只采用空气制动，其平均制动减速度 $\geqslant 1.2$ m/s^2。

列车在一个转向架停放制动失效的情况下，停放制动能够将超员工况（AW3）的列车安全停放在 30‰坡道上。

6. 列车牵引系统故障时的性能要求

6辆编组列车在超员工况（AW3）下，当损失1/4动力时，列车可以在30‰的坡道上正常起动，并能以正常运行方式完成当天运营。

6辆编组列车在超员工况（AW3）下，当损失1/2动力时，列车可以在30‰的坡道上正常起动，并完成一个单程运行。

当载客列车出现故障时，一列6辆编组的空车能将另一列停在30‰坡道上的超员工况的故障列车牵引至最近的车站（上坡），乘客站台下车后牵引返回车辆段。

当载客列车出现故障时，一列6辆编组的空车能将另一列停在38‰坡道（含曲线附加阻力）上的故障空车牵引回车辆段。

四、总体布置

从外部来看，无论是动车还是拖车，其车顶主要安装有空调装置、车顶通风器，侧面主要有客室侧门、客室侧窗和车外指示灯等，车辆连接处设有贯通道（即风挡）。

1. 拖车总图

拖车（Tc车）外部和车内设备总图如图2-3所示。由于该拖车位于整列车的端部，为减少列车的运行空气阻力，头部呈一定的流线型，并设有司机室，司机室具有前窗、侧窗和侧门等设施。整个车辆坐落在前后两台拖车转向架上。车辆前后车底部位分别安装有半自动车钩及防爬器和半永久棒式车钩。

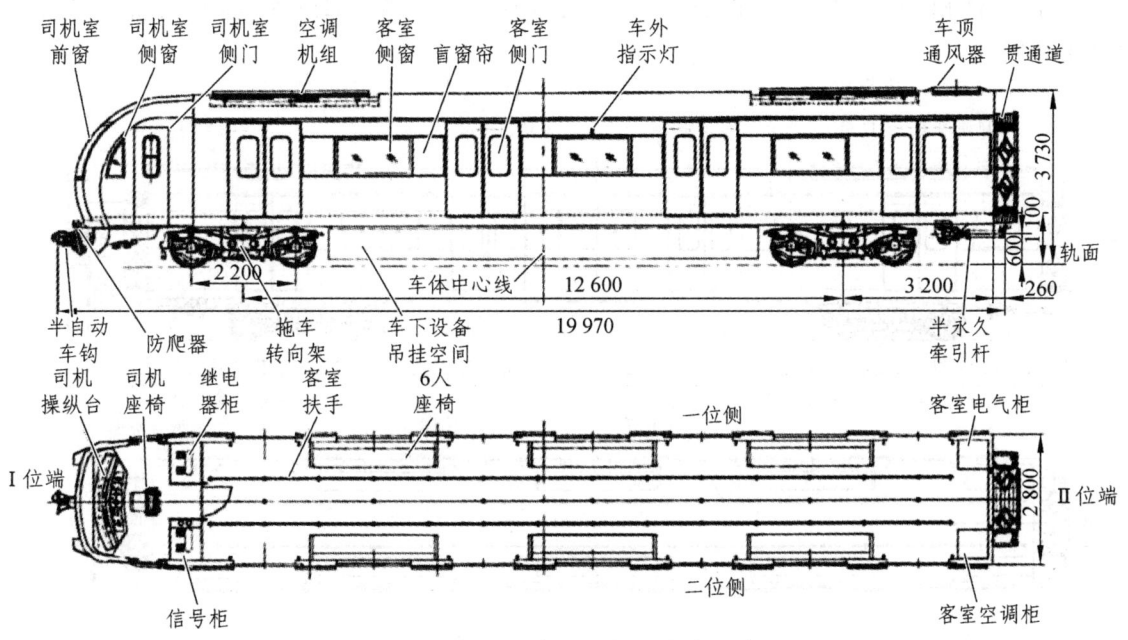

图 2-3 拖车（Tc车）外部和车内设备总图

车辆内部沿车厢两侧纵向各布置3条座椅，并在车辆中部纵向布置两排客室立柱和扶手，同时在靠近动车（Mp车）端部两侧安装有客室电器柜。

2. 动车总图（Mp车）

动车（Mp车）外部和车内设备总图如图2-4所示。该车外部设备除了车顶装有受电弓外，其余设备与其他车辆基本相同。车辆内部沿车厢两侧纵向各布置有4条座椅，同时也在车辆中部纵向布置了两排立柱和扶手，靠近拖车（T车）端部两侧安装有客室电器柜。

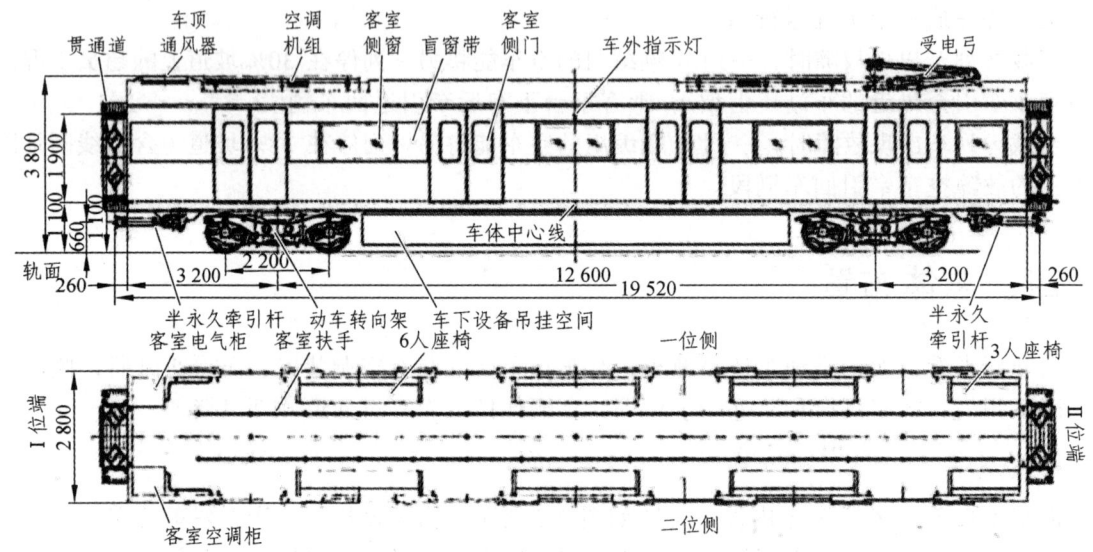

图2-4 动车（Mp车）外部和车内设备总图

3. 动车总图（M1/M2）

动车（M1/M2）外部和车内设备总体如图2-5所示。车辆外部设备和车内设备与其他车辆几乎相同。

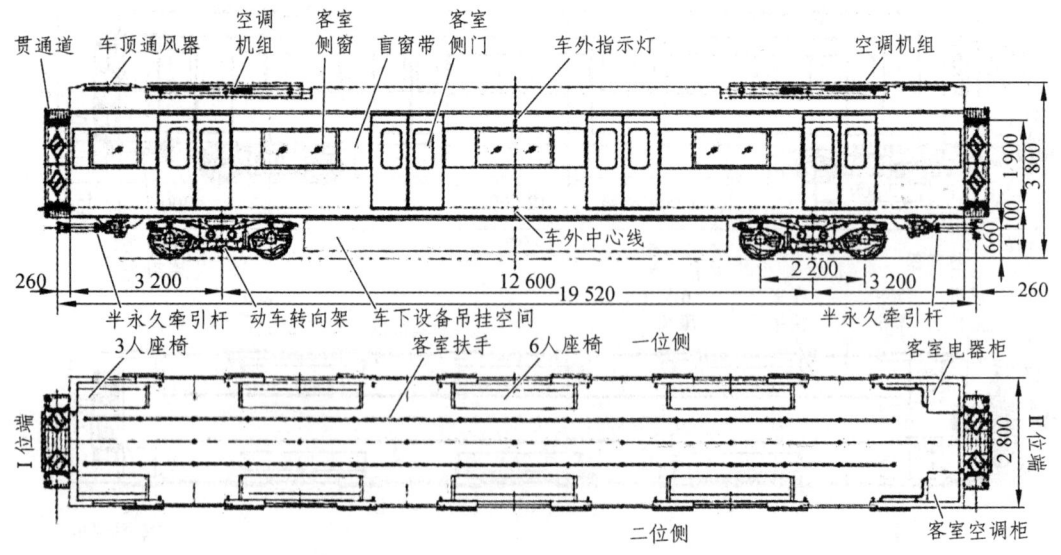

图2-5 动车（M1/M2）外部和车内设备总图

动车（M1/M2）内部主要沿车厢两侧纵向布置4条座椅，并在车辆中部纵向布置两排立柱和扶手，同时远离Mp车的端部两侧安装有客室电器柜。

列车编组中,另外三节车与这三节车辆为对称布置,车辆设施设备相同,因此书中不再介绍。

五、车辆断面结构

车辆断面结构良好反映车辆内部乘客乘坐的空间状况,以及座椅、扶手、立柱等设施的相互位置关系,还能局部反映车下悬挂设备与车体之间的相对位置关系。地铁列车的某个典型横断面如图 2-6 所示。车门高度为 1 800 mm,拉手距地板面高度为 1 780 mm,两排立柱间隔为 1 065 mm,地板面高度为 1 100 mm。

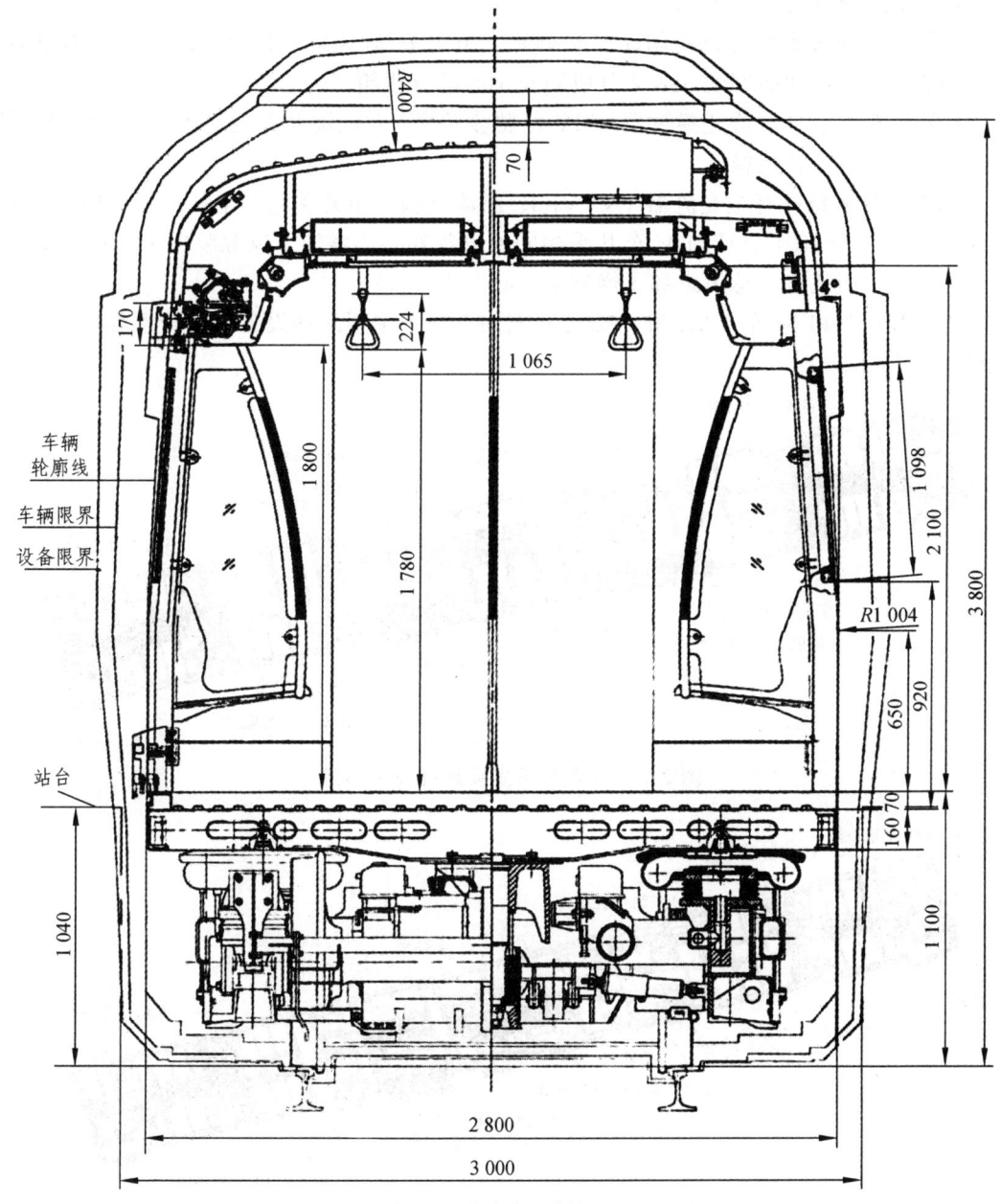

图 2-6 车辆典型断面图

六、主要设备布置

1. 车内设备布置

列车的各车辆内部主要设备包括作为旅客乘降的侧拉门、司机室侧门、客室隔门、端门、座椅、车窗、各种扶手及吊环、立柱、风挡和渡板等。

各车车内设备的具体布置如图 2-3 ~ 图 2-5 所示。

2. 车下悬挂设备布置

车下主要悬挂设备的概况如下：

（1）每辆车地板下均悬挂有制动控制单元（BCU）、副风缸、停放制动单元、紧急通风逆变器、接地开关箱和端部的 380 V 分线箱及 108 芯分线箱。

（2）Tc 车车下悬挂有静止逆变器（SIV）、整流装置、蓄电池及蓄电池控制箱、断流器箱、熔断器箱和车间电源转换箱。

（3）M 车车下悬挂有主变流器（VVVF）、断流器箱、主开关箱、电抗器箱和电阻器箱。

（4）Mp 车车下除了悬挂与 M 车几乎相同的设备外，还增加了风源装置（包括主空气压缩机、空压机启动装置、总风缸和干燥器）。

Tc 车、Mp 车和 M 车（M1 和 M2 几乎相同）车下主要悬挂设备布置分别如图 2-7、图 2-8 和图 2-9 所示。

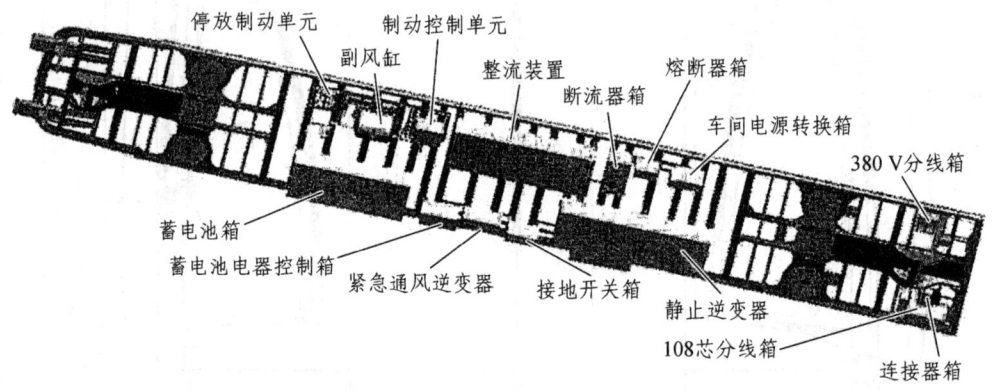

图 2-7 Tc 车车下主要悬挂设备布置

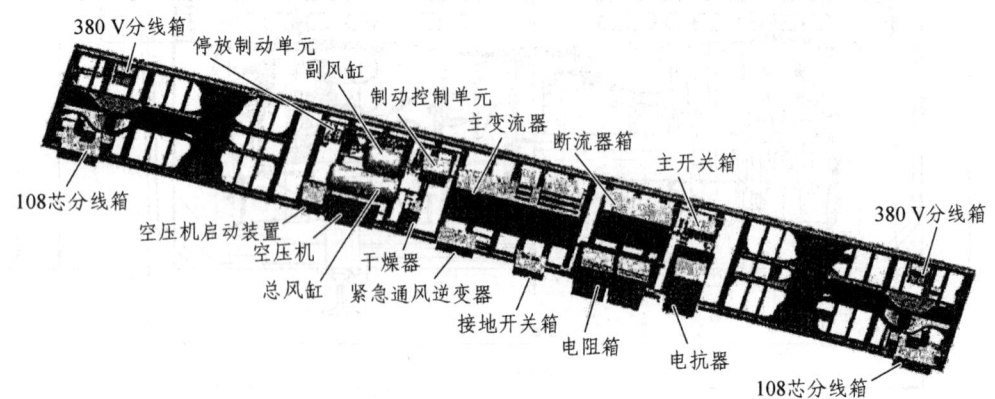

图 2-8 Mp 车车下主要悬挂设备布置

第二章 城市轨道交通车辆总体

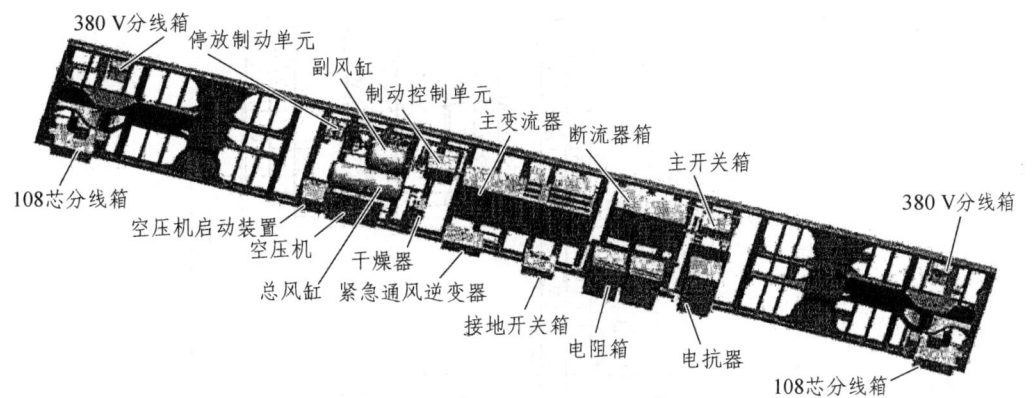

图 2-9 M1 车车下主要悬挂设备布置

七、车辆主要组成部分介绍

1. 转向架

车辆转向架用焊接工艺、无摇枕 H 形构架；一系悬挂系统弹性元件采用圆锥叠层橡胶弹簧，二系悬挂系统弹性元件采用空气弹簧；驱动装置采用牵引电动机架悬式布置方式，挠性浮动板式联轴节（TD）连接牵引电机和齿轮箱；基础制动装置采用单侧踏面闸瓦制动，以及压缩空气控制的单元制动缸。

2. 牵引系统

牵引系统为国内外列车主流的交流传动系统。主变流器（VVVF）逆变器的功率元件采用大功率电力电子器件——绝缘栅双极型晶体管（IGBT），牵引电机为鼠笼式三相异步电机。

列车为 4 动 2 拖 6 辆编组，以 2M1T 为一个牵引动力单元，共有两个牵引动力单元。其中前三辆车（即 Tc1、Mp1 和 M1）组成第一个牵引动力单元，后三辆车（即 Tc2、Mp2 和 M2）组成第二个牵引动力单元，前后两个牵引动力单元基本相同，且相互独立。

牵引系统控制采用车控方式，即每套主变流器逆变器单元给一辆动车上的 4 台牵引电机供电。图 2-10 所示为一套逆变器驱动一辆动车的工作原理。图中各部件的英文简称所表示的具体意义见表 2-4。

受电弓从接触网（额定电压 DC 1 500 V）获得电能后，通过主熔断器 MF1 和主开关 MS，传至高速断路器 HB、线路接触器 L1 和 L2，再经滤波电抗器 FL 滤波后，送入主变流器（VVVF）逆变器装置进行逆变。该逆变装置中最主要的部件为功率单元，其作用是将电路中直流电逆变成频率可变、电压可变的三相交流电（即 U 相、V 相和 W 相），三相交流电同时驱动同一动车下的 4 台异步交流牵引电机。由于一套逆变器同时驱动同一辆动车下的 4 台电机，属于单逆变器对整车进行驱动，称之为车控方式。另外，也有列车采用每套逆变器控制一台转向架上的 2 台牵引电机，称之为架控方式；每套逆变器控制一台转向架一根动轴的 1 台牵引电机，称之为轴控方式。

主变流器逆变器电路包括线路接触器、预充电电路、制动斩波电路、逆变模块、测量电路、放电电路等。主变流器逆变器装置中还包括其他一些部件，如滤波电容器（FC）和直流电压检测器（DCPT1 和 DCPT2），它们的主要作用是辅助滤波和检测电压。

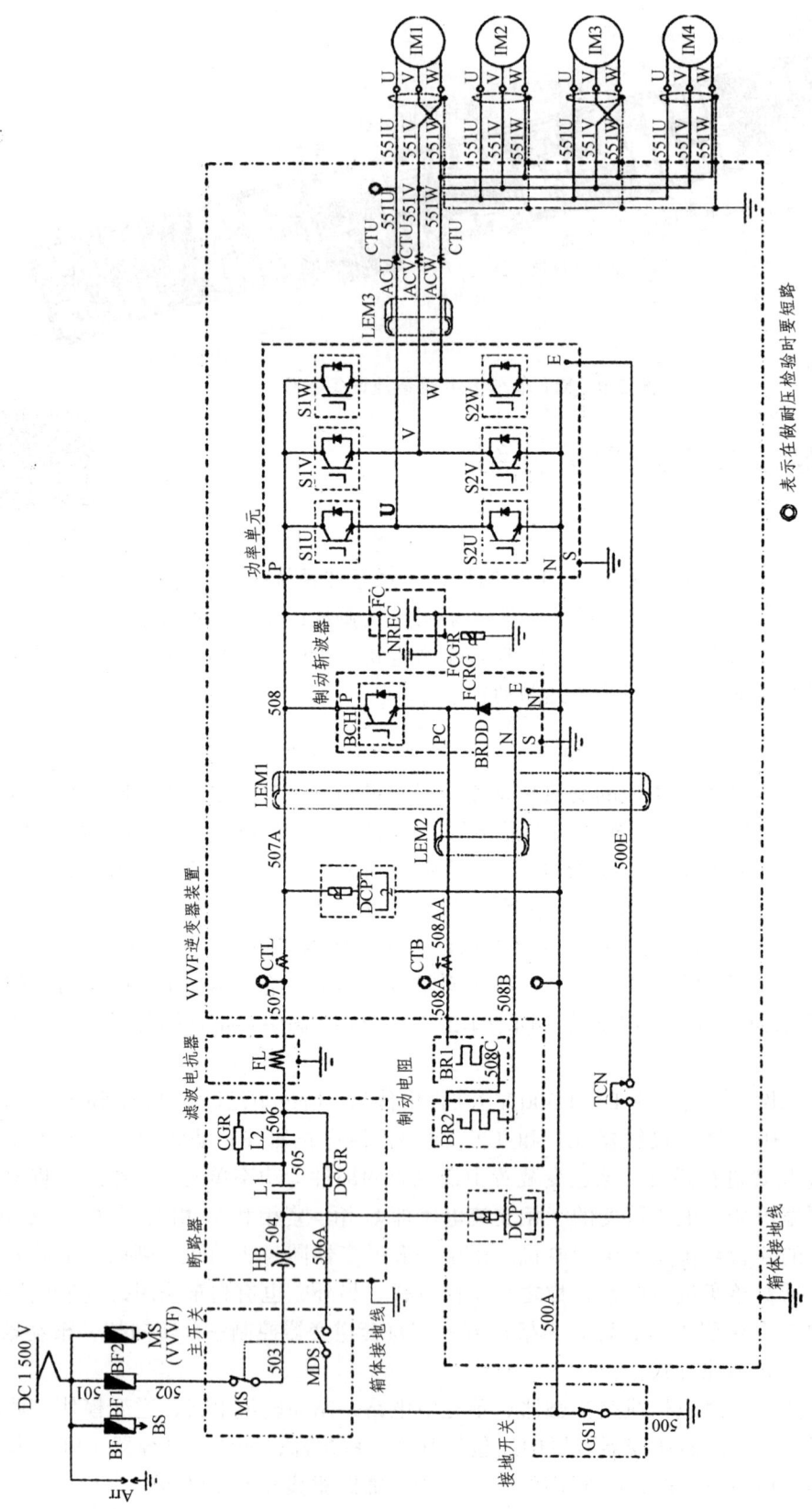

图 2-10 一套逆变器驱动一辆动车（车控方式）的工作原理图

表 2-4 英文简称所表示的各部件的具体意义

英文缩写	中文名称	具体参数
MS	主开关	800A
MF	主熔断器	500A×2P
HB	调整断路器	UM712V1-B7B-M
L1，L2	线路接触器	UM629-8CB-M
CGR	充电电阻	30 Ω（15 Ω×3P）
DCGR	放电电阻	2 kΩ（1 kΩ×2S2P）
MDS	放电开关（MS 联动）	800A
BCH+UN1T	制动斩波器	SU494-A-M Bch：3 300 V/1 200 A BRDD：3 300 V/400 A
BR1，BR2	制动电阻	1.235 Ω×2S
FL	滤波电抗器	7 mH
DCPT1，2	直流电压检测器	MA228-R-M 2 500 V/10 V
FC	滤波电容器	4 900 μF×2P
CTL	电流检测器	2 500 A/10 V
CTB	电流检测器	2 500 A/10 V
GS1	接地开关	800 A
S1U，S1V，S1W S2U，S2V，S2W	VVVF 逆变器的 IGBT	SU493-A-M IGBT：3 300 V/100 A
CTU～W	电流检测器	2 500 A/10 V
LEM1～3	滤波	—
NRFC	电容器	6 μF
RCRG	滤波电容器接地电阻	10 kΩ
TCN	耐压试验连接器	
IM1～4	主电动机	TDK6176-A

主变流器把 4 台主电动机并联，实施无速度传感器矢量控制，空转基于单车控制。

每套主变流器逆变器设置有与主开关（MS）联动的放电开关（MDS）的放电回路。

牵引系统充分利用轮轨黏着条件，并可按列车载重从空车工况到超员工况范围内自动调整列车牵引力和再生制动力的大小，使列车在空车工况至超员工况范围内保持起动加速度和制动减速度基本一致。

牵引主回路主要包括主开关箱、断流器箱、滤波电抗器、制动电阻、主变流器逆变器、牵引电机、接地汇流装置等。

3. 辅助供电系统

辅助供电系统采用冗余设计方式，即每列车安装两套辅助电源装置，主要包括静止逆变器和蓄电池组，分别安装在列车两端的 Tc 车上，其供电能力满足 6 辆编组列车各种负载工况的用电要求。

两个受电弓可同时向辅助系统高压母线供电。当其中一个受电弓不工作时，另一个受电弓可通过辅助系统高压母线给整列车辅助系统供电。

每台静止逆变器的容量为 185 kVA，可为列车提供三相交流 380 V、单相 220 V 和低压 DC 110 V/DC 24 V 电源。正常情况下，每套辅助电源装置负责一个牵引动力单元（即前后各三辆车）的所有辅助设备用电。

在这个静止逆变器中用输入滤波电路（FL 及 FC）、初充电电路（RC、BD 及 BTH）、逆变器电路、AC 滤波电路来把 DC 1 500 V 变换为工频交流电（即频率 50 Hz）。而且以三相输出变压器（T0）与高压侧绝缘、变压到设定电压（AC 380 V）后输出。静止逆变器的接线原理如图 2-11 所示。

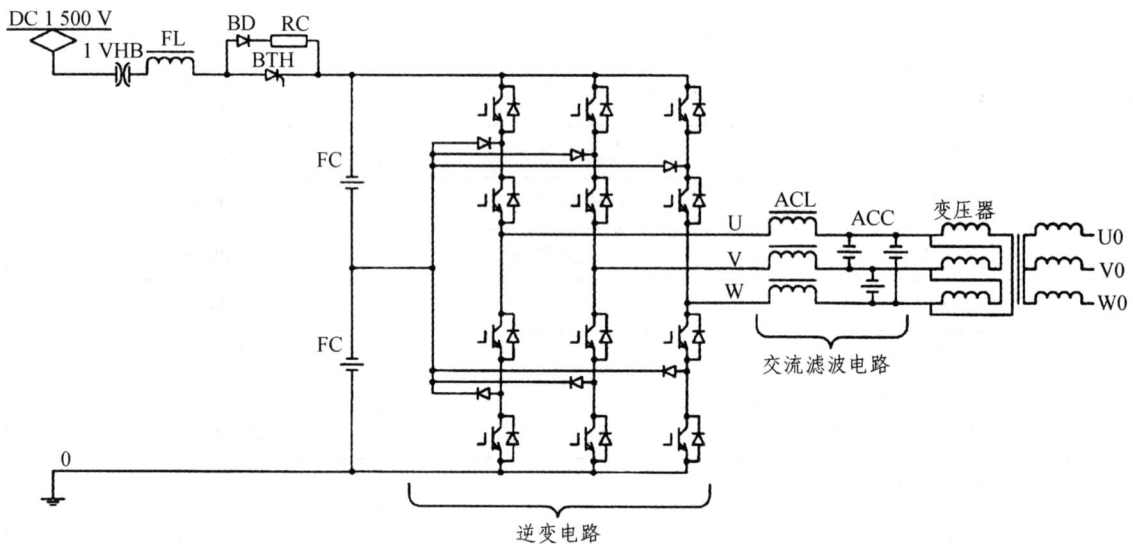

图 2-11 静止逆变器的接线原理

在正常情况下，蓄电池由静止逆变器和整流装置组成的辅助系统充电，不给其他辅助设备供电。而在列车起动和紧急情况下，辅助空压机、紧急通风装置和照明装置等则由蓄电池提供电能。

蓄电池容量可满足紧急情况下 45 min 紧急通风及照明等负荷的用电要求。

4. 制动系统功能描述

（1）列车制动系统采用微机控制的闭环数字、模拟式电空制动系统。列车制动系统工作原理图如图 2-12 所示。系统中内设监控终端，具备自诊断和故障记录功能。它可在司机控制器、自动列车操纵系统（ATO）或自动列车保护系统（ATP）的控制下对列车进行阶段或一次制动与缓解。

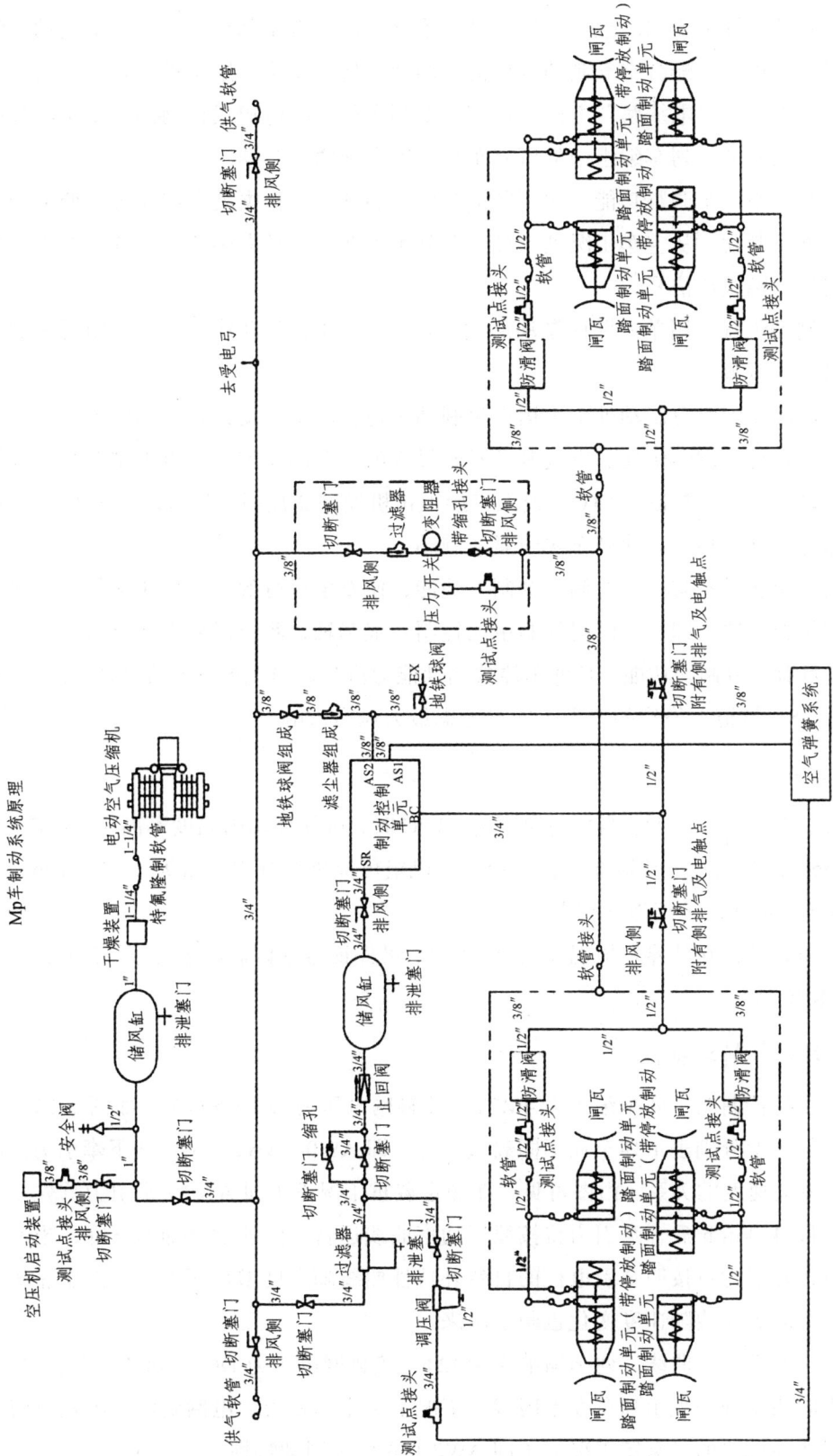

图 2-12 列车电控制动系统

（2）空气制动系统主要功能包括常用制动和紧急制动。常用制动时，当再生制动（包括电阻制动）投入时可与之配合空气制动进行混合制动，优先使用再生制动；紧急制动仅采用空气制动，列车采用"得电缓解"方式，贯穿整个列车的连续电源线控制制动系统的缓解，紧急制动电路一旦断开，列车编组中的所有车辆立即实施紧急制动。

（3）车辆具有空重车调整功能。常用制动和紧急制动均可根据列车载荷进行调节制动力大小，以保证列车制动率从空车工况到超员工况基本不变。由转向架悬挂系统中的空气弹簧的平均气压提供车辆载荷信号。

（4）基础制动装置采用单元踏面制动形式，1/2 具有停放制动功能，停放制动可实现自动缓解，也可手动缓解。

（5）列车制动（除紧急制动外）采用再生制动（包括电阻制动，以下相同）与空气制动实时协调配合，且再生制动优先、空气制动延时投入的复合制动方式。再生制动和空气制动均可由车载自动列车操纵控制（ATO）或人工操纵司机控制器控制，且自动列车保护（ATP）可发出超速紧急制动等指令，使列车实施紧急制动。

（6）制动系统还具备防滑行控制（抑制）功能，使发生滑行的车轮尽快恢复黏着状态。防滑系统采用轴控方式，即一个防滑控制单元控制一根车轴，系统反应更加灵敏。

（7）列车具有停放制动功能，且列车停放制动能力满足超员工况列车在 30‰ 坡道上和空载工况列车在 38‰ 坡道上停住的要求（同时考虑最大风力影响）。

5. 空调与采暖

车辆顶部装有单元式空调，当环境温度为 33 ℃ 时，可保证车内温度不高于 28 ℃，相对湿度不高于 65%；在列车正常情况下，每台空调机组可提供新鲜空气量为 1 270 m^3/h，应急通风风量为 1 500 m^3/h，全部为新鲜空气。

采暖的环境条件：在外界环境温度为 0 ℃ 时，可保证客室内温度不低于 15 ℃，司机室温度不低于 18 ℃。

6. 列车牵引与制动特性

整列车牵引特性曲线（列车编组为 4M2T，接触网电压为 DC 1 500 V）如图 2-13 所示。图中用不同线型分别表示列车在不同载重工况（即 AW0、AW2、AW3）下牵引力、电网电流、电机电流与速度的关系。由图可见，在额定载重工况下（即 AW2）牵引力首先是恒定的，当速度超过 43 km/h 后，牵引力将按照恒功率曲线运行，随速度增加而下降；当速度超过 60 km/h 后，牵引力将按照牵引电机的自然外特性曲线随速度增加而下降。图中还将平直道上的列车运行阻力曲线随速度变化也画了出来。

整列车再生制动特性曲线（列车编组为 4M2T，接触网电压为 DC 1 500 V）如图 2-14 所示。图中用不同线型分别表示列车在不同载重工况下再生制动力、电网电流、电机电流与速度的关系。当然最重要的是额定工况下（即 AW2）的再生制动特性。

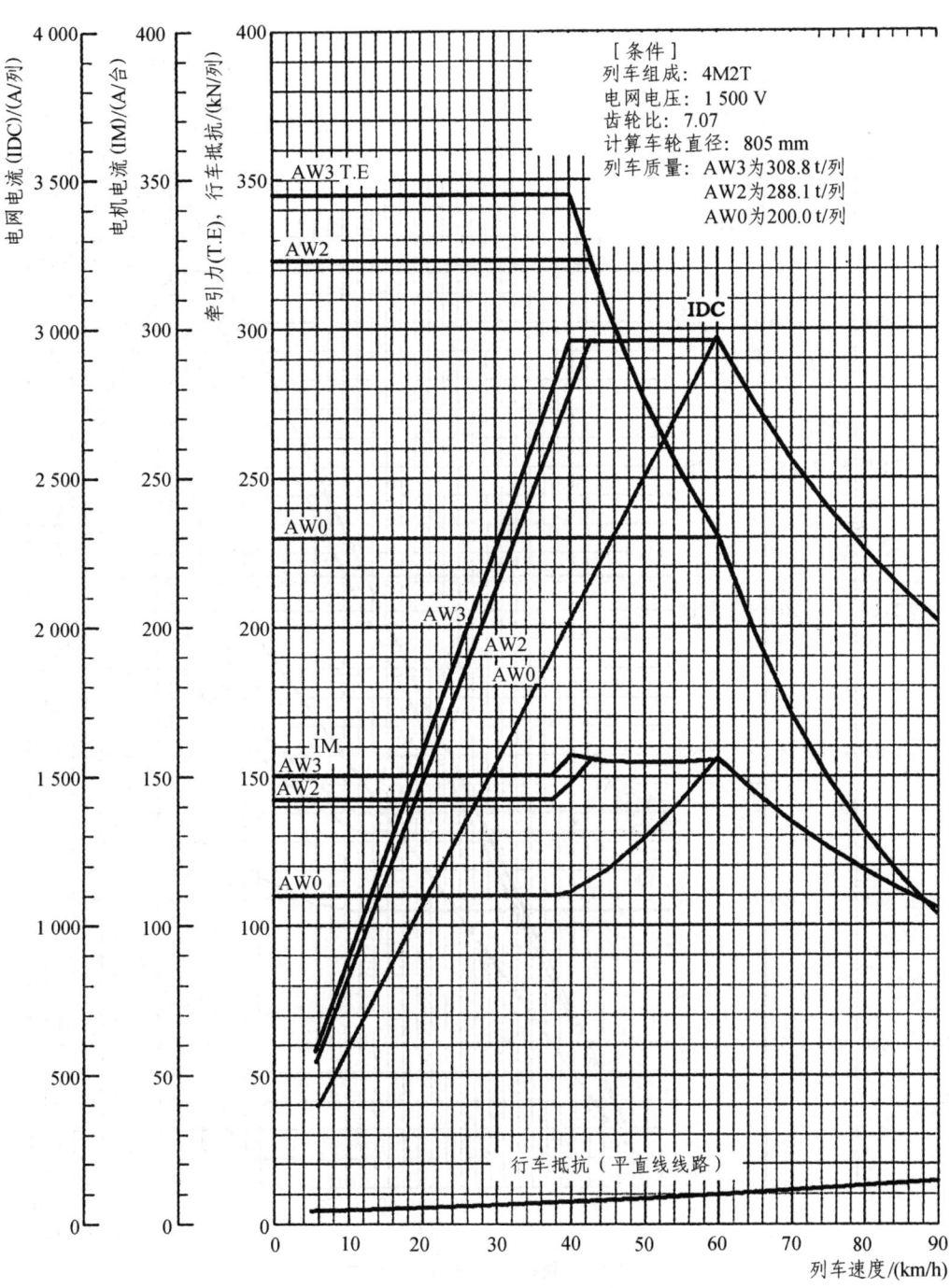

图 2-13 整列车牵引特性曲线

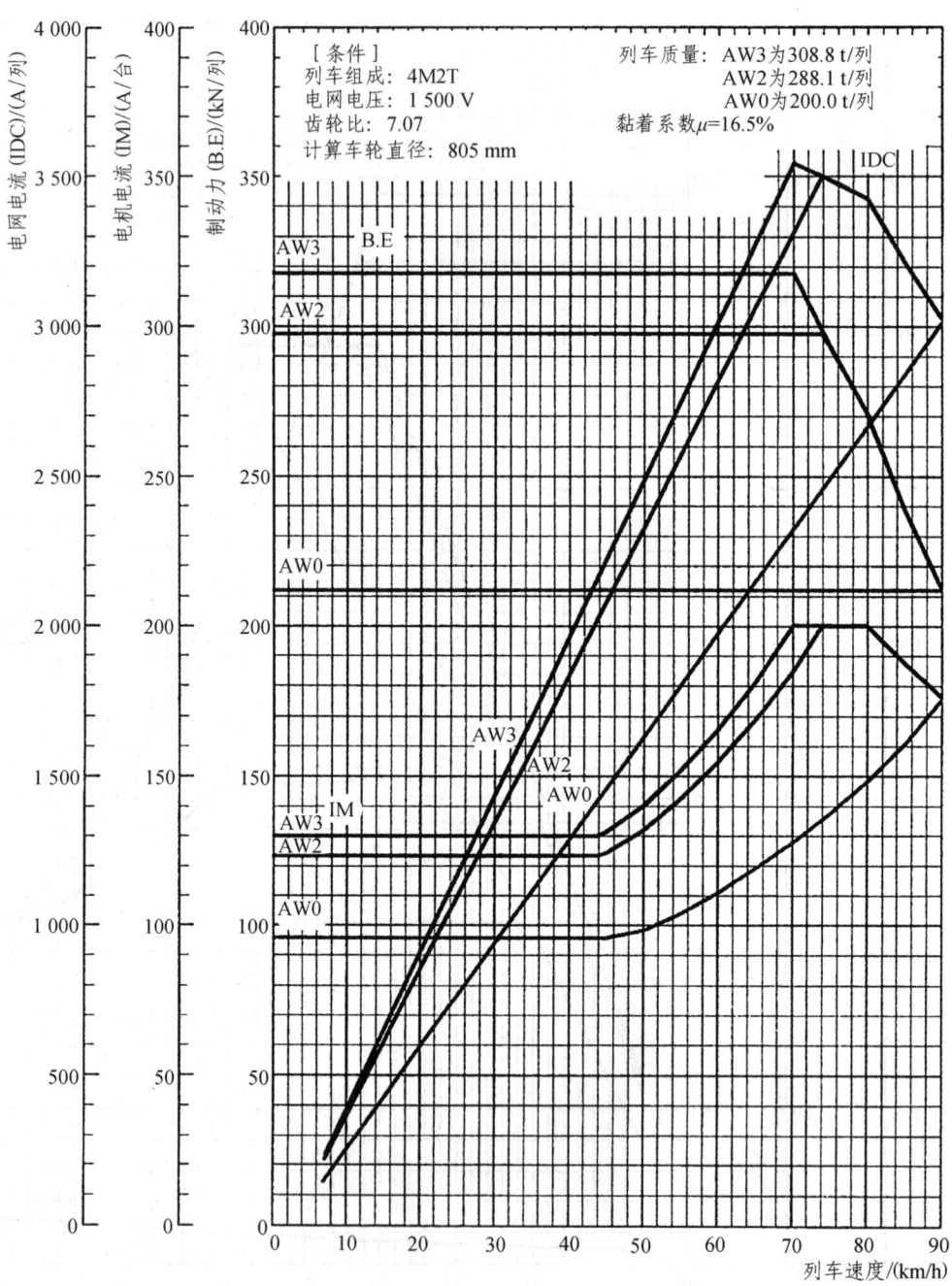

图 2-14 整列车再生制动特性曲线

第四节 地铁车辆限界

一、车辆限界的概念

限界是限定车辆及轨道周围建筑物在平直线路上的横断面轮廓线。根据用途限界分为车辆限界、设备限界和建筑限界 3 种,是工程建设、管线和设备安装等必须遵守的尺寸依据。规定限界的目的主要有两个:一是主要防止车辆在直线或曲线上运行时与周边建筑物及设备发生碰撞和接触,以保证车辆安全通行和周边建筑物及设备不损坏。因此,在设计城市轨道交通车辆时,其横断面的形状和尺寸要与隧道或线路所留出足够的安全空间,需要对车辆横断面轮廓尺寸有所限制。二是限界设置合理还关乎经济性,工程成本及设备价格等与其相关。

车辆限界就是一个限制车辆横断面最大允许尺寸的轮廓图形。空车或重车无论在直线或曲线地段运行时,所有突出和悬挂部分设备都应容纳在车辆限界之内,因此车辆限界是车辆在正常运行状态下形成的最大动态包络线。建筑限界和设备限界是建筑物或设备距轨道中心和轨面所允许的最小尺寸所形成的轮廓。车辆限界与建筑和设备限界之间的安全空间,主要考虑以下因素。

(1)轨道车辆在设计生产制造过程的公差引起的上下、左右方向的偏移或倾斜。

(2)轨道车辆在名义载荷作用下弹性元件受压引起的下沉,以及弹性元件由于性能上的误差可能引起的超量偏移或倾斜。

(3)由于各部分磨耗或永久变形而造成的车辆下沉,特别是车轮左右侧不均匀磨耗或变形而引起的车辆倾斜与偏转。

(4)由于轮轨之间以及车辆自身各部分存在的横向间隙而造成车辆运行中与线路间可能形成的横向偏移。

(5)车辆在运行过程中因动作用力而造成车辆相对线路的偏移。它包括车辆运行在振动中产生上下、左右各个方向的位移,曲线区段运行时实际速度与线路超高所设计的运行速度不一致而引起的车体倾斜等。

(6)线路在列车运行动作用力下可能产生的变形,包括轨道产生的随机不平顺现象等。

涉及限界的主要名词术语如下。

1. 基准坐标系

基准坐标系是与平直线路的纵向中心线相垂直的平面内的一个二维直角坐标,基准坐标系的建立以两根钢轨在名义位置且无磨耗时的轨顶面而相切作为第一坐标轴(Y),以两根钢轨的名义位置中心垂直于第一坐标轴作为第二坐标轴(Z)。

2. 偏移及偏移量

在基准坐标系内,因车辆本身或线路原因,车辆横断面上各点在运行中离开原来在基准坐标系中所定义的设计位置称为偏移,偏移以毫米(mm)为单位,称为偏移量。在第一坐标轴(Y)方向的偏移称为横向偏移,在第二坐标轴(Z)方向的偏移称为竖向偏移。

3. 曲线几何偏移量

车辆在曲线上运行时与直线路段不同，由于曲线线路中心线是曲线，车辆因刚性其纵向中心线是直线，车辆与线路不可能完全重合。车辆纵向中心线上各点在水平投影图上偏移线路中心线的距离称为曲线几何偏移，简称曲线偏移。其中，车辆定距以内的车辆纵向中心线上各点在曲线的内侧偏离称为内侧偏移；车辆定距以外的车辆纵向中心线上各点，在曲线的外侧偏离称为外侧偏移。同样，车辆在上坡、下坡时在竖曲线上产生的曲线偏移称为竖曲线偏移。

4. 计算车辆

认定具有某一横断面轮廓尺寸和水平投影轮廓尺寸以及认定结构的车辆在地铁及轻轨线路上运行，采用该车辆作为确定车辆限界及设备限界尺寸的依据时，这个认定车辆称为计算车辆。在地铁及轻轨线路上实际运行的新车和旧车只要符合车辆限界及设备限界的校核，就能在线路上安全行驶，不必与计算车辆尺寸及轮廓取得完全一致。

二、地铁限界

1. 地铁车辆限界

地铁车辆限界是上述概念中基准坐标系中的一个车辆横断面轮廓线，也是车辆在正常运行状态下形成的最大动态包络线。车辆及轨道线路各尺寸在具有最不利公差及磨耗时（包括车辆维修期间所发生的尺寸偏差），车辆在运动中处于最不利位置、涉及由各要素引起的车辆各部位的统计最大偏移后均应容纳在轮廓内。《地铁设计规范》（GB 50157—2013）规定了钢轨钢轮、标准轨距系列的地铁限界，包括车辆限界。直线地段车辆限界因线路条件不同分为隧道内车辆限界和高架或地面线车辆限界，后者应在前者的基础上，考虑当地最大风荷载会引起车辆横向和竖向偏移量。受电弓或受流器等设备是车辆限界内的组成部分，不得与建筑限界发生冲突。

我国最早建成的北京地铁车辆横截面尺寸为 2 650 mm × 3 509 mm（宽×高），借鉴了莫斯科地铁车辆限界。自 1990 年以后，为充分利用限界，增加载客量，改善车辆空气动力学性能，将车辆截面设计为"鼓形"，车体最宽处增加到 2 800 mm。如这一时期新建的上海地铁采用香港地铁相近的大型车体，一节车体的尺寸为 22 000 mm × 3 000 mm × 3 800 mm（长×宽×高），这样有了现代轨道车辆 A 型、B 型之分。《地铁设计规范》（GB 50157—2013）对两种车型的车辆限界经计算做了新的界定，其中包括采用接触网受流方式的 A 型限界（计算车辆车宽 3 m）、采用接触轨受流方式的 B1 型限界（计算车辆车宽 2.8 m）和采用接触网受流方式的 B2 型限界（计算车辆车宽 2.8 m）3 类，主要适用于运行速度低于 100 km/h 的地铁工程。运行速度超过 100 km/h 的地铁工程，也可参照执行。图 2-15 为 A 型车区间或过站直线地段车辆轮廓、车辆限界、设备限界图，对应车辆轮廓、车辆限界坐标如表 2-5 和表 2-6 所示。A 型车高架或地面直线地段的车辆限界和 B1 型、B2 型车的车辆限界参见《地铁设计规范》（GB 50157—2013）。

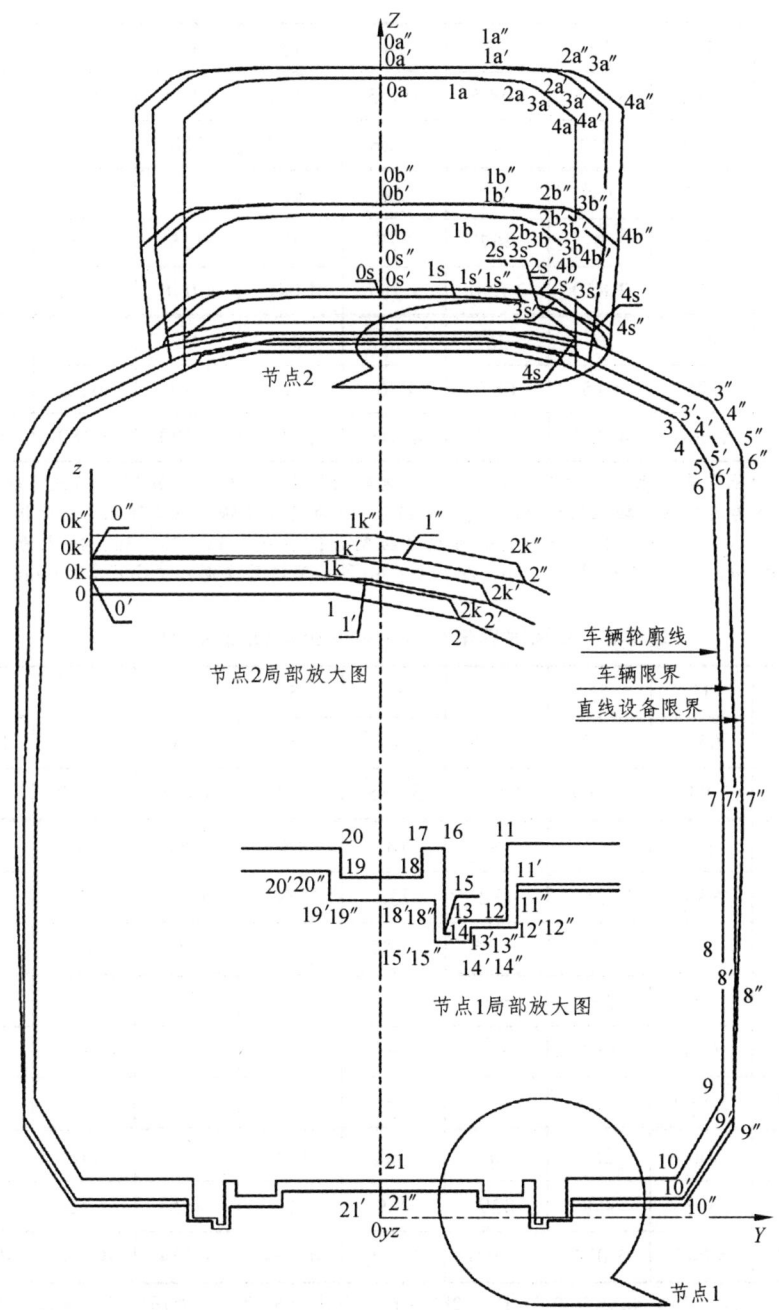

图 2-15 A 型车区间或过站直线地段车辆轮廓、车辆限界、设备限界

表 2-5 A 型车辆轮廓线坐标值　　　　　　　　　　　单位：mm

点号	0	1	2	3	4	5	6	7	8	9
Y	0	525	798	1 300	1 365	1 444	1 450	1 500	1 500	1 500
Z	3 800	3 800	3 745	3 504	3 416	3 277	3 231	1 800	1 130	520

续表

点号	10	11	12	13	14	15	16	17	18	19
Y	1 294	811.5	811.5	708.5	708.5	676.5	676.5	626	626	450
Z	170	170	0	0	−28	−28	160	160	95	95
点号	20	21	0k	1k	2k	0s	1s	2s	3s	4s
Y	450	0	467	777	0	325	615	687	850
Z	160	160	3 850	3 850	3 787	4 040	4 040	4 022	3 992	3 856
点号	0a	1a	2a	3a	4a	0b	1b	2b	3b	4b
Y	0	325	615	687	850	0	325	615	687	850
Z	5 000	5 000	4 982	4 952	4 816	4 400	4 400	4 382	4 352	4 216

注：表中第 0~9 点是车体上的控制点；第 10、11 点是转向架上的控制点；第 12~15 是车轮上的控制点；18、19 两点为连接在车轴上的齿轮箱点；16、17、20 为连接在转向架构架上的信号接收设备的最低点；第 0s、1s、2s、3s、4s 点为隧道内受电弓控制点；第 0a、1a、2a、3a、4a 点为隧道外受电弓（高度 5 000 mm）控制点；第 0b、1b、2b、3b、4b 点为隧道外受电弓（高度 4 400 mm）控制点。

表 2-6　车辆限界坐标值（隧道外区间直线地段）　　　　单位：mm

点号	0′	1′	2′	3′	4′	5′	6′	7′	8′	9′
Y	0	635	906	1 403	1 467	1 543	1 548	1 570	1 557	1 552
Z	3 832	3 840	3 789	3 555	3 468	3 331	3 285	1 702	1 030	420
点号	10′	11′	12′	13′	14′	15′	18′	19′	20′	21′
Y	1 322	835	835	732	732	654	654	425	425	0
Z	72	75	−15	−15	−47	−47	45	45	110	110
点号	0k′	1k′	2k′	—	—	—	—	—	—	—
Y	0	580	889							
Z	3 882	3 889	3 830							
点号	0a′	1a′	2a′	3a′	4a′	0b′	1b′	2b′	3b′	4b′
Y	0	468	758	829	989	0	455	745	816	976
Z	5 044	5 044	5 026	4 996	4 860	4 444	4 444	4 426	4 396	4 260

注：第 0a′、1a′、2a′、3a′、4a′点及 0b′、1b′、2b′、3b′、4b′点分别为隧道外两种不同高度受电弓设备限界坐标。

2. 地铁设备限界

地铁设备限界是基于基准坐标系中用以限制线路周边设备安装的控制线。除另有规定外，建筑物及地面固定设备（如转辙机、轨道设备等）设计时不仅考虑它们的刚性运动，还要考虑其柔性运动，均不得向内侵入此限界。接触轨限界属于设备限界的辅助限界。A 型车隧道外直线地段设备限界如图 2-15 所示，对应的设备坐标如表 2-7 所示。

表 2-7 设备限界坐标值（隧道外区间直线地段） 单位：mm

点号	0″	1″	2″	3″	4″	5″	6″	7″	8″	9″
Y	0	691	962	1 455	1 517	1 590	1 595	1 592	1 567	1 551
Z	3 878	3 882	3 829	3 591	3 504	3 365	3 319	1 656	990	384
点号	10″	11″	12″	13″	14″	15″	18″	19″	20″	21″
Y	1 329	835	835	732	732	654	654	425	425	0
Z	53	53	−15	−15	−47	−47	45	45	110	110
点号	0k″	1k″	2k″	—	—	—	—	—	—	—
Y	0	635	943	—	—	—	—	—	—	—
Z	3 928	3 931	3 870	—	—	—	—	—	—	—
点号	0a″	1a″	2a″	3a″	4a″	0b″	1b″	2b″	3b″	4b″
Y	0	542	831	902	1 060	0	520	809	880	1 038
Z	5 044	5 044	5 026	4 996	4 860	4 444	4 444	4 426	4 396	4 026

注：第 0a″、1a″、2a″、3a″、4a″点及 0b″、1b″、2b″、3b″、4b″点分别为隧道外两种不同高度受电弓设备限界坐标。

设备限界和车辆限界之间保持一定的安全间隙，这个间隙主要作为未涉及因素的安全余量，按照限界制定时的规定将某些偏移量计入此间隙。计算车辆曲线上和竖曲线上的曲线偏移也计入这个间隙内。由于曲线路段与直线不同，设备限界在水平曲线上根据需要加宽，同样在竖曲线上也需要加高，增加量可依据相关设计规定确定。

3. 地铁建筑限界

地铁建筑限界是基准坐标系中位于设备限界以外的规定建筑物的一个轮廓线，在设备限界的基础上，只考虑设备和管线安装尺寸之后的最小有效断面。它规定了地下铁道隧道的形状、尺寸、位置，地下车站及站台位置和地面建筑物（包括接触网支柱、声屏障和站台屏蔽门等）的位置，还需要考虑施工误差、测量误差及结构永久变形等因素，任何永久性建筑物均不得向内侵入此限界。建筑限界和设备限界之间的空间应能安装各种电缆线、消防水管、消防栓、动力箱、信号箱、信号灯、照明灯、扩声器、通风管、架空线及其固定设备。地铁建筑限界可理解为建筑物的最小尺寸，比地铁建筑限界大的隧道、高架桥等建筑都可以认为是符合地铁建筑限界的。

实践操作

实训项目 城市轨道交通车辆静检

1. 实训目的

（1）了解和认识城市轨道交通车辆总体结构及布置。

（2）掌握城市轨道交通车辆检查的主要内容。

2. 实训设备

典型城市轨道交通车辆、司机台、车内设备、转向架等设备，车钥匙、无线电台、手电筒等工具。

3. 实训内容

以某地铁列车静检为例，列车检车时，严格按照整备作业流程示意图和整备作业程序，采用目视、手动、耳听的方式，做好列车整备和试验，确保客车在投入服务前，技术状态良好，保障列车安全营运。某地铁运营公司列车检查作业流程示意图如图 2-16 所示。列车检查内容如表 2-8 所示。

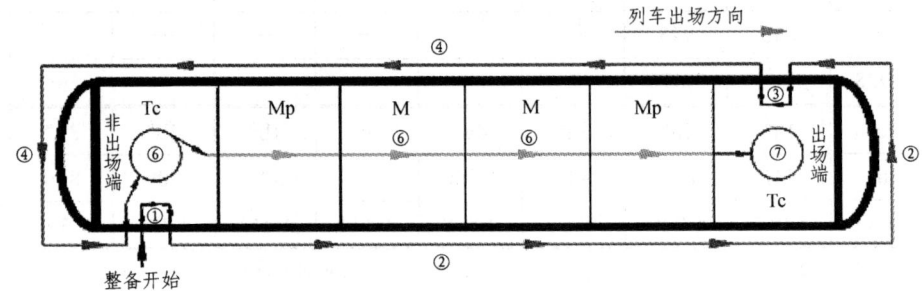

图 2-16　列车检查作业流程示意图

表 2-8　列车静检主要内容

项目	序号	检查内容及步骤	备注
司机室设备柜	1	确认所有空开都在闭合位（除列车连挂、轮缘润滑控制不用确认）	
	2	确认所有旁路开关均在分位且铅封良好（除 VOBC、ATP 使能旁路无铅封）	
	3	确认所有非自复式按钮均未被按下	
司机台	1	确认高速断路器分按钮被按下	
	2	确认洗车模式按钮未被按下	
	3	确认开关（客室照明、SIV 控制、前照灯、司机室灯、电热玻璃、脚炉、雨刮、喷淋）在"关"位；门侧选择在"0"位；门模式在 M/M 位	
	4	确认手动确认紧急制动按钮未被拍下	
	5	确认通风扇在关位	
	6	确认摄像头、灭火器封条良好	
	7	确认各显示屏、仪表盘外观良好	
车下设备检查	1	确认有无连挂电源插座盖	
	2	确认半自动车钩：钩腔无异物、风管口有封条、操作解钩杆状态良好	
	3	确认车体外观良好、无倾斜	
	4	确认靠近半自动车钩处总风截断塞门（W1）在垂直位，其余中间总风截断塞门（W1）均在顺管位	
	5	确认所有闸瓦密贴轮对，轨面无异物，转向架外观良好、无异物	
	6	确认所有空簧供风塞门、空簧信号塞门均在顺管位	
	7	确认所有设备箱盖锁闭良好、外观正常（制动控制装置带把手）	

续表

项目	序号	检查内容及步骤	备注
车下设备检查	8	确认贯通道波浪折棚外观良好	
	9	确认2车、5车IES箱开关在受电弓位，车间电源盖关闭良好	
	10	确认所有B19均在顺管位，无漏风现象	
客室设备检查	1	确认客室内部清洁、无明显损坏	
	2	确认照明良好	
	3	确认车门无损、锁闭良好、指示灯无显示、紧急开门手柄处于水平位、乘客报警按钮完整无缺	
	4	确认设备柜、电子柜、通道侧墙板等完整无损坏、卫生条件符合出库运营标准	

注：VOBC为车载控制器；IES箱为隔离接地开关箱。

习　题

2-1　一般地铁车辆有多种形式，如（　　）。
　　A. 带司机室车　　　　　　B. 动车
　　C. 6轴单铰接式车　　　　 D. 拖车

2-2　城市轨道交通车辆中的A型车，它的车宽为（　　）。
　　A. 2.6 m　　B. 2.8 m　　C. 3.0 m　　D. 3.2 m

2-3　成都地铁10号线车辆主要尺寸中新轮直径为（　　）。
　　A. 830 mm　　B. 805 mm　　C. 840 mm　　D. 780 mm

2-4　城市轨道交通车辆操作手册中的AW3表示（　　）。
　　A. 无乘客　　B. 座客载荷　　C. 定员载荷　　D. 超员载荷

2-5　（　　）是指建筑物在线路横断面方向侵入线路的最小尺寸，也就是每一条线路必须保有的最小空间的横断面。
　　A. 设备限界　　B. 车辆限界　　C. 建筑限界　　D. 限界

2-6　城市轨道交通车辆有哪些基本种类？其结构如何？

2-7　简述我国城市轨道交通行业所建议的轻轨电动车辆形式。

2-8　城市轨道交通车辆是如何编组的？请举例说明某种编组方式的优缺点。

2-9　什么是车辆的技术参数？主要有哪些参数？举例说明这些参数有何用处。

2-10　简述城市轨道交通车辆的基本组成及各部分的作用。

2-11　什么是城市轨道交通车辆的轴列式？请解释轴列式B-2-B。

2-12　城市轨道交通车辆常用的制动形式有哪几种？

2-13　什么是城市轨道交通车辆限界？规定车辆限界的目的是什么？

2-14　什么是城市轨道交通车辆限界的基本坐标系？什么是计算车辆？

2-15　典型城市轨道交通车辆的静止逆变装置主要由哪些部分组成？为什么需要静止逆变装置（即静止逆变装置的作用是什么）？

2-16　城市轨道交通车辆的再生制动和空气制动是如何协调工作的？

2-17　请分别叙述城市轨道交通车辆牵引特性和制动特性曲线。

第三章　车体与车门

车体是城市轨道交通车辆最重要的部件之一，它提供乘客乘坐和司机驾驶（对于有驾驶室的车辆）的容纳空间，也是其他设备及组件的安装与连接基础。城市轨道交通车辆车门比其他轨道车辆有些特殊要求，它具有使用频率高，人流密度大，方便乘客，缩短乘客上、下车时间的特点。

第一节　车体概述

车体需要承受列车运行过程中产生的动载荷、静载荷及振动。城市轨道交通车辆速度要求不高，结构上可适应 100 km/h 左右的速度运行即可，使用寿命 30 年，同时还要具备隔音、隔热、减振、防火等要求，如出现列车事故时，尽可能保证乘客安全。

一、车体的作用与分类

车体作为城市轨道交通车辆结构中最大的零件，车辆上其他设备几乎全部以它为安装基础，同时也要为乘客提供舒适、安全的乘车环境，列车还需考虑与城市景观相协调的外观。车体主要从以下几方面分类。

（1）根据车体材料分类，可分为碳素钢车体、铝合金车体和不锈钢车体三种，早期城市轨道交通车辆车体材料使用碳素钢较多（包括普通低碳钢和耐候钢），因车辆质量较大，不适合现代车辆轻量化设计，所以目前主要使用铝合金和不锈钢材料。

（2）根据车体结构有无司机室分类，可分为带司机室车体和无司机室车体两种。

（3）根据车体尺寸分类，可分为 A 型车车体、B 型车车体和 C 型车车体。例如，广州地铁 1、2 号线和深圳地铁车辆采用了 A 型车；成都地铁 1、2 号线和广州地铁 3、4 号线采用了 B 型车。

（4）根据车体结构加工工艺不同分类，可分为一体化结构和模块化结构。如广州地铁 1 号线车辆采用的是一体化结构，而 2 号线采用的则是模块化结构。

二、城市轨道交通车辆车体特征

城市轨道交通车辆是城市与近郊的专门客运交通工具,除与传统铁路客车车体的相同之处外,它还具有一些不同特征:

(1)动力普遍采用电力,为电动车组,车组编组辆数灵活,主要有 4 节、6 节、8 节编组,特殊车辆有 5 节和 7 节编组。城市轨道交通车辆与动车组类似,有头车(带有驾驶室的车辆)和中间车,以及动车与拖车之分。

(2)由于服务于市内公共交通,乘客数量多,单小时单向通过能力可达 5 万人次,乘客乘坐时间短,上下车频繁,因此车内服务于乘客的设备简单,体现在车内设置的座位数量少、车门数量多且开度大,如成都地铁 1 号线单侧设置车门 5 个,对称布置,车门开度接近 1.5 m。

(3)对车辆质量限制较为严格,特别是高架轻轨车,要求列车质量轻,轴重小,以降低线路的工程投资。

(4)要求符合轻量化设计理念,对于车体承载结构,一般采用大型中空截面挤压铝型材、高强度复合材料或不锈钢材料等,采用整体承载筒形车体结构,车体的其他辅助设施也尽量采用轻型材料和轻量化结构。

(5)车体的防火要求严格,特别是地铁车辆,一旦发生火灾后果不堪设想,因而对车体结构采用防火设计,车体材料几乎全部使用耐火材料,同时进行阻燃处理。

(6)对车辆的隔音和降噪有严格要求,以最大限度地降低噪声对乘客及沿线居民的影响,提高乘坐舒适性和减小对环境的影响。

(7)由于用于市内交通,对车辆的外观造型和色彩有美化环境及与城市景观相协调的要求。

三、车体的结构形式

车辆按照车体结构承受荷载的方式不同,可分为底架承载结构、侧墙和底架共同承载结构及整体承载结构三类。

(1)底架承载结构:全部荷载由底架来承担的车体结构,一般早期车辆运用较多。

(2)侧墙和底架共同承载结构:由侧、端墙与底架共同承担荷载的车体结构,也称侧墙承载结构。其侧、端墙与底架等连接成一个整体,具有较高的强度、刚度。

(3)整体承载结构:在板梁式侧、端墙上焊接由金属板、梁而成的车顶,使车体的底架、侧墙、端墙、车顶连接成一个整体,成为开口或闭口箱形结构,此时车体各部分结构均参与承受荷载,因而称这种结构为整体承载结构,如图 3-1 所示。

为满足安全运载旅客的需要,车体钢结构必须有足够的强度;为提高乘坐舒适度,车体必须具有足够的刚度,保证车体的自振频率与转向架的自振频率不一致,避免产生共振现象而降低乘坐舒适度。试验表明,转向架采用空气弹簧时,车体钢结构的自振频率应达到 8 Hz 以上。

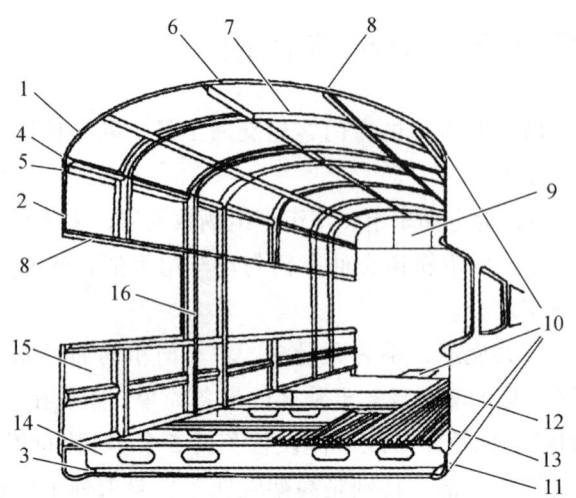

1—车顶；2—侧墙；3—底架；4—车顶边梁；5—侧墙上边梁；6—顶板；7—弯梁；8—纵向梁；
9—车顶端部；10—牵引梁；11—边梁；12—枕梁；13—波纹地板；
14—横梁；15—墙板；16—立柱。

图 3-1　钢制车体整体承载结构

四、典型城市轨道交通车辆车体结构

现代城市轨道交通车辆车体一般采用整体承载内层筋板结构，由底架、侧墙、端墙、车顶和司机室（仅 Tc 车）五大部件组成，如图 3-2 所示，车体主要结构尺寸如图 3-3 所示。车体总组焊接完整以后，为保证水密性良好，焊接接口要求全焊接且焊后涂防水密封胶，采用淋雨试验进行检查，动车组车体还需做气密性实验。底架为无中梁结构，由牵引梁、枕梁、缓冲梁、边梁、横梁、波纹地板等组成。车顶采用波纹顶板无纵向梁结构，主要由弯梁、波纹顶板、侧顶板、侧边梁、平顶板、平顶水管等组成。侧墙主要由侧墙板、门立柱、端立柱、窗立柱、窗口横梁、侧墙上边梁等组成。侧墙形状为两条直线加一段过渡圆弧，结构采用内层筋板结构，以整体冲压成型的内层筋板来取代传统不锈钢车体侧墙大量的补强梁，结构简单，强度、刚度高，质量轻，外表美观。端墙把底架、车顶、侧墙结合成一体，共同承受车体所受的各种载荷，主要由端门立柱、端角柱、端墙板等组成。

1—底架；2—车顶；3—侧墙；4—端墙；5—司机室。

图 3-2　整体承载内层筋板车体结构

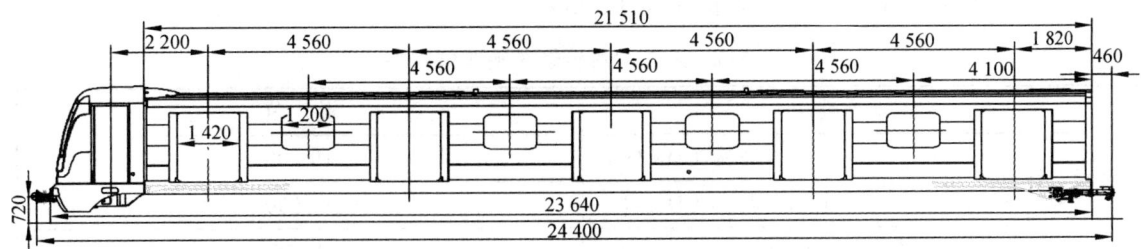

图 3-3 车体主要结构尺寸图

五、典型车体结构的基本参数

（1）上海地铁 1、2 号线车辆车体规格（括号内为交流传动车辆的参数）如表 3-1 所示。

表 3-1 上海地铁 1、2 号线车辆车体规格

基本参数		数值
两端车钩连接中心线/mm	有驾驶室	24 140
	无驾驶室	22 800
车体最大宽度/mm		3 000
车顶中心线距轨面高度/mm		3 800
客室地板面距轨面高度/mm		1 130（1 500）
车门高/mm		1 800（1 860）
车门宽/mm		1 300（1 400）
两转向架中心距（定距）/mm		15 700

（2）成都地铁 7、10 号线车体规格如表 3-2 所示。

表 3-2 成都地铁 7、10 号线车体规格

基本参数		数值
两端车钩连接中心线/mm	有驾驶室	23 640
	无驾驶室	22 800
车体最大宽度/mm		3 000
车顶中心线距轨面高度/mm		3 500
压缩强度/kN		1 200
拉伸强度/kN		1 000
车门高/mm		1 700
车门宽/mm		2 088
两转向架中心距（定距）/mm		15 700

（3）天津滨海轻轨车辆车体规格如表 3-3 所示。

表 3-3　天津滨海轻轨车辆车体规格

基本参数		数　值
两端车钩连接中心线/mm	有驾驶室（DK38）	19 000
	无驾驶室（DK39）	19 500
车体最大宽度/mm		2 800
车顶中心线距轨面高度/mm		3 800
两转向架中心距（定距）/mm		12 600
最大纵向压缩载荷/kN		800
最大纵向拉伸载荷/kN		650
车门高/mm		2 012
车门宽/mm		1 550

第二节　铝合金车体

铝合金车体主要采用铝合金型材，结合部分轻型材料，列车车体使用模块化结构或全焊接组装工艺，属于整体承载结构。铝合金材料具有密度小、强度高的特点，满足车体强度和刚度的要求，同时大幅度地减轻了车体的质量，符合车辆轻量化设计理念，因而备受青睐，是近年来广泛采用的新型车体材料。国内外地铁车辆厂家无一不把铝合金车体作为现代地铁车辆车体技术发展方向，如国外德国西门子、法国阿尔斯通、日本川崎重工等，国内中车集团下株洲电力机车、青岛四方、长春轨道、唐山机车等。

一、铝合金材料特性

（1）质轻且柔软。铝的密度为 2.71 g/cm²，约为钢密度（7.87 g/cm²）的 1/3，杨氏模量也约为钢的 1/3。

（2）强度好。纯铝的抗拉强度约为 80 MN/m²，是低碳钢的 1/5。但经过热处理强化及合金化强化，其强度会大幅增加。如铝合金车体常用的材质 6005A-T6，它的最低抗拉强度为 360 MN/m²，能达到低碳钢相应的强度值。

（3）耐蚀性能好。铝合金接触空气时表面会形成一层致密的氧化膜，这层氧化膜能防止进一步腐蚀，耐蚀性能好。实施"氧化铝膜处理法"，可全面防止腐蚀，延长使用寿命和减少维护保养。

（4）加工性能好。车辆用型材挤压性能好，二次机加工、弯曲加工比碳素钢、不锈钢等容易。

（5）易于再生。铝的熔点低（660 ℃），再生简单，在废弃处理时也无公害，有利于环保，符合可持续发展战略。

二、铝合金材料车体的特点

世界上最早的铝合金车是1952年英国研制的伦敦地铁电动车组。铝合金车体的发展经历了板梁期、开口型材期和现在的大型中空挤压型材期三个阶段，现在逐渐走向成熟。

铝合金车体的主要优点如下：

（1）最大限度地降低车体自重，从而提高车辆的运行性能，降低运能消耗，减少运营维护保养费用，提高车辆的输送能力。在车辆长度相同的条件下，与碳素钢车体相比，铝合金车体的自重降低30%~35%，强度质量比约为碳素钢车体的2倍。碳素钢车体、不锈钢车体、铝合金车体的质量之比约为10∶8∶6。

（2）具有较小的密度及杨氏模量，所以铝合金对冲击载荷有较高的能量吸收能力，对保护车体和乘客具有积极意义，同时可降低振动，减少噪声。

（3）大型中空挤压型材车体具备气密性结构，车内压力从4 kPa降到1 kPa的时间大于50 s，提高了车辆密封性能及乘坐舒适性。

（4）采用大型中空挤压型材制造的板块式结构，改变了传统车辆的框架结构，可减少连接件的数量和质量。

（5）耐腐蚀性好，与碳素钢车体相比，车体可不涂漆，可不设置油漆场地，节省涂装费，达到节能、保护环境的目的，同时还缩短了制造周期，延长了检修周期。

三、铝合金车体形式

铝合金车体形式有纯铝合金车体和混合结构铝合金车体。

1. 纯铝合金车体

纯铝合金车体主要有以下4种形式：

（1）车体由铝板和实心型材制成，铝板和型材的固定方式可以采用铝制销铆钉、连续焊接和金属惰性气体点焊等方式。车体主体部件都采用密度仅为碳素钢1/3的铝合金，个别部件如车钩及车体内的螺钉座使用碳素钢，车辆整体实现了车体的轻量化。这些铝板和型材等多为拉延材料（板材、挤压型材、锻造材料）。近年来，很多车辆制造公司使用大型挤压型材，进行热处理后，其机械性能有很大的提高。大型挤压型材的组合使车辆制造时焊接大量减少，但制造成本增大。

（2）车体结构是板条骨架结构，采用气体保护的熔焊作为连接方法。

（3）在车体结构中应用整体结构，板皮和纵向加固件构成高强度大型开口型材。

（4）车体采用空心截面的大型整体型材，结构更加简单。型材平行放置并总是在车体的全部长度上延伸，通过自动连续焊接进行连接。该车体结构是以具有多样化截面的型材为基础，并充分利用铝合金良好的机械性能。

2. 混合结构铝合金车体

除了上述纯铝合金车体外,还有钢底架的混合结构铝合金车体。这种车体侧墙与底架的连接基本都采用铆接或螺栓连接的方式。其作用有两点:一是可避免热胀冷缩带来的问题,二是取消了成本很高的车体校正工序。

四、铝合金车体架车

铝合金焊接结构车体比碳素钢车体更容易产生变形,因此在检修工作日常架车作业中应按规范使用车辆设计的顶车位置,以避免车体翘曲变形。车辆制造商制定了顶车位置,并在车体外墙下沿设有顶车标记,其标记为"▲"。

中车四方新一代碳纤维地铁车辆"CETROVO"

按不同的修程规定其架车点,某厂家车辆架车点如图3-4所示。

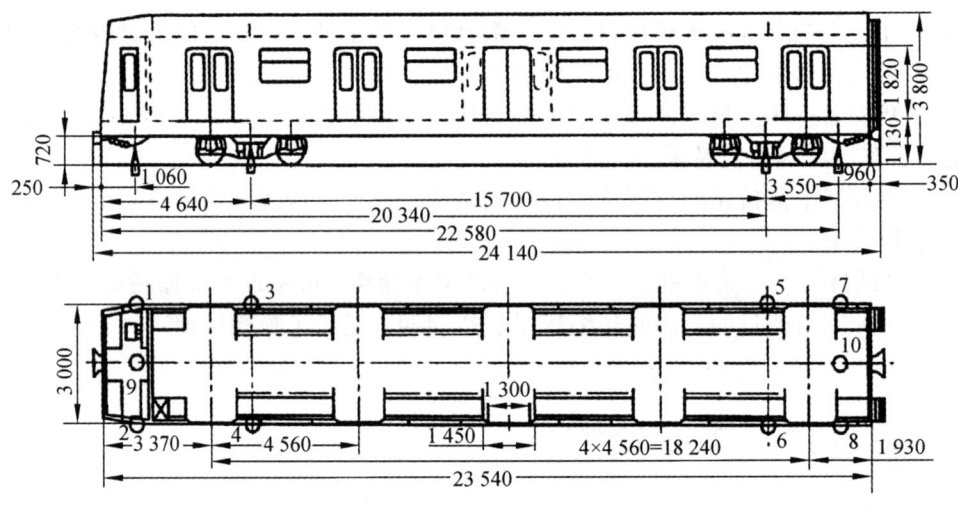

图 3-4 A 型车架车点

(1)整车架车作业(带转向架)顶车点号为3、4、5、6。
(2)无转向架架车作业的顶车点号为1、2、7、8或1、2、5、6或3、4、7、8或3、4、5、6。也可用三点架车,其顶点号为1、2、10或3、4、10或7、8、9或5、6、9。

五、铝合金车体结构

图3-5为成都地铁轻型、整体承载铝合金全焊接结构车体,车体采用整体承载结构,由底架、侧墙、端墙、车顶和司机室(仅Tc车)组成,表面涂装。车体主结构材料采用轻型高强度铝合金材料,牌号为轨道交通车辆中广泛使用的车体用铝合金材料(5000系合金的5083、6000系合金的6005A和6082),其化学成分满足EN 573-3标准的规定,机械性能满足EN 755-2(型材)和EN 485-2(板材)标准的规定,热处理满足EN 515标准的规定。车钩安装座采用符合GB/T 4171—2008标准的高耐候结构钢。

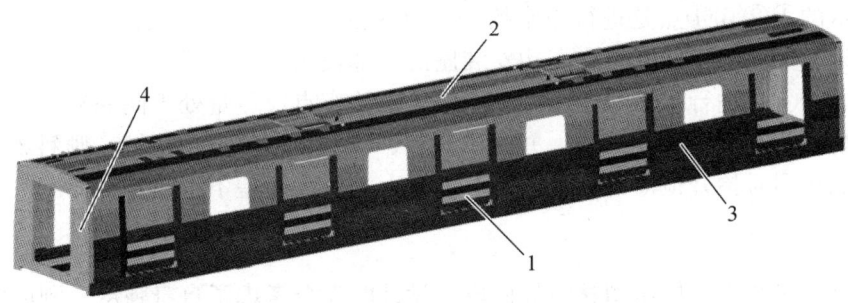

1—底架；2—车顶；3—侧墙；4—端墙。

图 3-5　成都地铁 Mp 车车体结构

1. 底　架

底架作为车体最重要的承载部件（见图 3-6），采用设备边梁托装方案，主要由边梁、中部地板、端部底架等组成。其中，中部地板由五块地板组焊而成。地板的上表面铺装内装地板，下表面设有吊挂设备使用的滑槽。端部底架主要由枕梁、牵引梁及缓冲梁组成，车钩安装座通过铆钉铆接在牵引梁腹板上。枕梁设有中心销安装、空簧进气阀座安装等转向架与车体的接口，枕梁下平面保证转向架中心销及空簧的安装。

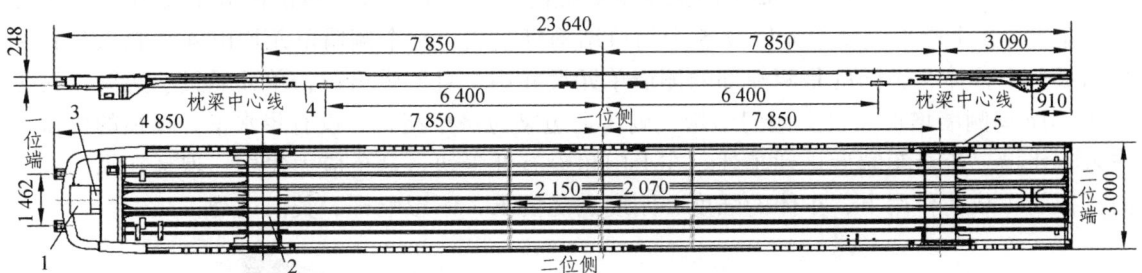

1—牵引梁组成；2—枕梁组成；3—防爬吸能结构；4—底架地板；5—底架边梁。

图 3-6　成都地铁铝合金车体底架结构

牵引梁、枕梁主体结构采用铝合金材料。牵引梁由铝合金型材和板材组成，车钩安装座通过铆钉固定在牵引梁腹板上，车钩安装座采用全焊接碳钢结构。枕梁由两块铝合金型材拼焊而成，两块型材间设有补强筋板、空簧安装垫板和牵引销安装垫板，枕梁组成后整体加工，以保证空簧和牵引销安装平面的平面度和平行度。

在 Tc 车和 Mp 车底架下方的一、二位枕梁内侧各设 2 个吊车/架车位，每车共 4 个位置，同时在一、二位端车钩安装座下方设 2 个顶车位。以 Mp 车为例，架车点布置如图 3-7 所示。

图 3-7　Mp 车架车点布置图

图中所示的①②③④点是进行正常抬车作业的位置，设在枕内两侧底架边梁底部，4 个抬车位置均设有抬车垫板，同时在车钩安装座的底部设顶车点⑤⑥。

使用①②③④点进行抬车作业时，须注意 4 处抬车点应尽量处于同一平面，前、后端抬车点的垂直高度差不得超过 50 mm，并同步升降，以避免车体发生扭转、倾斜或滑移。

如果多辆车同时抬升检修，相邻两辆车间最大垂直高度差不得超过 90 mm。

2. 车　顶

车顶主要由 5 块中空挤压型材组焊而成，设计时充分考虑了自身强度、刚度及其对车体总体强度、刚度的影响，确保能够顺畅传递纵向载荷；车顶板能承受在 200 cm^2 上施加 1 000 N 的垂直载荷，即维护人员在车顶行走时的载荷。车顶断面如图 3-8 所示。

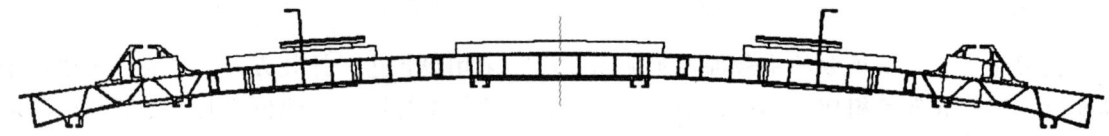

图 3-8　车顶断面及空调安装座

3. 侧　墙

侧墙结构（见图 3-9）主要由两侧基本对称的两面侧墙组成，每面侧墙主要由 4 个中部侧墙单元、2 个端部侧墙单元以及 5 个门口结构等组成，每个侧墙单元均由 4 块长大型材组焊而成一个整体，不同的是两端部的侧墙单元尺寸小，且不带窗口，单元通过上边梁连接为一体。Tc 车侧墙增加司机室侧门结构；侧墙上边梁为挤压型材，设有集水槽，车顶的雨水可进入集水槽，流至车端后排到车外。在上门角设有补强块，避免应力集中，保证在纵向、垂向、扭转等载荷作用下，车体的强度、刚度满足要求，不影响开、关门运动。

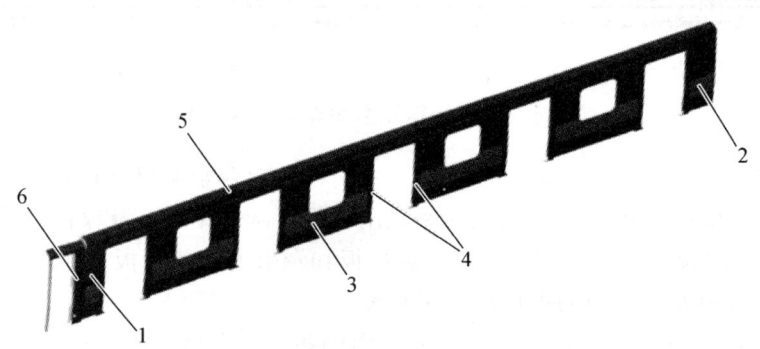

1—端部侧墙单元 1；2—端部侧墙单元 2；3—中部侧墙单元；
4—门立柱组成；5—上边梁；6—司机室门立柱组成。

图 3-9　Tc 车侧墙

除了侧墙的主承载结构外，侧墙门立柱内侧设有内门立柱，此内门立柱既可提高车体结构门区周边的承载能力，又可表面处理后作内装板使用，使车体进一步轻量化。

4. 端　墙

端墙位于车体两端，把车顶、侧墙、底架结合成一体，共同承受车体所受的各种载荷，主要由端角柱、端门立柱、端墙板等组成。在端墙设计时，充分考虑贯通道安装以及门开口对车辆整体强度的减弱，并设计了风挡立柱和风挡横梁，加强了端角柱和端门立柱结构。端角柱、端门立柱、外墙板均采用 EN AW-6005A-T6 铝合金挤压型材，表面喷漆达到防腐保护，通过焊接将各个部件组成整体承载结构。两个车型端墙结构基本相同，端墙结构如图 3-10 所示。

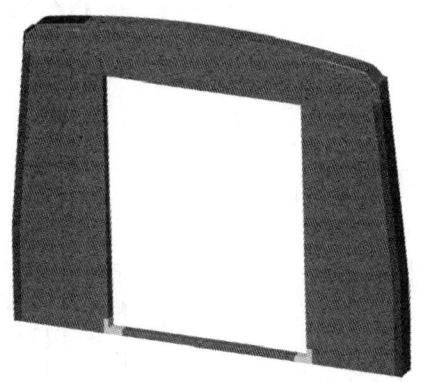

图 3-10 端墙结构

5. 司机室结构

司机室由不锈钢骨架和外罩及裙板组成。骨架为不锈钢焊接结构，整体预埋在玻璃钢外罩中。司机室与底架、侧墙、车顶采用螺栓连接。两个司机室结构相同，如图 3-11 所示。

图 3-11 司机室外观

司机室端部结构设计有撞击能量吸能区，能够满足意外撞车时的碰撞吸能要求。撞击能量吸收区前端设有边缘为齿形的防爬装置，防爬装置后面布置有吸能构件。在出现意外撞车事故时，防爬装置的齿形边缘可以保证两列车对中撞击，确保冲击力沿底架传递，避免相撞列车之间发生爬叠现象。防爬装置可承受垂向力与水平力的合力，当合力作用时，不损坏防爬装置与车体之间的连接件。防爬装置后面的吸能构件可以有效地吸收列车撞击时产生的能量，使车辆及乘客的受伤风险降至最低。

车辆车体在专门的总组装台位焊接成完整的车体，为确保组成后的水密性良好，司机室与车顶、侧墙以及底架接口处涂密封胶，其余外露焊缝均采用满焊，车体组装完成后进行淋雨试验。各部件焊接配合关系如图 3-12 所示。

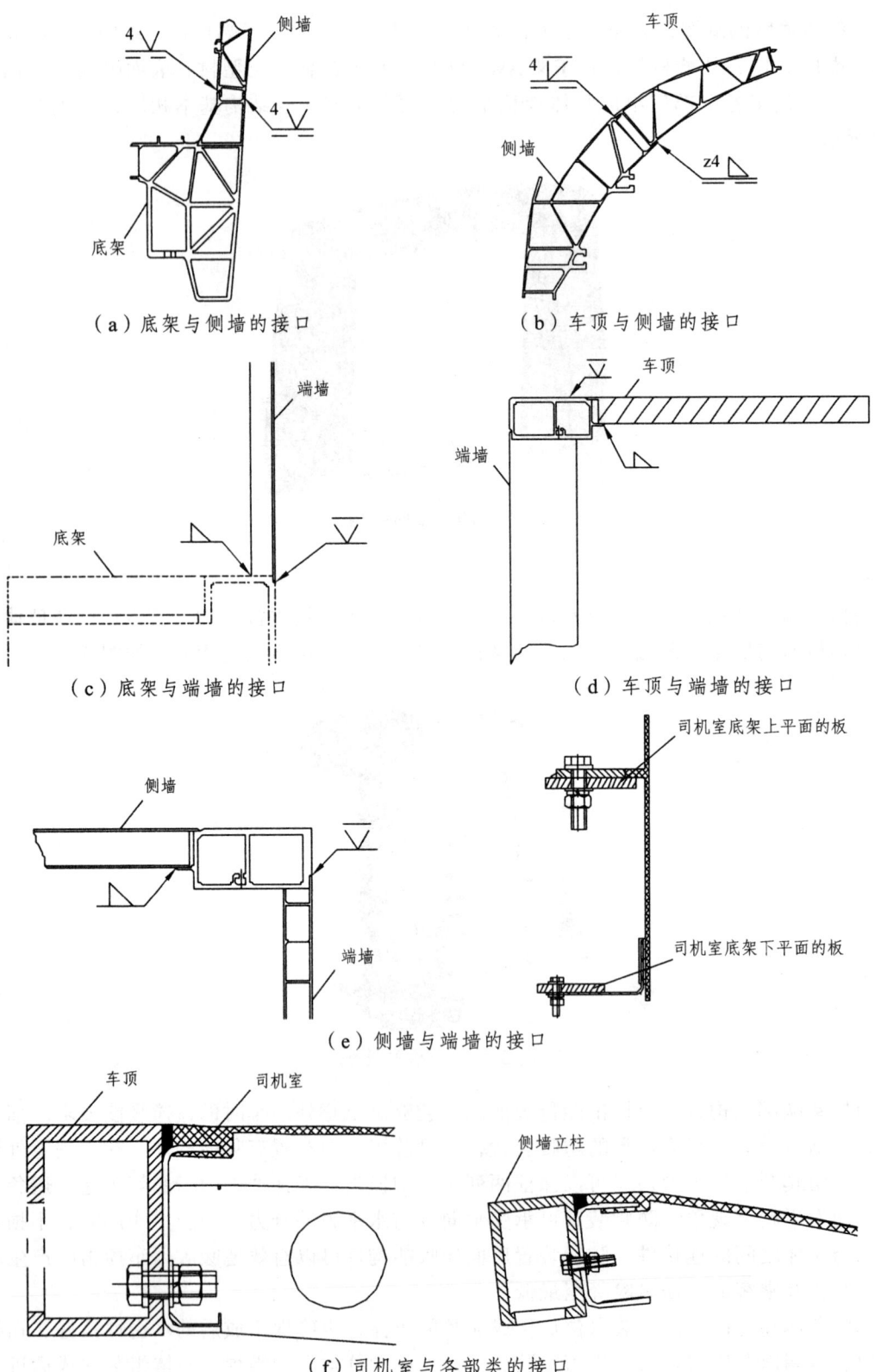

图 3-12　各部件焊接配合关系

不锈钢车体

第三节 司机室介绍

列车在每个 Tc 车前端设有一个司机室，司机室内设有操纵台等设备。司机室与客室之间的间壁上安装有向司机室打开的门。司机室两侧设有司机室侧门，门上有车窗。司机室前方安装有前照灯（DC 24 V，35 W，氙气灯泡）和标志灯（红色 LED，功率不大于 15 W）。司机室前窗玻璃采用高强度、高抗冲击性、带电热夹层的安全玻璃，前窗玻璃附带电动刮雨器和遮阳帘。

操纵台安装在 Tc 车司机室内，供司机驾驶列车用。

在结构上，整个操纵台分两大部分：台面设备和台下箱柜。操纵台台面采用玻璃钢材料；下部柜体采用铝合金材料，分成左、中、右柜体，之间通过螺栓连接。整个操纵台在底部通过螺栓与车体固定。

在功能上，操纵台分为列车牵引控制、制动控制、空压机控制、受电弓控制、照明控制（司机室及客室照明）、门控制、无线电台控制、自动/手动列车控制、前照灯控制、刮雨器控制、电热控制、列车监控、列车广播、紧急对讲、视频监视等功能。

操纵台台面集中了与司机驾驶操作有关的大部分功能，如图 3-13 所示。

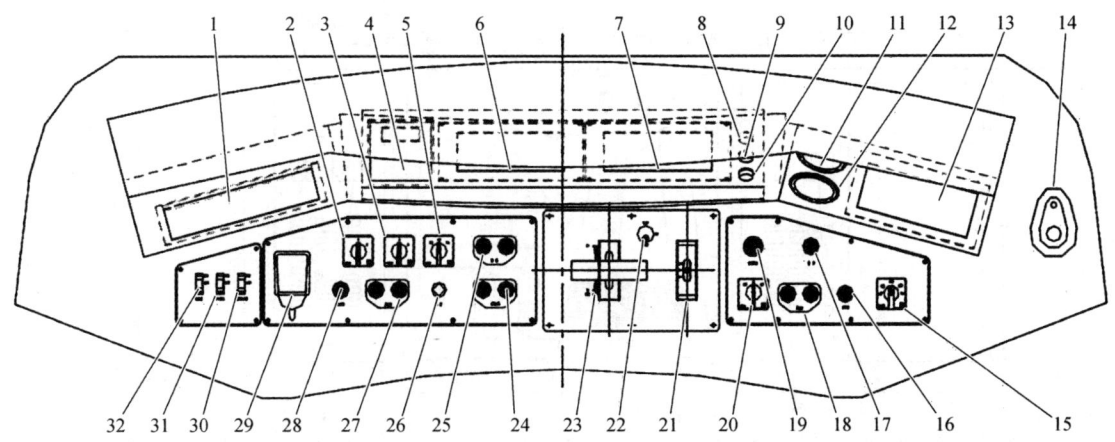

1—无线电台控制器；2—客室灯开关；3—司机室灯开关；4—PIDS 司机控制单元；5—前照灯开关；6—TMS 显示器；7—信号系统显示器；8—TMS 正常指示灯；9—制动缓解指示灯；10—门全关闭指示灯；11—双针压力表；12—速度表；13—视频监视显示屏；14—水箱注水口；15—信号模式开关 1；16—关右门按钮；17—降弓按钮；18—开右门按钮；19—紧急制动按钮；20—门选向开关；21—方向手柄；22—钥匙开关；23—主控手柄；24—ATO 发车按钮；25—折返按钮；26—鸣笛按钮；27—开左门按钮；28—关左门按钮；29—PIDS 手持话筒；30—空压机启动开关；31—SIV 启动开关；32—电制动开关。

图 3-13 操纵台面板布置

列车管理系统（Train Management System，TMS）是一种在控制列车的牵引与制动、母线断路器和受供电装置等重要设备、空调装置和PIDS（乘客信息显示系统）等服务设备的同时，监控各种车载设备的状态、显示故障发生时的引导、记录累计行驶里程等各种信息的系统。TMS显示器显示车辆状态画面，如图3-14所示。

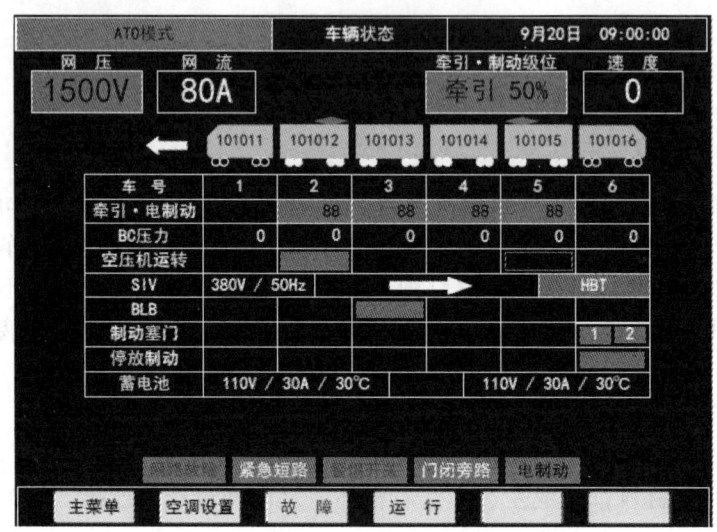

图3-14　TMS显示器显示车辆状态界面

柜体部分也安装了部分转换开关、按钮开关等，如图3-15所示。

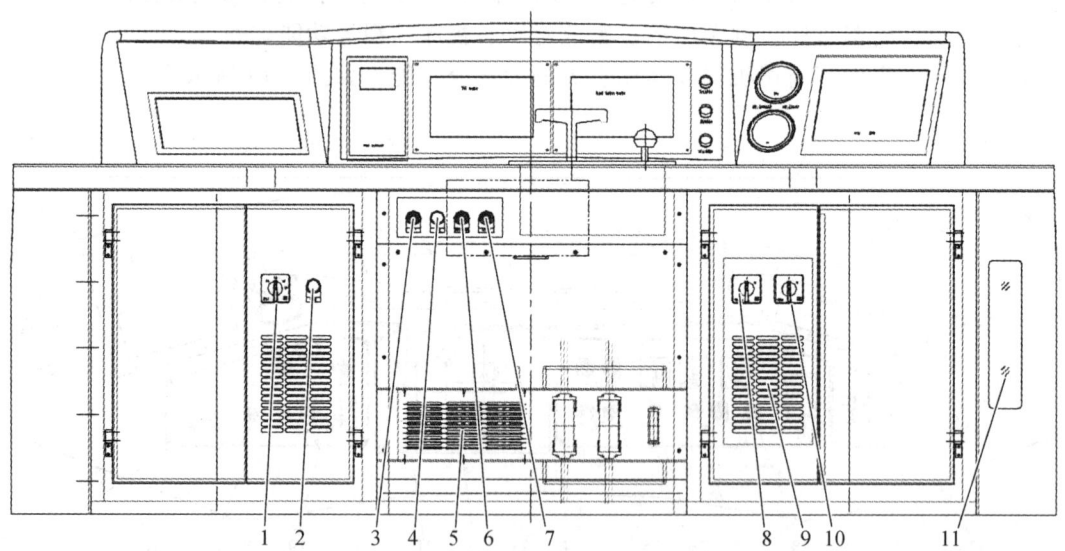

1—刮雨器开关；2—喷淋按钮；3—升弓按钮；4—复位按钮；5—司机室脚炉；6—停放制动/缓解按钮；7—强迫缓解按钮；8—司机室电暖器开关；9—司机室电暖器；10—司机室脚炉开关；11—水箱水标观测窗。

图3-15　操纵台柜体外部布置

操纵台台下箱柜电器设备主要有：广播系统服务器、视频监视系统服务器、无线缓冲器、司机室脚炉、连接器、无线电语音台主机、无线电数据台主机、PWM（脉冲宽度调制）信号发生器、HUB（牵引系统用）及接线端子排等。

操纵台设备功能简述如表 3-4 所示。

表 3-4 操纵台设备功能

序号	名　　称	功　　能
1	电台主机控制盒	司机与 OCC 之间通信的操作终端
2	司机控制单元（PIDS）	司机进行广播、紧急对讲、广播设置的控制器
3	DDU（TMS 显示器）	列车监控系统信息显示和触摸控制
4	信号系统显示器	列车信号系统信息显示和触摸控制
5	TMS 正常指示灯	灯亮（绿色）表明 TMS 正常
6	制动缓解指示灯	灯亮（绿色）表明所有列车制动缓解
7	门全关闭指示灯	灯亮（绿色）表明车门全部关闭到位
8	双针压力表	指示制动用主风缸和制动风缸压力
9	速度表	指示列车速度
10	LCD（视频监视）显示屏	显示客室视频监视画面，并可进行显示画面的调整
11	无线缓冲器地面	PIS 系统与 PIDS 系统接口设备
12	广播系统控制器	广播系统控制主机
13	视频监视系统服务器	视频监视系统控制主机
14	（司机室）脚炉	冬天时为司机脚和腿部供暖
15	连接器	操纵台对外接线
16	PWM 信号发生器	将司控器电位器发出的牵引和制动信号转换为 PWM 波
17	无线电台主机（数据台）	车载无线电台数字主机
18	无线电台主机（语音台）	车载无线电台语音主机
19	HUB	TMS 显示器显示控制
20	司控器	激活司机室、列车行进方向设置、牵引制动操作
21	刮雨器开关	刮雨器控制
22	喷淋按钮	刮雨器喷水控制
23	司机室电暖器开关	司机室电暖器开关控制
24	司机室脚炉开关	司机室电暖器开关控制
25	升弓按钮	升弓控制
26	停放制动施加/缓解按钮	停放制动施加/缓解控制
27	强迫缓解按钮	制动无法缓解时强迫缓解制动力
28	复位按钮	SIV 和 VVVF 复位操作及小故障复位
29	电制动	扳键开关启动电制动
30	SIV 启动扳键开关	启动 SIV
31	空压机启动扳键开关	启动空压机和强迫启动空压机
32	客室灯开关	客室灯控制

续表

序号	名　称	功　能
33	司机室灯开关	司机室灯控制
34	前照灯开关	前照灯强光、弱光控制
35	开左门按钮	开启列车客室左侧（行进方向）车门
36	关左门按钮	关闭列车客室左侧（行进方向）车门
37	鸣笛按钮	列车鸣笛控制
38	ATO发车按钮	启动ATO模式双按钮
39	自动折返按钮	启动自动折返双按钮
40	紧急制动按钮	实施紧急制动
41	门选向开关	列车停稳后根据站台位置选择要打开的客室门
42	降弓按钮	降弓控制
43	开右门按钮	开启列车客室右侧（行进方向）车门
44	关右门按钮	关闭列车客室右侧（行进方向）车门
45	信号模式开关1	选择列车运行模式
46	端子排组件	操纵台对外接线

继电器柜

第四节　车门概述及分类

一、概　述

　　车门系统是轨道交通车辆车体的重要组成部件，与运营安全有着密切的关系。城市轨道交通大运量、高频率、高效率的特点决定了城市轨道交通车辆车门具备数量多、分布均匀、开度大、开关动作频繁、工作安全可靠等基本要求。轨道交通车辆车门是乘客及司机上下车辆的通道，也是车身外形的组成部分，它不仅与列车的动力性、经济性、综合性能密切相关，而且对协调列车的整体造型起着重要的作用。车门系统的外观设计、开启方式以及加工制造与控制方式都影响列车外观的美观与动感，而且还会直接影响城市轨道交通车辆的安全运营状况。因此，车辆车门系统的重要地位是其他部件不能替代的。

车门供应厂家

二、车门系统的分类

目前，运用于城市轨道交通车辆车门类型较多，可采用不同方式对其进行分类。车门按使用功能可分为客室车门、司机室侧门、司机室与客室之间的间隔门（通道门）和紧急疏散门；按驱动方式可分为以压缩空气作为动力的气动门和采用电机驱动的电动门两种。从实际应用中对比性能，电动门具有结构简单、便于控制、故障率低、维修量小等优点，大多数厂家普遍采用电动门用于各城市轨道交通车辆中。另外，车门按照结构运动方式还可分为内藏门、外挂门、塞拉门和外摆门。下面主要以车门系统结构运动方式介绍车门系统的特点。

1. 内藏门

内藏门把门页设计在车辆侧墙的外墙板与内饰板之间，在车门开关时，门页在其夹层内平移。传动系统一般设于车厢内侧车门的顶部，门页上装有导轮，在顶部导轨上移动，传动机构的钢丝绳、皮带或丝杠与门页相连接，通过气缸或电机驱动机构传动，从而实现车门的往复开关动作。内藏门是地铁和轻轨列车广泛使用的一种车门系统，如图3-16所示。

（a）内藏门实物图

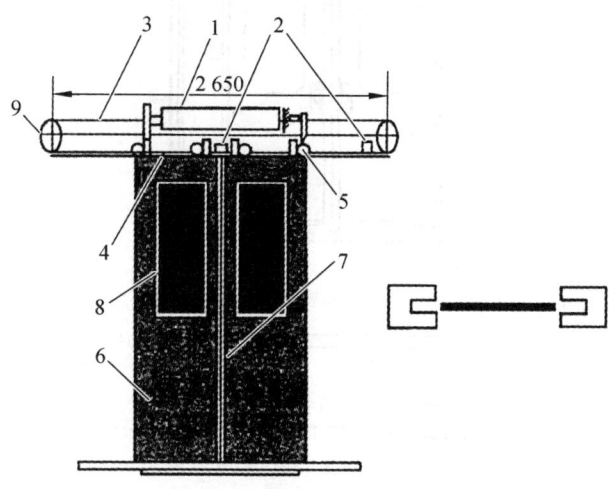

（b）内藏门示意图

1—气缸；2—行程开关；3—钢丝绳；4—导轨；5—小滚轮；6—门页；
7—橡胶密封条；8—车门玻璃；9—定滑轮。

图3-16 内藏门

内藏门具有如下特点：
（1）结构简单、运动可靠，占用车辆的空间小。
（2）车辆与站台之间的间隙要求不高，便于降低车站建设成本。
（3）平移的动作轨迹具有较高的抗乘客挤压能力。
（4）故障率低，维护成本相对较低。

2. 外挂门

外挂门因其门页和上下导轨均安装在车辆侧墙外侧，门页通过移动机构挂在外部上导轨上运动而得名，其传动机构的工作原理与内藏门基本相似。外挂密闭门系统与传统外挂门略微不同，在外挂门系统增加微小的塞拉行程，使得该车门系统既具有塞拉门良好的密封性能，同时也保持了外挂侧移门结构简单、质量轻、易安装调整等特点，是传统外挂侧移门系统的升级和替代产品。外挂门如图 3-17 所示。

（a）外挂门实物图

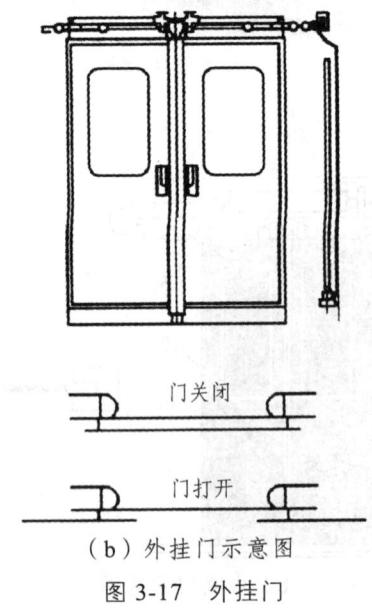

（b）外挂门示意图

图 3-17 外挂门

外挂门具有如下特点：
（1）结构简单、运动可靠，占用车辆的空间小。

（2）密封性能较好，极大地提高了乘客的舒适度。

（3）车辆运营时在乘客拥挤状态下能最大限度地保证车门正常开、关门功能。

但从列车运营安全可靠性来讲，城市轨道交通车辆多在隧道内运行，随着列车速度的提高，其空气的阻塞比会大大增加，对外挂门会产生较大的空气压力，使车门产生晃动等不稳定因素，从而影响车门的安全可靠性。

3. 塞拉门

塞拉门是因车门门页在导轨上运动过程具有塞和拉两种动作，运动过程呈塞拉状态而得名。如图 3-18 所示，塞拉门关闭时由车内或车外塞入车门口处，使之关闭、密封；门开启时，当门移开门口一定距离后，沿车体内侧或外侧滑动。塞拉门根据车内或车外塞入门口的方式，分为内塞拉门和外塞拉门两种。日本多采用内塞拉门，欧美一些国家大多采用外塞拉门。我国地铁和轻轨列车大多采用外塞拉门，车门系统结构较复杂，与传统的内藏式车门和外挂式车门相比较，系统具有如下特点：

（a）塞拉门实物图

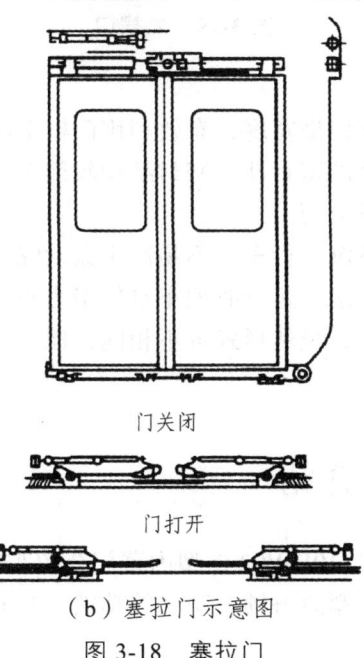

门关闭

门打开

（b）塞拉门示意图

图 3-18 塞拉门

（1）密封性能良好，可有效降低室内噪声，同时降低客室空调的能耗。

（2）车门处于关闭状态时，门页外表面与车体侧墙在同一平面，有利于列车在高速或隧道内运行时减小空气的阻力，同时降低对车门系统的动作用力。

（3）可靠性高，可实现控制智能化。

（4）列车外观平滑，整体和谐美观性较其他结构车门好。

4．外摆门

外摆门开门时通过转轴和摆杆使门页向外摆出并贴靠在车门的外墙板上，在开启的过程中，门页需要较大的摆动空间，这不利于车辆和站台的设计。门关闭后门页外表面与车体外墙也成同一平面，如图3-19所示。

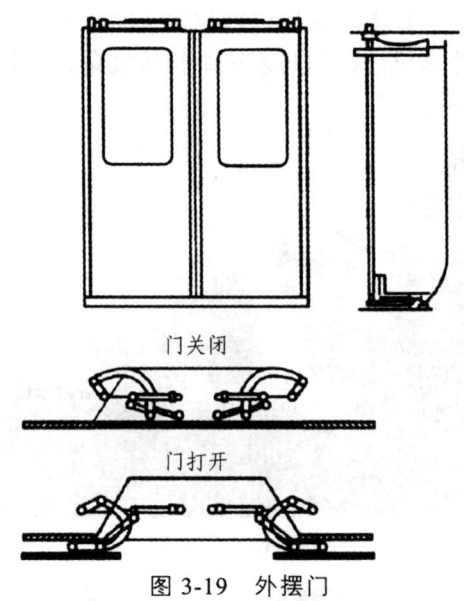

图 3-19　外摆门

外摆门具有如下特点：

（1）开度较大，可以开启到门框宽度，有效利用门框空间，便于乘客上下车。

（2）车门关闭状态具有良好的密封性，密封结构较简单。

（3）开关方便、安全，操纵灵巧。

（4）刚性较好，不易变形下沉，行车时不易产生振动噪声。

（5）外形与整车协调，无凹陷，运行时列车空气阻力小，车辆造型美观。

以上类型车门各具自身特点，虽然形式各不相同，但实现的功能却大同小异，性能差别不大。

三、典型车门系统介绍

下面以康尼公司生产的MY130DW03-2型内藏门介绍车门系统及其功能（见图3-20）。该车门具有开门、关门、隔离、紧急解锁、防夹等功能，具有结构简单、操作方便、维护成本低、故障率低等优点。

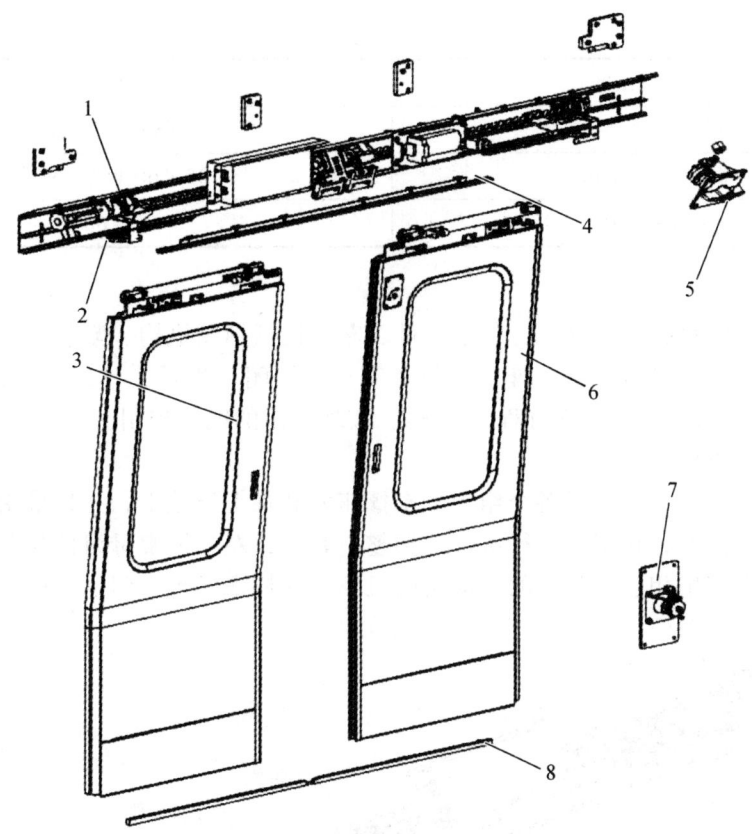

1—安装架；2—承载驱动机构；3—左门扇；4—上密封毛刷；5—内部紧急出口装置；
6—右门扇；7—外部紧急入口装置；8—下导轨。

图 3-20　康尼内藏门

1. 主要技术参数（见表 3-5）

表 3-5　客室门主要技术参数

入口宽度尺寸/mm	1 380+40
入口高度尺寸/mm	1 850±5
水平通过尺寸（宽度）/mm	1 300+50
垂直通过尺寸（高度）/mm	1 850±5
车门全开时所占的空间/mm	≤2 800
开关门延时时间/s	0~3（可调）
额定开门时间/s	3±0.5
额定关门时间/s	3±0.5
环境温度/℃	−10~+40
供电电压/V	DC 110（DC 77~121）
湿度	≤90%
列车最高速度/（km/h）	80

续表

平均速度/(km/h)	36
车门关紧力/N	≤150（有效值）
探测最小障碍物/mm	25×60（宽×高）
开关门噪声级别/dB（A）	≤68

2. 系统总成

内藏门主要由门页、车门导轨、传动组件、车门机械锁闭机构、紧急解锁机构、气动控制系统以及电气控制系统等组成。车门系统装有车门锁闭行程开关 S1、车门关闭行程开关 S2、车门切除开关 S3、紧急解锁行程开关 S4，实现车门的电气控制。

（1）承载驱动机构

驱动机构（见图 3-21）通过各个组件的支撑座安装在上导轨上，并且采用模块化设计制造，所有部件易于接近，在车内进行维护、调整。其中，左铰链螺母组件与左门扇相连，右铰链螺母组件与右门扇相连，门扇的运动由电机驱动丝杠来实现。门扇通过左、右铰链螺母实现车门系统的开、关门动作。

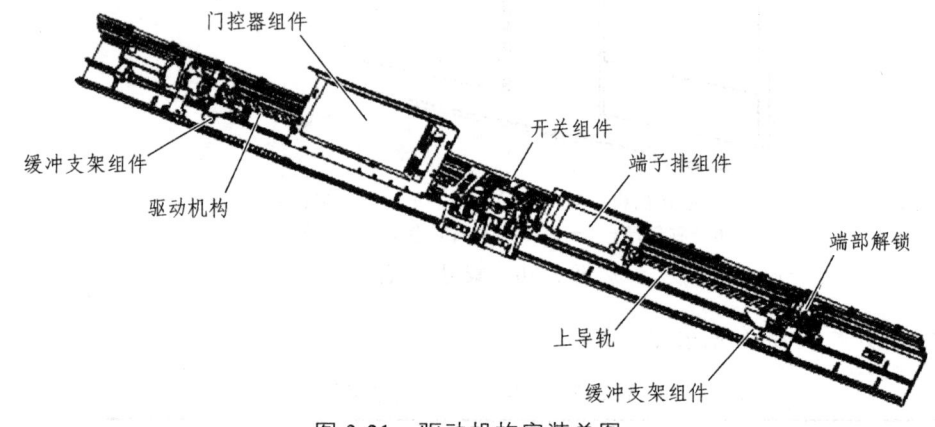

图 3-21　驱动机构安装总图

丝杠（见图 3-22）采用不锈钢大螺距丝杠，螺母采用高强度 POM 材料，传动效率高，寿命长。

驱动电机采用直流无刷电机，防护等级为 IP44，具有长寿命、免维护的特性。

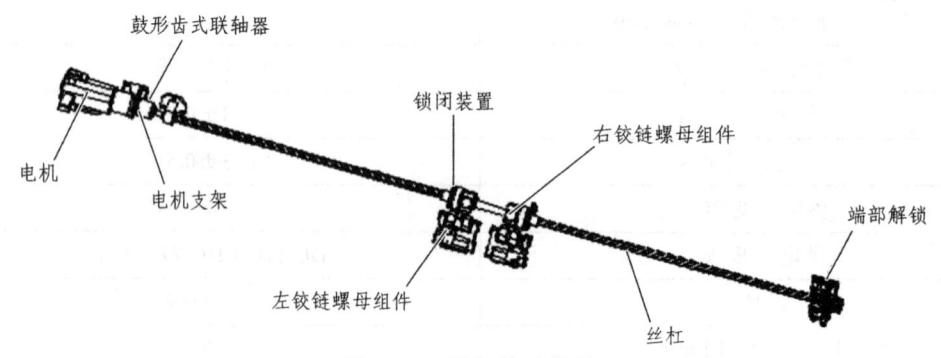

图 3-22　丝杠传动机构

（2）锁闭装置

LS 锁闭装置采用螺纹的螺旋升角小于摩擦角时螺纹具有自锁功能的原理，传动丝杠在车门系统关闭位置设置变升角螺杆的锁闭段，依靠自锁的原理使变升角螺杆锁住自适应螺母，即可靠地锁住了车门。当电机使变升角螺杆正、反双向转动时，使自适应螺母和车门产生与变升角螺杆轴线相平行方向的同步移动，通过使自适应螺母进入或退出变升角螺杆的锁闭段来实现门机构的锁闭或无源自解锁。

变升角螺杆的螺旋槽分为三段：一段是螺旋升角大于摩擦角的工作段，一段是螺旋升角小于摩擦角的锁闭段，以及介于这两者之间的过渡段。在过渡段，螺杆的螺旋升角由非自锁逐渐过渡到自锁。

门机构的锁闭及解锁均无须额外的动力源，仅依靠螺杆自身的正、反向转动实现自适应螺母（门）的被锁闭与自解锁。

LS 锁闭装置具有结构简单、噪声低、运动特性好和可靠性高的特点。

（3）行程开关

① 锁到位开关 S1。

调整：将门完全关闭后，开关应可靠压下。

锁到位开关和关到位开关的常开触点串联构成了安全互锁回路，提供给司机室车门安全互锁信号。

② 关到位开关 S4（见图 3-23）。

调整：将门完全关闭后，开关应可靠压下。

关到位开关和锁到位开关的常开触点串联构成了安全互锁回路，提供给司机室车门安全互锁信号。

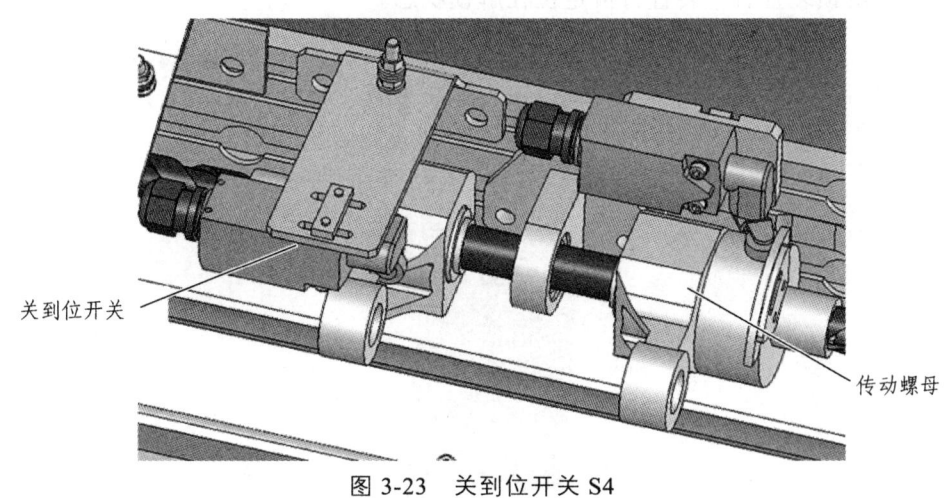

图 3-23　关到位开关 S4

③ 隔离开关 S2。

调整：当用车门锁定且操作切除装置隔离车门时，开关应可靠压下。

开关的常闭触点通知车门控制器，车门处于切除状态。

④ 紧急解锁开关 S3。

调整：当操纵内部紧急解锁装置解锁后，开关应可靠压下。

(4) 紧急解锁操作装置

紧急出口装置有内部紧急解锁装置（见图 3-24），它安装在车辆顶罩上，通过钢丝绳与端面解锁装置连接。为了能够在紧急情况下解锁并打开车门，承载驱动机构上装有一把手柄和 7×7 四方钥匙芯。乘务员或乘客旋转手柄或使用四方钥匙操作内操作装置的锁芯，通过钢丝绳使车门驱动装置上的丝杠转动，可使传动螺母旋转将车门解锁，并使端面解锁开关动作。

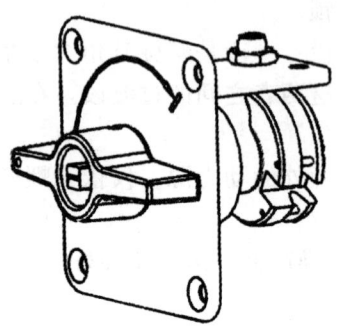

图 3-24　内部紧急解锁装置

操作内部解锁装置后，装置将被定位在解锁状态。

如果操作了内部解锁装置，必须在列车重新起动之前通过手柄或四方钥匙使之复位，内部解锁装置的复位将激活车门的操作。

同时，为了能够在紧急情况下从车体外侧解锁并打开车门，在车体外墙上装有外部紧急解锁装置（见图 3-25）。乘务员使用 7×7 四方钥匙操作外操作装置的锁芯，通过钢丝绳使车门驱动装置上的丝杠转动，从而使传动螺母旋转将门解锁，并使端面解锁上的解锁开关动作。操作外部紧急解锁装置后，装置将被定位在解锁状态。

图 3-25　外部紧急解锁装置

(5) 门扇

门板为弧形、铝蜂窝复合结构，具有铝框架。外蒙板采用不锈钢板（与车体侧墙一致的不锈钢板），内蒙板采用铝板，门扇内部填充铝蜂窝芯，采用热固化。为加强机械强度，蒙板的周边都包在铝框架上。

携门架与门扇之间设有高度调整垫片，通过加减调整垫片，来调节门扇之间的位置和高度。

门扇上部采用毛刷密封，上部毛刷安装在车体上，毛刷安装后与门板配合形成密封；下部装耐磨内滑道，与下导轨配合导向运动。

门扇中间前沿采用凹凸式密封胶条，两门扇处于关门位置时凹凸式密封胶条紧密配合达到良好的密封效果；门扇后缘采用胶条密封，在关门位置密封条与车体凸出部分紧密贴合，实现良好的密封效果。

材料：EPDM（三元乙丙）橡胶，黑色，胶条的烟火毒性能符合 DIN5510 标准。

（6）电气元件

① 门控器组件。

整个控制系统的核心，由 EDCU（电子门控器）、接线端子等元件组成。每个车门各设一套控制系统。每个 EDCU 控制一个车门。

② 通信连接器插头。

控制系统采用 CAN（控制器局域网）接口与 TMS 列车监控系统进行通信。

根据车门控制系统图将 CAN 总线配线和 CAN 总线配线与通信连接器插头连接，且将 CAN 通信插头与门控器上的插座相连。在每台车 CAN 总线的终端，将通信连接器插头内的 1 号端子与 4 号端子短接。

③ 接地。

用接地线将端子排上的接地端子 XT1：6 与车体的接地点就近相连。

门系统功能

实践操作

实训项目　城市轨道交通车辆车门维护保养

1. 实训目的

（1）了解城市轨道交通车辆车门结构及原理。

（2）掌握城市轨道交通车辆车门常见故障及常用检修方法。

2. 实训设备

内藏门或塞拉门设备，钢板尺、5 m 钢卷尺、内六角扳手、扭力扳手、万用表、毛刷等工具。

3. 实训内容

（1）门槛、门框安装螺钉无松动、缺失。

检测方法：目视检查。

（2）门扇无损伤、无变形。

检测方法：目视检查。

（3）门扇无积尘、脏污；安装平整、无倾斜现象；门扇与门框间隙均匀；胶条密封良好、无破损；安装螺钉无松动、缺失；玻璃无破损、起雾。

检测方法：①目视防松线无错位。②门在关闭状态情况下，用双手向两侧拉门扇，门扇无松动，无开缝。③清理脏污、积尘。④目视检查外观无裂纹、无破损。

（4）门机构无积尘、脏污；安装紧固件无松动；固定螺钉无松动、丢失。行程开关无破损，安装良好。鼓形齿式联轴器安装良好；电机丝杠间备紧螺母安装良好，止动垫片符合要求；丝杠、螺母副无变形；S1锁到位开关撞块安装良好，无松动；防跳轮、承载轮上固定防松轮和压紧防松轮齿部啮合到位，防松螺母无松动，止动片符合要求；携门架与门板连接螺栓无松动；携门架与工字传动架连接螺栓无松动；电机安装座、丝杠支撑座安装良好，无松动；行程开关、门控器、线排安装架安装良好；车门缓冲橡胶头防松螺母无松动；缓冲支架安装良好，安装螺钉无松动；地线线卡固定螺钉无松动，地线安装螺钉无松动、无缺失。

检测方法：①目视检查。②对各紧固件防松线缺失的按规定扭矩拧紧后画好防松线，规定扭矩参考表3-6。③清理各处杂质、灰尘。

表3-6　扭矩要求（除下面注明的两项特殊要求外，其他螺纹紧固件执行表内标准）

螺纹规格/mm	M5	M6	M8	M10	M12
扭矩/N·m	5.1	8.8	21	44	75

注：①防跳轮和承载轮上的M12防松螺母扭矩为35 N·m。
②左/右旋螺母组件螺纹套上的M20×1.5六角薄螺母旋紧扭矩为40 N·m。

（5）左右门铰链销轴挡卡无变形、脱落。

检测方法：目视检查。

（6）上导轨无裂纹，安装固定螺栓无松动；上导轨下顶针螺栓与上导轨之间无间隙，螺母无松动。

检测方法：目视检查。

（7）下导轨安装螺钉无松动。

检测方法：用内六角扳手进行紧固。

（8）门槛、门扇滑道、下导轨及车门运动方向上、门扇与侧墙之间清洁无异物。

检测方法：①目视检查。②用毛刷清洁下导轨与门槛之间的异物。③根据需要拆卸门扇并取出异物。

（9）门槛及车门外框固定螺钉无松动、丢失。

检测方法：目视检查螺钉无凸出（注：必须断电检查）。

（10）端部解锁装置固定螺栓无松动；S3开关安装良好，无破损，接线良好；M8碰珠紧固螺栓无松动，中心螺栓紧固螺母无松动。

检测方法：目视检查（见图3-26）。

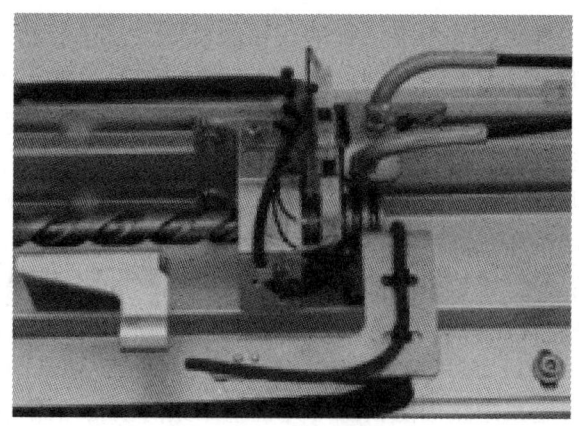

图 3-26 车门端部解锁装置

（11）内紧急解锁正常；解锁钢丝绳头无松动；解锁手柄处于正常位置；各安装紧固件无松动。外紧急解锁正常；解锁钢丝绳头无松动；各安装紧固件无松动；端盖密封良好。

检测方法：目视检查。

（12）门控器、电机（见图 3-27）各连接器连接良好；线排、门控器、门控器电源空开、行程开关各接线良好，无松动、摩擦及破损现象；S1、S2、S3、S4 行程开关无破损，转动臂与开关外壳无接磨，安装良好，接线良好；线缆绑扎、防护良好，并保证连接器端部接线有余量不受拉力；各行程开关无松动，机构无缺陷、裂纹，安装牢固，动作灵活，引脚插线无松动，门控器安装牢固，无异常；电机无异响。

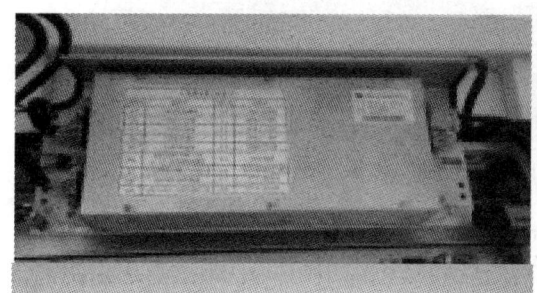

图 3-27 门控器、电机

检测方法：①目视检查。②用手轻轻拨动各接线、插头和行程开关进行检查；听到清脆响声，确认动作良好。③电机线缆无破损、接磨现象。

（13）隔离锁机械隔离正常，无卡滞、干涉；锁舌、锁芯无松动，固定螺栓无松动。

检测方法：目视检查。

（14）驱动装置（电机、丝杠）安装紧固件无松动；丝杠无明显变形，螺母副动作良好，无卡滞、异响。

检测方法：①目视检查。②目视检查螺母副运动过程有无晃动情况。③耳听有无异响。

（15）上密封毛刷无破损，紧固件无松动、无缺失。坦克链无断裂、破损，固定螺钉无松动、丢失，坦克链安装支架安装螺钉无松动。坦克链在运动过程中，作用良好，与线无干涉。

检测方法：目视检查。

（16）手动开、关门检查，无卡滞、异响，锁闭良好。

检测方法：①手动开关门检查。②耳听运动过程无异响。

（17）检查门扇 V 形符合要求。

检测方法：①将左右两扇门关闭，接近关到位，测量上端尺寸 X_2 及下端尺寸 X_1，X_2 比 X_1 大 1~3 mm，实际调整中建议调整到差值为 3 mm。②如尺寸不符合要求，按以下方法进行调整：用一字螺丝刀扳平防跳轮和承载轮防松螺母上的止动垫片；用 18 mm 开口扳手松开防松螺母；先用内六角扳手旋转防跳轮偏心轴，使防跳轮外圈与上导轨上圆弧面离开一定距离，然后用内六角扳手旋转左右门扇的承载轮来调高或调低门扇的位置，使尺寸达到 V 形规定值，预紧承载轮防松螺母；最后，调节防跳轮上的偏心轴，使其与上导轨上的圆弧贴合，间隙约为 0.2 mm，按规定扭矩紧固防松螺母并检查压紧防松轮与固定防松轮之间的齿是否完全啮合（见图 3-28）。

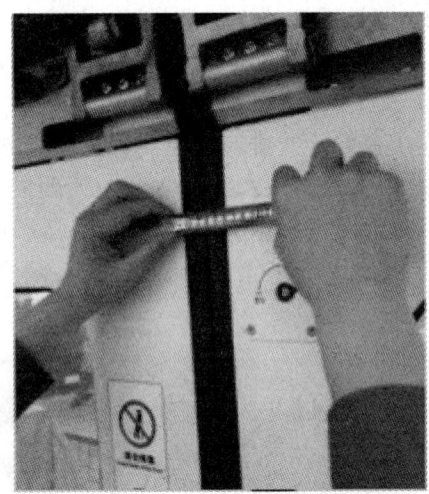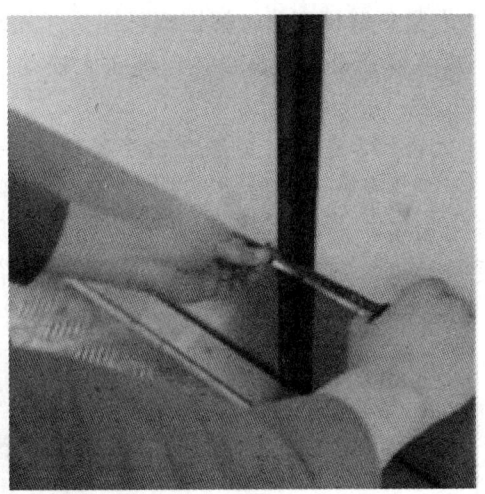

图 3-28　车门间隙测量

（18）门扇对中符合要求：$|X_1 - X_2| \leqslant 1.5$ mm。

检测方法：①手动将门扇开到最大全开位，然后同时将两扇门向中间拉动一定距离，用钢卷尺测量左右门扇前缘（门板和前缘密封胶条形成的结合线）和左右门框侧面之间的距离。测量高度距地板面 1 350 mm。②如尺寸不符合要求，按以下方法进行调整：用 30 mm 两用扳手松开左右铰链螺母组件上的六角薄螺母（M20×1.5），调节左右旋螺母组件在螺纹套上的位置（螺母每旋转一圈为 1.5 mm），调整完成后用扭矩扳手将六角薄螺母稍微并紧，然后将螺纹套上的六角薄螺母按 40 N·m 的扭矩旋紧，并打防松标记。

（19）检查两门扇护指胶条宽度为 45~50 mm（见图 3-29，建议值为 47 mm）。

检测方法：①门密封压紧的尺寸调整在调整车门对中时同时进行，在保证车门对中的同时要保证门密封压紧的尺寸要求。②将车门关锁到位后测量该尺寸。③建议将宽度调整至 47 mm，测量位置：距门扇上部 200 mm 处。

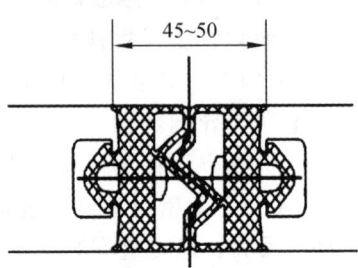

图 3-29　门扇护指胶条宽度

（20）S1 安装位置符合要求，S4 动作位置尺寸符合要求：4～6 mm；S1、S2、S3、S4 动作良好。

检测方法：①门锁到位时，S1 开关的滚轮与撞块的切点位于撞块上红绿刻度线中间。②隔离、紧急解锁试验时 S2、S3 能正常触发。③用钢板尺或卷尺测量 S4 开关触发位置至门完全锁闭尺寸差：4～6 mm（注意：将门扇拉动到距离 S4 开关触发之前需要通过手动旋转丝杠触发 S4 开关）；如果不满足尺寸要求，须松开 S4 固定支架紧固螺钉调整 S4 位置到位，调整后须拧紧。

（21）车门开度符合要求。

检测方法：①将左右门开到位，左右携门架上的缓冲头和缓冲支架同时接触，用 5 m 钢卷尺测量车门系统开度（在离地板面高 1 m 处）；开度范围为 1 300～1 304 mm。②如不满足开度要求，调节左右缓冲头位置，用两用扳手旋松六角螺母，左右调整缓冲头位置，调整到位后打螺纹锁固胶，用 21 N·m 扭矩拧紧。

（22）车门高度符合要求。

检测方法：①用钢板尺测量门扇下沿（靠近护指胶条位置）距离下导轨安装面距离：(9 ± 1) mm。②如不满足标准，则需调整门扇高度，通过调整左右门扇上的承载轮组件调整门扇高度（注意调整后复查 V 形尺寸）。③当调整承载轮组件仍不能满足尺寸要求时，可通过增减携门架与门板之间的调整垫片进行调整。

习 题

3-1 外挂式车门最主要的缺点是（　　）。
　　A. 故障率高　　B. 切门复杂　　C. 密封性差　　D. 不美观

3-2 A 型城市轨道交通车辆的车宽为（　　）。
　　A. 2.6 m　　B. 2.8 m　　C. 3.0 m　　D. 3.2 m

3-3 简述城市轨道交通车辆车体的作用与分类。

3-4 城市轨道交通车辆车体基本结构由哪几部分组成？

3-5 简述城市轨道交通车辆车体的承载特点。车体结构形式有哪几类？分析各自的优缺点。

3-6 简述城市轨道交通车辆车体的基本特征。

3-7 简述城市轨道交通车辆铝合金车体的结构组成和各组部分的结构特点。

3-8 车体铝合金材料使用中应注意哪些问题？

3-9 简述不锈钢车体的结构组成和各组成部分的结构特点。

3-10 车体不锈钢材料使用中应注意哪些问题？

3-11 什么是车体模块化结构？有何优缺点？

3-12 分析和比较碳素钢、铝合金和不锈钢 3 种车体的综合性能。

3-13 车门的主要功能有哪些？

3-14 车门的分类及驱动形式有哪些？

3-15 城市轨道交通车辆车门的传动方式有哪些？工作原理如何？

第四章　转向架

转向架又称为走行部，它是支承车体并引导车辆沿着轨道行驶的走行装置。转向架是城市轨道交通车辆中最为重要的组成部件之一，其结构是否合理将会对车辆的运行品质、动力性能以及行车安全造成直接影响。

第一节　概　述

一、转向架的发展由来

轨道交通发展初期，世界各国均采用将轮对直接安装于车体之下的技术手段，即二轴车辆，如图 4-1（a）所示。二轴车的优点是结构简单、造价低，但缺点也十分明显，如长度短、容积小、载重小，运行不够平稳，曲线通过能力较差。

随着车辆技术的发展，出现了与二轴车结构相仿的多轴车辆，如图 4-1（b）所示。相比二轴车，多轴车的长度增加，从而提高了载重量，但轴距仍然受到限制，通过小半径曲线比较困难，而且车辆结构相对复杂，中间的轮对相对车体要有较大横向游动量。

为了满足轨道交通运输越来越高的技术要求，转向架式车辆应运而生，它把两个或多个轮对用专门的构架组成一个小车，称之为转向架，车体支承在前后两个转向架上，如图 4-1（c）所示。由此，不仅能够缩短固定轴距，更容易通过曲线，而且具备更为完善的弹簧减振系统，利于高速运行，同时检修方便，当然成本相对有所上升。由于这种模式的走行部具有诸多明显的优势，现代大多数轨道交通车辆的走行装置均采用转向架的结构形式。

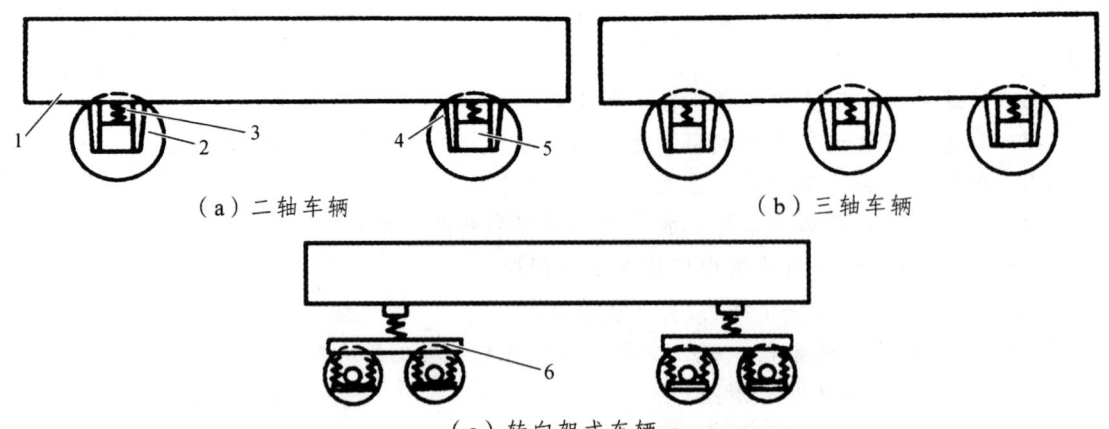

（a）二轴车辆　　（b）三轴车辆

（c）转向架式车辆

1—车体；2—轮对；3—弹簧装置；4—导框；5—轴箱；6—转向架。

图 4-1　走行部形式

二、转向架的主要任务

转向架是城市轨道交通车辆不可缺少的组成部分，其主要任务包括：

（1）支承。转向架设置在车体与轨道之间，用于支承车体，承受车辆的自重和载重，同时使这些重量均匀分配至各个轮对，并传递给轨道。

（2）传力。转向架承受并传递来自车体与线路之间的各种载荷，如牵引力和制动力。

（3）缓冲（减振）。实现弹性悬挂装置的安装，使车辆具有良好的减振特性，以缓和车辆与线路之间的相互作用，减小冲击和振动，提高车辆运行的平稳性、安全性以及乘客的舒适度，保证车辆具有良好的动力性能和运行品质；另一方面也延长了车辆部件和轨道配件的使用寿命。

（4）导向（转向）。转向架的核心功能之一便是引导车辆运行和改变方向，通过围绕其转动中心可以相对于车体回转，能够灵活地沿着直线运行，也能够顺利地通过一定半径的曲线，减少轮轨间的应力和磨耗。

（5）驱动（牵引）。实现牵引电动机及传动装置的安装，驱动轮对沿着钢轨滚动，通过转向架上的轴箱装置使车轮沿钢轨的滚动转化为车体沿线路向前的平动，从而实现列车的位移。此功能仅动力转向架具备。

（6）制动。实现基础制动装置的安装，产生或传递必要的制动力，使得车辆在规定的制动距离内停车，满足运行安全的要求。

三、转向架的基本要求

随着轨道交通行业的发展和人们对车辆运行品质的要求提高，转向架的科技含量和技术水平也在不断上升。为了使轨道交通车辆的转向架能够顺利完成其主要任务，必须满足以下基本要求：

（1）保证最优的黏着条件。转向架通过轮对与钢轨之间的黏着作用形成牵引力和制动力，因此需要充分利用轮轨之间的黏着作用，适应轮轨接触状态的变化，尽量减小轴重转移，且避免黏滑振动的产生。

（2）提供良好的动力性能。转向架是保证车辆运行品质的关键环节，因此需要尽量减小轮轨间的动作用力，减少运行阻力和噪声，提高运行速度。

（3）结构精简。转向架的结构设计应该在满足性能和安全需求的前提下，尽量精简，便于安装其他关键部件，尽可能减轻自重，实现轻量化。

（4）工艺简易。转向架是车辆的一个独立部件，与车体之间连接件较少，并且结构简单，装拆方便，便于独立制造和后期维修。

（5）零部件标准化和统一化。转向架的结构选型和材质选择应尽可能标准化、模块化和统一化，更加有利于缩短生产和检修周期，减少维护成本。

四、转向架的结构组成

由于城市轨道交通车辆在性能、运行环境和使用要求等方面存在诸多差异，不同厂家生产制造的转向架也会有所区别，但是它们的主要功能用途和基本组成单元是一致的。因为城市轨道交通车辆具有动车和拖车两种形式，其转向架往往分为动力转向架和非动力转向两种基本类型（见图4-2），分别配置在动车和拖车上。动力转向架和非动力转向架的结构组成非常相似，通常都包括构架、轮对轴箱装置、弹性悬挂装置、牵引连接装置、基础制动装置、辅助装置等部分，它们的主要区别在于是否安装有驱动装置（见图4-3）。

（a）动力转向架　　　　　　（b）非动力转向架

图4-2　转向架的两种基本类型

图4-3　动力转向架的结构组成

1. 构　架

构架是转向架的骨架，它把转向架上其余的各个零部件组成一个整体，并承受和传递各种作用力。可以说构架是转向架的安装和承载基础，因此它的结构、形状、尺寸和机械性能都应满足各零部件组装的技术要求。

2. 轮对轴箱装置

轮对是整个车辆中直接与外界轨道接触的部分，它直接向钢轨传递重量，通过轮轨间的黏着机理产生列车运行所需的牵引力和制动力，并且还要传递轮轨之间的各种作用力；轴箱装置是将轮对和构架联系在一起的活动关节，它除了能够实现将轮对的滚动转化为车体沿钢轨的平动以外，还能使轮对适应线路不平顺等条件，使其相对于构架在上下、左右和前后等方向上有一定的活动空间。

3. 弹性悬挂装置

为了保证轮对与构架、转向架与车体之间的顺利连接，同时减少线路不平顺、轮对运动对车体的各种动态影响（如垂向振动和横向冲击等），转向架在轮对与构架之间、构架与车体之间设置有弹性悬挂装置，也称之为弹簧减振装置。前者称为一系悬挂装置（又称轴箱悬挂装置），后者称为二系悬挂装置（又称中央悬挂装置）。弹性悬挂装置包括弹簧装置、减振装置和定位装置等设备。

4. 牵引连接装置

牵引连接装置用于将转向架与车体车架连接起来，传递车体与转向架之间的垂向力、纵向力（包括牵引力和制动力）和横向力，并使转向架在车辆通过曲线时能相对车体产生回转。现代城市轨道交通车辆普遍采用了无摇枕结构的转向架，由于没有摇枕，车体直接坐落在空气弹簧之上，因此需要靠牵引连接装置来实现摇枕所具备的传递纵向力和转向等功能。

5. 驱动装置

动力转向架上安装有驱动装置，包括牵引电动机、齿轮箱、联轴节或万向轴和各种悬吊机构等。其作用是将牵引电动机的扭矩有效地传递给车轮，最后转化为车轮的转矩，利用轮轨之间的黏着机制，从而驱动车辆沿着钢轨运行。

6. 基础制动装置

基础制动装置是整个车辆制动系统安装在转向架上的部分，其作用是传递和放大制动缸活塞杆的推力（或者弹簧弹力），使闸瓦（或闸片）与轮对之间产生的转向架的内摩擦力转换为轮轨之间的外摩擦力（即制动力），从而使车辆受到与运动方向相反的阻力，产生制动效果。

7. 辅助装置

辅助装置是其他为了保障转向架或整个车辆安全有效地运转而设置的装备统称，包括轴端接地炭刷、速度传感器、管线等。

五、转向架的形式种类

前已述及，转向架的种类繁多、形式各异。城市轨道交通车辆由于用途的不同和运行条件的差异，对走行部的结构、技术参数、性能指标和采取的材料工艺等方面提出的要求也不尽相同。按照不同的标准，转向架可以分为多种不同的类型。

1. 按轴数分类

轴数即一台完整的转向架所包含的车轴数量。对于铁道机车车辆来说,有 2 轴转向架、3 轴转向架和 4 轴转向架等,而以地铁电客车为代表的城市轨道交通车辆通常只有 2 轴转向架,如图 4-4(a)所示,但在某些特定车辆上有时可见单轮对(或轮组)转向架,如图 4-4(b)所示。

（a）二轴转向架　　　　　　　　　（b）单轴转向架

图 4-4　不同轴数的转向架

2. 按轴箱定位方式分类

轴箱定位也就是轮对定位,是指轴箱与构架的连接方式,用于约束轮对轴箱与构架之间的相对运动,限制轮对轴箱与构架之间各个方向的相互位置关系。轴箱定位方式对转向架的横向动力性能、曲线通过性能和抗蛇行运动性能都具有决定性的作用。只有选择合适的纵向和横向定位刚度,才可以保证车辆通过曲线时具有良好的导向性能,避免车辆在运行速度范围内蛇行运动失稳,减少轮缘与钢轨间的磨耗和噪声,确保运行平稳和安全。由此可见,轴箱定位方式与车辆运行品质直接相关。

目前,常见的轴箱定位方式有转臂式定位、层叠橡胶堆式定位、拉板式定位、拉杆式定位等。

几种常见的轴箱定位方式

3. 按悬挂装置形式分类

转向架按照悬挂装置形式的不同有一系悬挂和两系悬挂转向架之分。

（1）一系悬挂。

仅在轮对与构架之间,或者仅在构架与车体之间安装有弹性悬挂装置(见图 4-5),该形式适用于中、低速车辆。

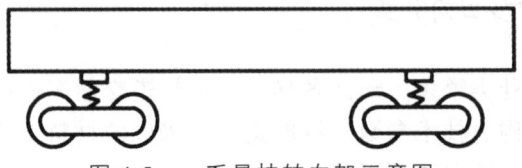

图 4-5　一系悬挂转向架示意图

（2）两系悬挂。

在轮对与构架之间，以及构架与车体之间都设置有弹性悬挂装置（见图 4-6），该形式适用于高速车辆。现代城市轨道交通车辆普遍采用两系悬挂转向架。

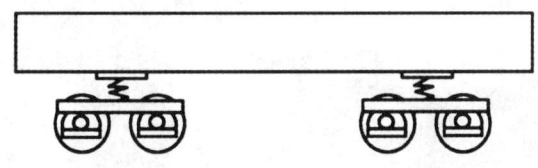

图 4-6　两系悬挂转向架示意图

4. 按连接装置形式分类

根据连接装置的形式不同，转向架可分为有心盘（或有牵引销）转向架、无心盘（或无牵引销）转向架和铰接式转向架（也称雅可比转向架）。其中，铰接式转向架又可分为具有双排球形转盘的铰接转向架、具有球心盘的铰接转向架以及法国高速列车（TGV）式铰接转向架。

当前，地铁车辆转向架一般采用无心盘空气弹簧承载式（设有牵引装置）转向架，如图 4-7（a）所示，而某些轻轨车辆或有轨电车则采用铰接式转向架，如图 4-7（b）所示。

（a）某地铁转向架实物示例图　　　　（b）某轻轨转向架实物示例图

图 4-7　不同连接装置形式的转向架

第二节　构　架

构架是转向架的安装基础和承载骨架。转向架的其他组成单元都要依托于构架而安装设置，才能发挥其相应的功能，并且相互之间的作用力均通过构架传递。因此，构架是转向架上一个联系众多装置且受力复杂的重要部件，既是关联各零部件的纽带，也是承重和传力的载体，如图 4-8 所示。

图 4-8 某生产现场正在对构架进行落架作业

一、构架的作用

构架作为转向架的基本组成单元,其主要作用有:
(1)安装转向架各组成部件,如牵引电机、齿轮箱、基础制动单元和弹性悬挂装置等。
(2)传递转向架中各方向的作用力,如牵引力、制动力、各部件的重力等。
(3)保持车轴在转向架内的合理位置。

二、构架的组成

构架通常由左、右两根侧梁和一根或几根横梁(或端梁)通过焊接的方式组合而成,如图 4-9 所示。构架内部有多块筋板,部分形状复杂的区域可采用铸造结构。

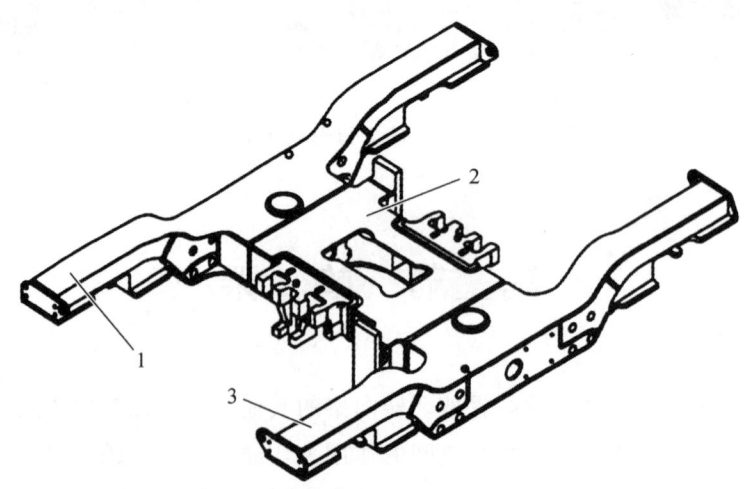

1,3—侧梁;2—横梁。
图 4-9 构架三维模型图

1. 侧　　梁

侧梁是构架的主要承载梁，不仅是向轮对传递垂向力、纵向力和横向力的关键构件，还用来确定轮对的位置。侧梁上焊有很多与其他部件配合的安装座，如空气弹簧座、抗侧滚扭杆座、横向止挡座、转臂定位座、减振器安装座和轴箱弹簧安装座等，如图4-10所示。

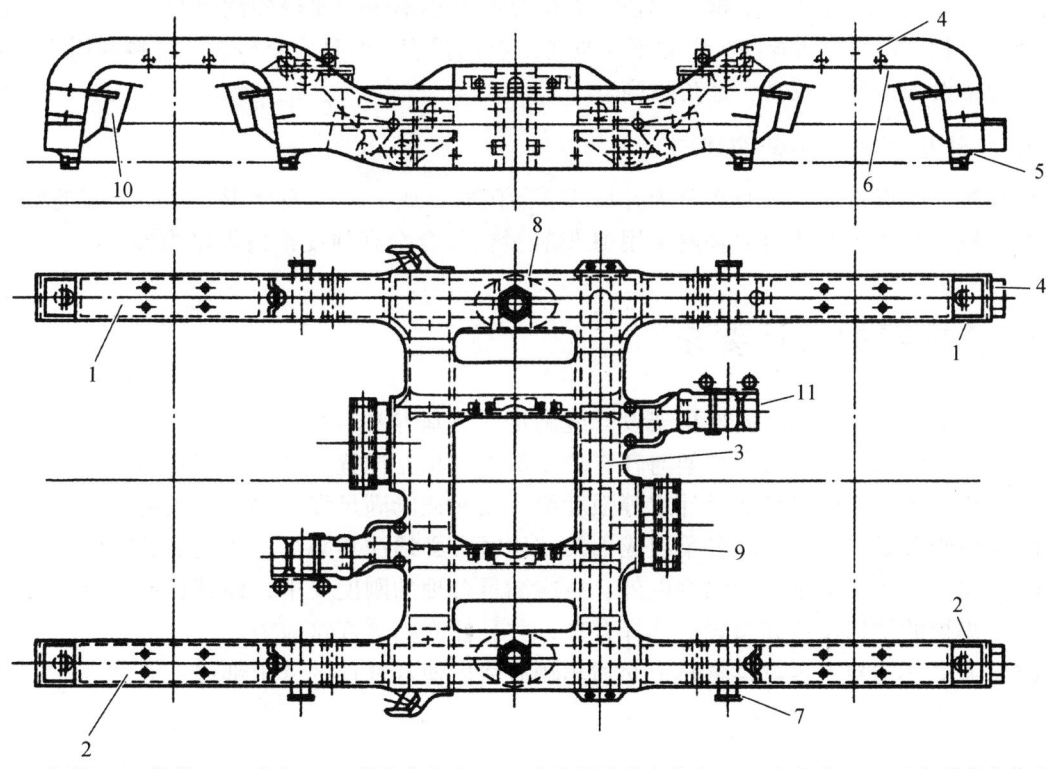

1，2—侧梁；3—横梁；4—导框；5—轴箱拉杆座；6—轴箱圆弹簧安装座；7—起吊座；8—空气弹簧安装座；9—牵引电动机安装座；10—轴箱橡胶减振器安装座；11—齿轮箱吊座。

图4-10　构架二维平面图

2. 横　　梁

横梁将两根侧梁连接成一个整体，用以保证构架在水平面内的刚度，保持各轴的平行并承托牵引电动机、齿轮箱等设备，因此在横梁上焊有牵引电机、齿轮箱、牵引拉杆和基础制动装置的安装座。

3. 端　　梁

两端的横梁也叫端梁，其作用是保证构架的整体水平刚度，有时仅用来吊挂一些设备配件。端梁并非转向架构架的必备组成部分。

三、构架的类型

1. 按制造工艺的不同分类

构架根据制造工艺的区别可以分为焊接构架和铸钢构架。铸钢构架的特点是在铅垂和水平面内抗弯、抗扭的强度和刚度都较大,机械加工量小,材料利用良好;但是对铸造工艺要求较高,需要大型铸造设备,因此成本较高,而且质量较大,在使用中会受到一定程度的限制,故城市轨道交通车辆一般采用焊接构架。焊接构架的组成梁是中空箱形,质量较轻,节约材料,也能满足强度和刚度的要求。尤其是压型钢板的焊接构架,可以按等强度设计其各组成梁,箱形截面尺寸能够依据各部位受力情况而大小不一,使得各截面的应力接近,并可减少焊缝数量、合理分布焊缝,由此不仅具备足够的强度,而且自重较轻,材料利用率更高,但这对焊接设备的要求较高,造价也高。

2. 按结构形式的不同分类

构架按结构形式的不同通常分为开口式、封闭式,或 H 形、日字形、目字形等类型。目前,城市轨道交通车辆转向架普遍采用 H 形轻量化低合金高强度钢板焊接构架。

四、构架的设计要求

城市轨道交通车辆的转向架构架设计应满足以下基本要求:
(1)从整体出发统筹考虑构架与各有关零部件的相互位置关系,合理布局。
(2)构架各组成梁尽可能设计成等强度梁,以保证能满足强度要求且轻量化。
(3)焊制各梁本身以及将各梁组成构架整体时,必须注意减少应力集中的现象。
(4)构架除了保证足够的强度以外,也应满足合理的刚度要求,使其具备一定的柔性。
(5)焊缝的结构尺寸和布置应选择合理,并且注意消除焊接应力。
(6)需要在构架上考虑设置轨道交通车辆脱轨后使其复位的支承部位。

第三节 轮对轴箱装置

轮对轴箱装置由轮对和轴箱两部分组成,如图 4-11 所示。轮对在车辆运行时沿着钢轨滚动,除了承受车辆的全部载荷外,还传递从车体、钢轨传来的各种作用力,如牵引力和制动力。轴箱装置是连接轮对和构架的活动关节,使轮对的圆周运动转化为车体沿钢轨的直线运动,并把车辆的重量以及各种载荷传递给轮对。轮对轴箱装置是转向架引导车辆沿着轨道运行的关键部件。

图 4-11 某转向架车间内的轮对轴箱装置实物图

一、轮　对

轮对是城市轨道交通车辆转向架的重要组成部分，它是影响车辆运行安全性、稳定性和平稳性的关键部件之一，其性能的优劣将直接影响车辆的运行品质，因此在制造和运用过程中，对轮对都有极其严格的技术要求。

1. 轮对的作用

轮对的作用主要包括以下四个方面：

（1）承受车辆的全部载荷并将其传递给钢轨；

（2）通过与钢轨的黏着作用产生牵引力和制动力；

（3）作为车辆与轨道的接触部分，通过自身的滚动使车辆前进，引导车辆顺利地沿着轨道运行；

（4）当行经钢轨接头、道岔等线路不平顺处时，轮对直接承受全部垂向和侧向的冲击。

火车车轮的设计原理

2. 轮对的组成

轮对由一根车轴和两个同等级型号的车轮以过盈配合的方式组装而成。对于动力转向架而言，为了满足动能传递的功能需求，轮对上还安装有传动大齿轮（或齿轮箱），故称之为动力轮对，否则为非动力轮对，如图 4-12 所示。

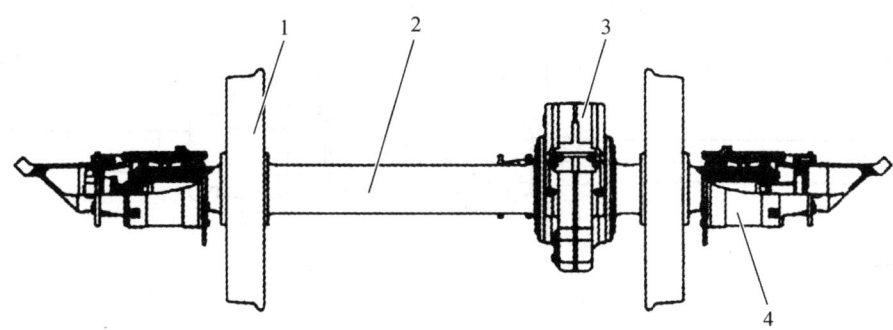

（a）动力轮对示意图

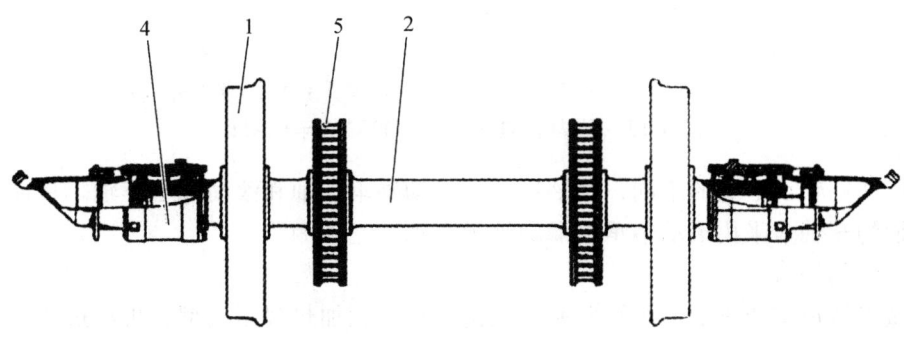

（b）非动力轮对示意图

（c）某轮轴车间内的轮对实物图

1—车轮；2—车轴；3—齿轮箱；4—轴箱；5—制动盘。

图 4-12 轮对的结构组成

1）车　轴

车轴是转向架结构组成中的重要配件，是轮对转动的中枢。车轴除了要与车轮组成轮对外，其两端还要与轴箱装置配合，实现车辆沿钢轨的顺利运行，并且根据实际需要在轴身位置还会安装制动装置或驱动装置的部件。由此可见，车轴的质量高低直接关系到车辆运行安全与否，所以在设计、制造、维修过程中必须严格要求。

（1）车轴的种类

根据用途的不同，车轴可分为动力车轴和非动力车轴，如图 4-13 所示。动力车轴与非动力车轴的区别在于前者配有齿轮箱的大齿轮齿轮座。

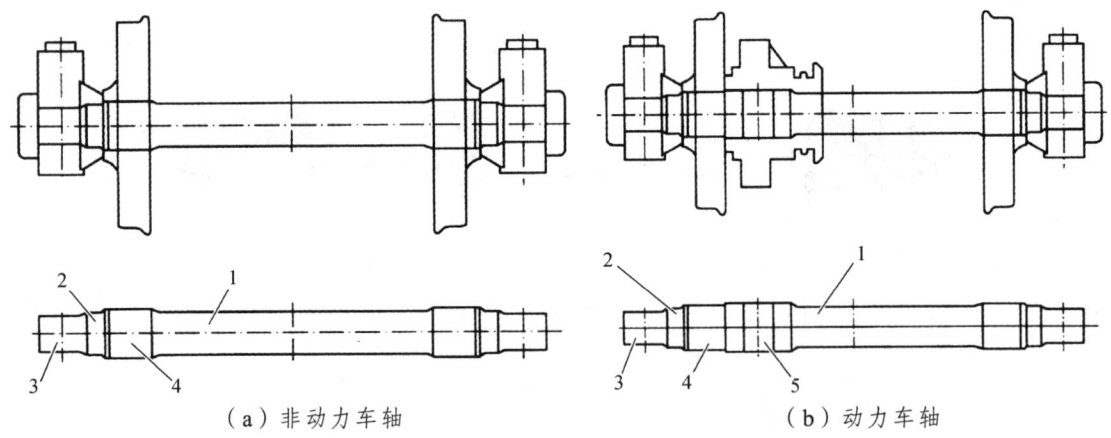

（a）非动力车轴　　　　　　　　（b）动力车轴

1—轴身；2—防尘板座；3—轴颈；4—轮座；5—齿轮座。

图 4-13 动力轮对和非动力轮对的车轴对比

根据所使用轴承形式的不同，车轴可分为滑动轴承车轴和滚动轴承车轴。目前，城市轨道交通车辆的车轴多采用滚动轴承，滑动轴承车轴已基本淘汰。

（2）车轴的构造

现代城市轨道交通车辆的车轴普遍采用优质碳素钢加热锻压成型，再经过热处理和机械加工制成。以使用滚动轴承的非动力车轴（见图 4-14）为例，其各组成部分及作用如下：

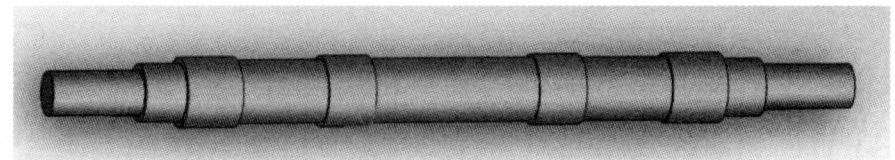

图 4-14 非动力车轴三维模型图

① 轴颈：安装滚动轴承的部位，承载车辆重量，并传递各方向的静、动载荷。

② 防尘板座：安装防尘板的部位，也用于限制轴瓦过度内移，其直径比轴颈直径大，比轮座直径小。

③ 轮座：车轴与车轮配合的部位，也是受力最大的部件，所以直径最大。为了保证轮轴之间有足够的压紧力，装配需有一定的过盈量。

④ 制动盘座：安装制动盘的部位，通常一根非动力车轴上设两个制动盘座（高速动车组设有三个或更多），制动盘的盘毂与制动盘座采用过盈配合。

⑤ 轴身：车轴的中央部位，即两轮座的连接部分，为增加其强度和减少应力集中，车轴轴身呈圆柱形。

若是动力车轴，则一般没有制动盘座，而是设有齿轮座，用以安装齿轮箱传动大齿轮。车轴的齿轮座部位凹槽较多，超声波探伤时应注意避开其影响。此外，在车轴的两个端面上，通常设置有一个中心孔和均匀分布的三个轴端螺栓孔，中心孔是为了方便车轴或车轮车削定位，校对车轴的圆度以及测量车轴的基准线，轴端螺栓孔则用于安装轴承前盖或压板。

（3）车轴的材质

国产车轴普遍采用代号为"LZ50"的车轴钢，其钢坯应使用电炉、碱性氧气转炉冶炼的优质碳素镇静钢制造。炼钢设备状况、冶炼工艺过程应符合冶炼优质碳素钢的要求。车轴在车辆运行时受力状态复杂，因为产生疲劳断裂是普遍的故障形式，所以对车轴材质而言，需要保证其足够的强度（尤其是弯扭复合疲劳强度）和韧性，同时还应具备一定的表面硬度，以防止轴颈处的磨损过快。此外，车轴属于转向架的簧下部分，降低簧下部分的质量对减少轮轨动作用力和改善车辆运行品质有很大的影响，尤其对于高速列车，通常为降低簧下质量而采用空心车轴结构。由于车轴主要承受横向弯矩作用，截面中心部分应力很小，制成空心结构后，对其强度影响不大，却可以节省材料。有研究表明，空心车轴比实心车轴可减重20%～40%，减少质量达 60～100 kg，甚至更多。空心车轴的制造可以通过采用较为成熟的工艺方法，达到理想的技术要求，以提高其疲劳强度。

2）车　轮

车轮是轨道交通车辆的最终受力部件，它把整车的荷载传递给钢轨，并在钢轨上转动，完成车辆的运行。车轮的性能，直接影响着车辆的运行品质和行车安全。

（1）车轮的种类

车轮种类繁多，不同的车轮在结构、形状、尺寸以及材质等方面差异很大。按其结构的不同车轮可分为整体车轮和带箍车轮（组合车轮）两种，整体车轮的构造如图 4-15（a）所示。按其材质的不同车轮可分为碾钢车轮和铸钢车轮等。随着技术的发展，为进一步降低噪声，减轻簧下质量，还可选择橡胶弹性车轮、消声轮等新型车轮。目前，我国城市轨道交通车辆上大多采用整体碾钢车轮和弹性车轮。

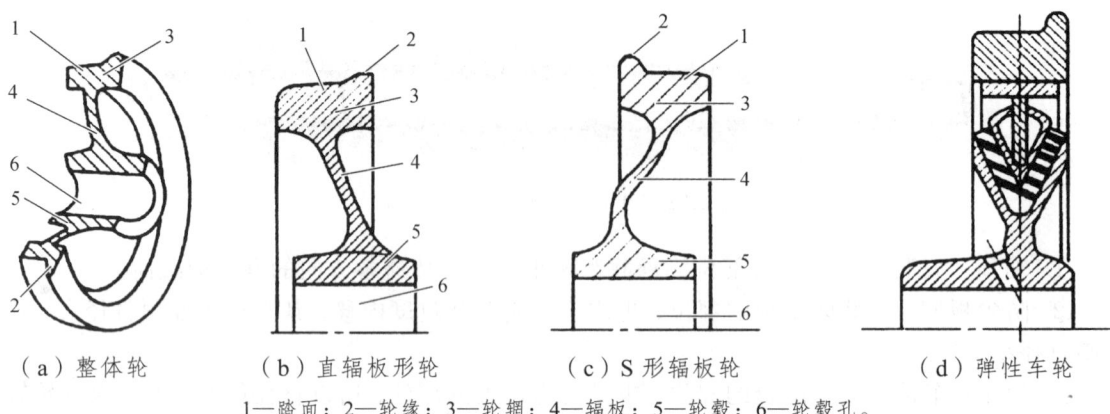

(a) 整体轮　　　(b) 直辐板形轮　　　(c) S形辐板轮　　　(d) 弹性车轮

1—踏面；2—轮缘；3—轮辋；4—辐板；5—轮毂；6—轮毂孔。

图 4-15　车轮示意图

整体碾钢车轮（简称碾钢轮）又有直辐板和 S 形辐板两种形式，如图 4-15（b）、（c）所示。碾钢轮经圆钢锭切成轮坯，通过锻压和加热碾轧后，再经机械加工制成，制造过程中对车轮进行淬火等热处理以提高强度，如图 4-16 所示。碾钢轮的优势在于强度高，韧性好，能够适应载重大和速度高的要求，且质量轻，轮缘磨耗后可以堆焊，踏面磨耗后可以镟修，易维修、费用低；其缺点是制造技术较为复杂，设备投资较大，且踏面耐磨性较差。S 形辐板车轮具有更大的承载能力和良好的抗热裂性，我国于 20 世纪 90 年代就以 S 形辐板取代了直辐板。一般精加工的车轮需要进行静平衡试验，车辆运行速度低于 120 km/h 时，车轮静不平衡量要求小于 125 g·m；车辆运行速度大于等于 120 km/h 时，车辆静不平衡量要求小于 75 g·m。

图 4-16　国内某车轮制造车间的生产线照片

弹性车轮是在轮心与轮箍之间设置弹性元件（橡胶垫），如图 4-15（d）所示。因此车轮在空间三维方向上的弹性与整体轮相比，更加柔软，故称之为弹性车轮。橡胶垫安装在轮箍与轮心之间，与车轮纵垂平面成一定斜角，在垂向荷载作用下，既受剪切，又受压缩。在应用中适当改变橡胶垫的安装斜度和厚度，就可调整其径向和轴向的缓冲性能。弹性车轮减小了簧下质量，减小了轮轨之间的作用力，能够有效缓和冲击，降低轮轨磨耗和噪声，从而改善轮对的运用条件，提高列车运行的平稳性。

（2）车轮的构造

以整体碾钢车轮为例，其各个组成部分及作用如下：

① 踏面：车轮与钢轨相互接触的外圆周面，踏面与轨面在一定的摩擦力下完成滚动运行。

② 轮缘：车轮内侧面沿径向圆周凸起的圆弧部分，保持车轮在轨道上正常运行而不脱轨。

③ 轮辋：车轮具有完整踏面的径向厚度部分，保证踏面具有足够的强度和便于检修。

④ 辐板：连接轮辋与轮毂的部分，起支撑作用。

⑤ 轮毂：车轮与车轴互相配合的部分，固定在车轴轮座上，是车轮整体结构的主干与支承。

⑥ 轮毂孔：用于安装车轴，与轮座过盈配合。

⑦ 辐板孔：辐板上的 2 个小圆孔，用于轮对在切削加工时与机床固定，并便于搬运车轮或轮对。

（3）车轮的材质

进口车轮通常采用国际铁路联盟标准（UIC 812-3），其材质为 R8 或 R9。国产 S 形辐板车轮普遍采用 CL60 钢，使用间歇淬火或三面淬火工艺提高其淬透性，其他钢种的含碳量、强度和硬度都稍高于 R8-T（R8 表示车轮钢的钢种，T 表示轮辋淬火），车轮钢要求强度高，韧性好，运用中不会发生崩裂，且要求具有与钢轨相匹配的硬度，要尽量减轻车轮和钢轨的磨损，减少踏面的疲劳剥离。

（4）磨耗形踏面

车轮的踏面通常需要做成一定的斜度，称为锥形踏面，如图 4-17（a）所示。踏面呈锥形的作用如下：

① 在直线运行时，使轮对能自动调中。车辆在直线路段上运行时，如果车辆中心线与轨道中心线不一致，轮对在滚动过程中能自动纠正偏离位置。

② 在曲线运行时，更有利于顺利通过。车辆在曲线路段上运行时，因为离心力作用，导致轮对偏向外轨。由于踏面锥形的存在，沿外轨滚动的车轮滚动圆直径较大，而内轨上的车轮滚动圆直径较小，这正好和曲线区段外轨长而内轨短的特征相适配，使轮对顺利通过曲线，减少车轮在钢轨上的滑行。

③ 使踏面磨耗更为均匀。由于踏面与钢轨接触面的滚动直径在不断变化，致使轮轨接触点的位置也在不断变换，使得踏面磨耗沿宽度方向趋于均匀。

④ 能顺利通过道岔。线路上的道岔对车辆运行的平稳性和安全性影响很大，因此踏面的几何形状必须满足顺利通过道岔的要求。由于尖轨前端顶面低于基本轨顶面，当车轮由道岔的尖轨过渡到基本轨时，为了防止撞击基本轨，需要踏面具有一定的斜度。同时把踏面的最外侧做成 C5 的倒角，以此增大踏面和轨顶的间隔，保证轮对顺利通过道岔，如图 4-18 所示。

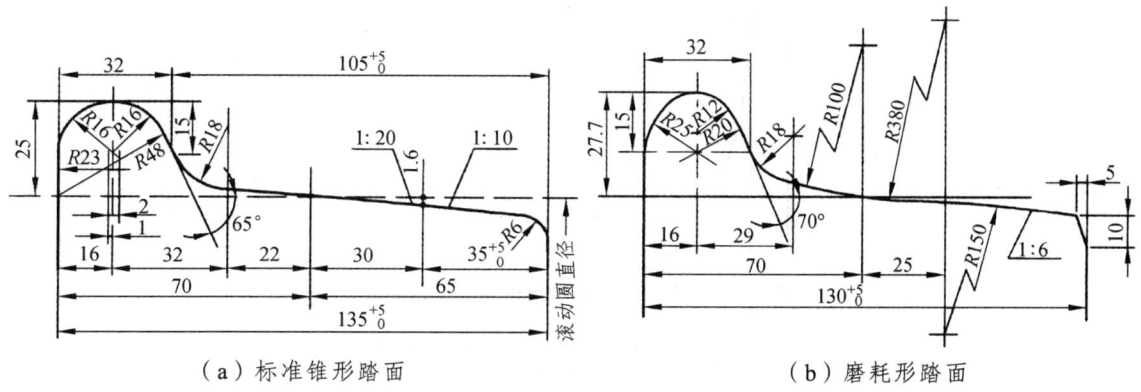

（a）标准锥形踏面　　　　　　　　（b）磨耗形踏面

图 4-17　车轮踏面外形

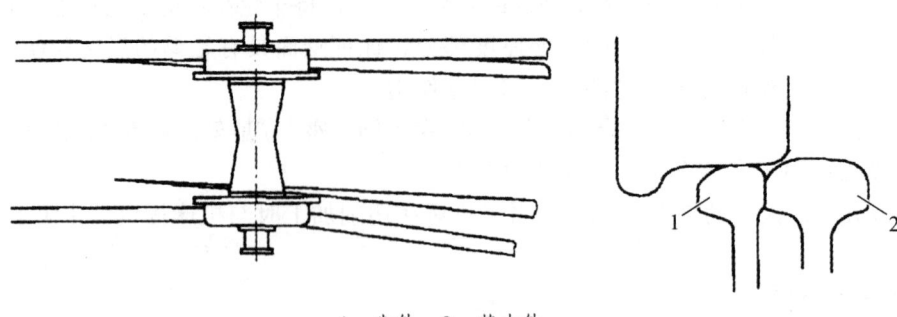

1—尖轨；2—基本轨。

图 4-18 轮对通过道岔示意图

⑤ 能防止车轮脱轨。当车轮通过曲线时，轮缘紧靠外侧钢轨。此时车轮如果受到较大的横向力，则可能从轮缘外侧面爬上钢轨从而导致脱轨，但由于轮缘面存在一定的斜度，尽管车轮有少量抬起，也会在车轮载荷的作用下顺着轮缘的斜坡滑至安全位置。这种情况不仅在曲线上有，在直线路段上轮对受到较大横向水平力时，也会出现。由此可见，轮缘上斜度的大小，对车辆运行的安全起着十分重要的保护作用。

通过大量实践研究表明，锥形踏面车轮的初始形状在使用中将会快速产生磨耗，当磨耗成一定形状后，车轮与钢轨的磨耗速度均趋于缓慢，磨耗后的踏面形状相对稳定，如图 4-19 所示。其原因是锥形踏面车轮与钢轨的接触区域面积狭小，所以产生局部磨耗，使得踏面呈凹形，但当凹形踏面达到一定程度后，外形便保持相对稳定。因此，近年来在研究轮轨磨耗的基础上提出了磨耗形踏面，如图 4-17（b）所示。如果把新的车轮踏面一开始就直接做成类似磨耗后的稳定形状，可明显地减少轮轨的磨耗，延长使用寿命，减少换轮、镟轮的检修工作量，其经济效益十分显著。磨耗形踏面可使轮轨磨耗更为均匀，降低轮轨接触应力，延长镟轮里程，提高车辆运行的横向稳定性和抗脱轨安全性，但磨耗形踏面的等效斜度偏大，导致蛇行稳定性较差。

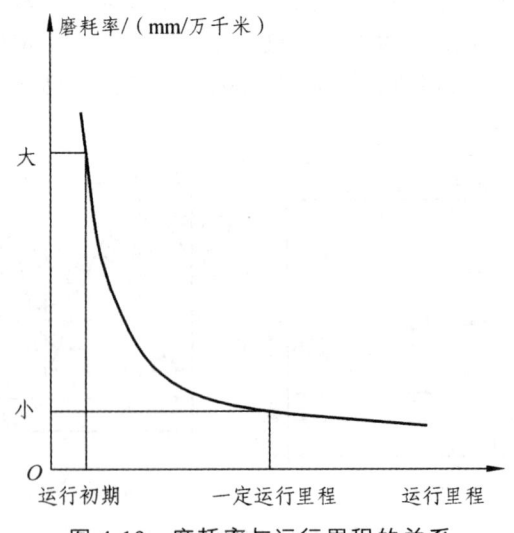

图 4-19 磨耗率与运行里程的关系

另外，单轨系统及某些新型城市轨道交通系统采用的是充气橡胶轮胎，根据作用不同有走行轮、导向轮和稳定轮之分（走行轮充氮气、其他充空气）。车辆往往安装有轮胎检测装置和备用轮胎，可及时进行更换。

3. 轮对的组装

常见的轮对组装工艺有注油压装、热压装和冷压装三种。注油压装是在轮对压装过程中，向轮座和轮毂孔之间注入高于它们接触应力的高压油，使之形成油膜，随着轮座和轮毂孔接触面的增加，油不断渗透，使车轮压装过程处于油膜隔开的状态下进行组合的装配方法。所谓热压装，是利用热胀冷缩的原理达到过盈配合的目的的一种方法，将整体车轮或轮心加热，使轮毂孔内径膨胀后安装在车轴上。而冷压装指的是，轮对压装过程中不向轮座和轮毂孔之间注入高压油，而是一直通过压力机将车轮或轮心装到车轴上，如图 4-20 所示。

车轮和车轴之间采用过盈配合牢固地组装成为一个整体，绝不允许有任何松动迹象出现。轮轴在运用中是否出现相对松动，可以通过用白漆在车轴与轮毂接合处沿径向画迟缓线（防缓标志线）的方法来初步检查，如图 4-21 所示。

图 4-20 某型号的轮对压装退卸机实物图　　图 4-21 轮对组装合格后涂上防缓标志线

此外，轮对的组装还应该满足以下相关技术要求：

（1）在组装前，车轴、整体车轮、轮箍车轮、轮心、轮箍、齿轮、制动盘等应在同一环境条件下放置 12 h 以上。

（2）在组装前，车轴轮座表面、车轮轮毂内孔面与车轮注油孔应清理干净。

（3）压装前，车轴轮座表面与车轮轮毂内孔面宜均匀地涂上纯净的植物油或二硫化钼。

（4）压装时，轮轴中心线应与压力机活塞中心线保持一致，并平行压入，压入速度宜为 0.5 ~ 5 mm/s，并保持均匀。

（5）组装后，轮对内侧距离必须符合（1 353 ± 2）mm 的规定，如图 4-22 所示。轮对在正常状态的线路上运行时，轮对的内侧距是影响运行安全的一个重要因素。轮对内侧距应保证在任何线路上运行时轮缘与钢轨之间有一定的游隙，以减少轮缘与钢轨的磨耗；应保证在最不利情况下，车轮踏面在钢轨上仍有足够的安全搭接量，不致造成脱轨；还应保证能安全通过曲线和道岔。

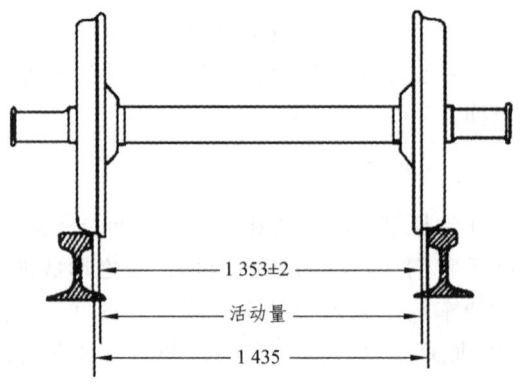

图 4-22 轮对内侧距离与轨道的关系示意图

4. 轮对的要求

轮对承担着轨道交通车辆的全部重量，在轨道上滚动，同时还要承受从车体、钢轨两方传递而来的各种静、动作用力，受力情况复杂。因此，为了顺利完成工作任务，轮对应该满足以下基本要求：

（1）具有足够的强度，以保证在允许的最高速度和最大载荷下安全运行。

（2）在强度足够和保证一定使用寿命的前提下，使其重量尽可能小，并具有一定弹性，以减小轮轨之间的相互作用力。

（3）具备较小的阻力和良好的耐磨性，有利于降低牵引动力的消耗和提高使用寿命。

（4）既适用于车辆的直线运行，又能顺利通过曲线，同时还应具备必要的抗脱轨安全性。

二、轴 箱

轴箱是安装在车轴两端的轴颈上，用来联系构架和轮对的活动关节，如图 4-23 所示。轴箱内的关键部件是轴承，其类型有滑动轴承和滚动轴承两种。我国早期的铁道机车车辆采用滑动轴承轴箱装置，20 世纪初开始使用滚动轴承，显著降低了车辆的运行阻力，改善了走行部的工作条件，减少了运营维护成本。目前，我国的城市轨道交通车辆普遍采用滚动轴承轴箱装置。滚动轴承又可以分为圆柱滚动轴承、圆锥滚动轴承和球面滚动轴承三种。轴承按规定的修程时间检测和更换，应具有较强的可靠性。

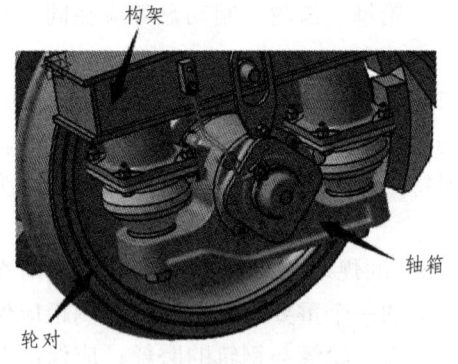

（a）轴箱外观示意图

（b）轴箱内部示意图

图 4-23 轴箱装置示意图

1. 轴箱的作用

轴箱是实现轮对与构架相互连接又相互运动的关键部件，起着承上启下的重要作用。具体来说，它必须具有以下功能：

（1）定位与连接。给轴承内外圈定位，保持轴颈和轴承的正常位置，从而保证车轴的正常安装位置；通过轴箱体上的弹簧、减振器等装置实现轮对与转向架构架的弹性连接。

（2）牵引与传力。使轮对沿钢轨的滚动转化为车体沿线路的平动；承受簧上载荷，传递轮对与转向架之间各个方向的作用力，包括车体重力、牵引力、制动力等。

（3）润滑与减阻。保持轴承油脂，保证轴承良好的润滑条件；采用滚动轴承，在提高承载能力的同时，降低了轴箱摩擦系数，减少了车辆起动和运行的阻力，以适应城市轨道交通车辆高速运行、起动和制动频繁、行车密度高的要求。

（4）密封与防护。保证良好的密封性，防止尘土、雨水等异物侵入及甩油，从而避免油脂的润滑状态被破坏，甚至发生燃油等事故的风险。

2. 轴箱的组成

轴箱主要由轴箱体、轴箱盖、轴端压板、防尘挡圈、密封圈及附属装置组成，轴承安装在轴箱内部，如图 4-24 所示。不同部位的轴箱，所安装的设备也会有所区别。例如有的轴箱总成安装有 ATP 测速电机，有的轴箱总成安装有防滑测速装置，拖车的每根轴都装有防滑装置。不同种类的轴箱，其结构组成也会产生差异。根据轴承类型的不同，轴箱可以分为圆柱滚动轴承轴箱和圆锥滚动轴承轴箱；根据密封形式的不同，轴箱可以分为橡胶油封式轴箱和金属迷宫式轴箱。

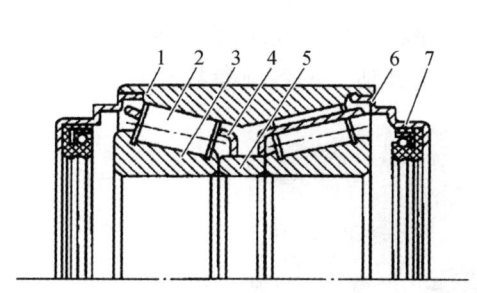
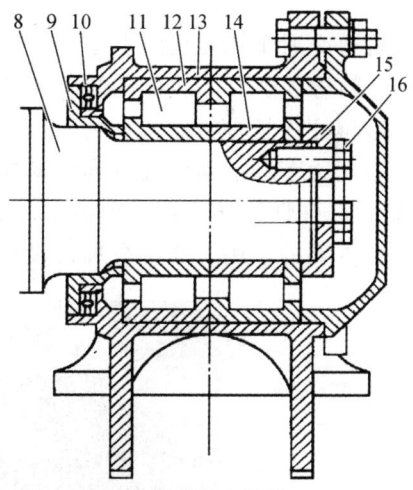

（a）圆锥滚动轴承轴箱　　　　（b）圆柱滚动轴承轴箱

1，12—外圈；2—滚子；3，14—内圈；4—保持架；5—中隔圈；6—密封圈；7，10—密封；
8—车轴；9—防尘挡圈；11—滚柱；13—轴箱体；15—轴端压板；16—轴箱盖。

图 4-24　轴箱结构组成示意图

橡胶油封式圆柱滚动轴承轴箱

金属迷宫式圆柱滚动轴承轴箱

无轴箱式圆锥滚动轴承装置

3. 轴箱的要求

城市轨道交通车辆转向架的轴箱装置应满足以下基本要求：

（1）由于城市轨道交通车辆的允许轴重较大（一般为 10～25 t），在使用中承受着变化的静、动载荷的作用，因此要求轴承的承载能力大、强度高、耐冲击、使用寿命长。

（2）具备合理有效的密封装置，以保证良好的密封性，一旦有尘土、雨水、杂质从外界侵入或有油脂从内部甩出，都将破坏润滑效果，不利于车辆运行的安全平稳。

（3）轴箱定位装置在纵向和横向上应该具有适当的弹性定位刚度值，从而可避免车辆在正常运行速度范围内蛇行运动失稳，保证在曲线运行时具有良好的导向性能，减轻轮缘与钢轨的磨耗和噪声。

（4）可以容纳接地装置，提供列车所有电气设备的接地保护和负极接地。

（5）提供速度信号的采集部位。在转向架的轴箱装置中，便于安装 EBCU、ATC 速度信号传感器装置。

第四节　弹性悬挂装置

城市轨道交通车辆在线路上运行时，由于车轮踏面的斜度、擦伤和轮轴的偏心以及线路的不平顺、轨隙、道岔、轨面的缺陷和磨耗等客观原因，必然伴随产生复杂的冲击和振动。这些动态影响往往是有害的，不利于保证车辆运行的平稳性和旅客乘坐的舒适度。因此，现代城市轨道交通车辆上均装设有弹性悬挂装置，它由一系列的弹簧、减振器等设备构成，如图 4-25 所示。弹性悬挂装置对车辆运行是否平稳、能否顺利通过曲线并保证车辆安全运行，都起着十分重要的作用，故应合理地设计其结构，选择适宜的各项参数。

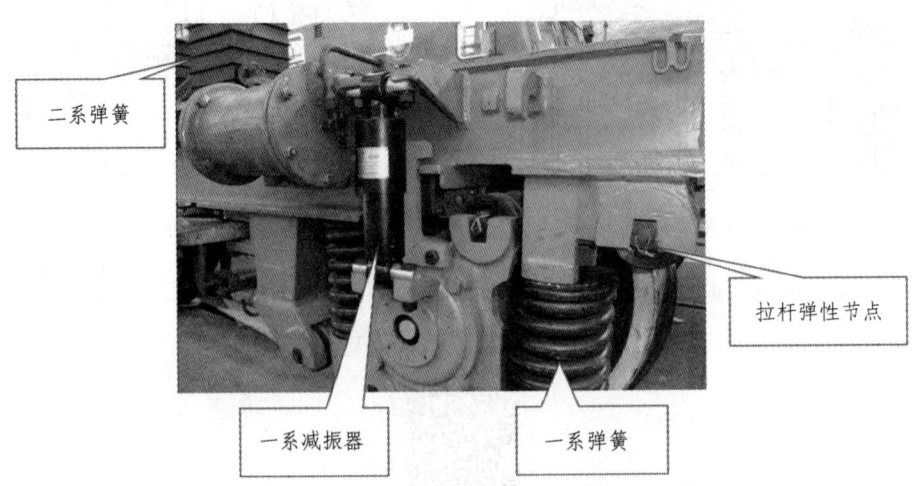

图 4-25　某转向架上安设的弹性悬挂装置实物图

一、弹性悬挂装置的主要功能

弹性悬挂装置主要有以下五个功能：

（1）给车辆各轴以一定的重量分配，并使所分配的重量在车轮行经不平顺处时不致发生显著变化。

（2）能够衰减当车轮行经线路不平顺处或因车轮不圆等情况发生时造成的车辆振动。

（3）能够缓和由于行经道岔、曲线、钢轨接头或轨面缺陷等引起的冲击。

（4）改善车辆的横向运动性能和曲线通过性能。

（5）不仅有利于提高车辆运行的平稳性和舒适性，还有助于延长车辆和轨道的使用寿命。

二、弹性悬挂装置的基本类型

按照作用的不同，弹性悬挂装置可分为以下三类：①缓冲装置，主要起缓和冲击的作用，如空气弹簧和轴箱弹簧；②减振装置，主要起衰减振动（消耗振动能量）的作用，如垂向、横向液压减振器；③定位装置，主要起弹性约束的作用，如轴箱定位装置，心盘与构架之间的纵、横向缓冲止挡及抗侧滚扭杆。

按照位置的不同，弹性悬挂装置可分为以下两类：①一系弹性悬挂装置（简称一系悬挂），主要位于轮对和构架之间，包括轴箱弹簧（一系弹簧）、一系垂向液压减振器等；②二系弹性悬挂装置（简称二系悬挂），主要位于构架和车体之间，包括空气弹簧（二系弹簧）、二系垂向液压减振器、二系横向液压减振器、抗侧滚扭杆、横向止挡等。

前已述及，车辆在弹性悬挂形式的选择上，有一次悬挂和两次悬挂两种，如图4-26所示。一次悬挂形式为只选择一系悬挂装置或二系悬挂装置作为弹性悬挂形式；而两次悬挂为一系悬挂装置和二系悬挂装置的串联形式。采用两次悬挂可以减小整个车辆悬挂系统的总刚度，增大静挠度，改善车辆的垂向运动平稳性，降低车辆与线路之间的动作用力。目前，城市轨道交通车辆普遍采用两次悬挂形式。

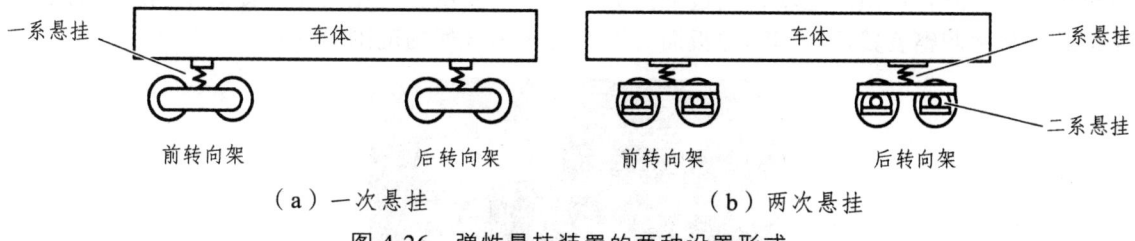

图 4-26 弹性悬挂装置的两种设置形式

1. 一系悬挂装置

一系悬挂装置又称为轴箱悬挂装置，安装于转向架的构架与轮对之间。以转臂式定位的转向架为例，其一系悬挂装置主要由弹簧、减振器、轴箱定位节点及其他附属零件组成，如图4-27所示。一系悬挂装置的主要功能是将轮对定位在构架上，从而连接轮对与构架，支承构架及车体重量，并传递牵引力和制动力，缓和冲击和振动。

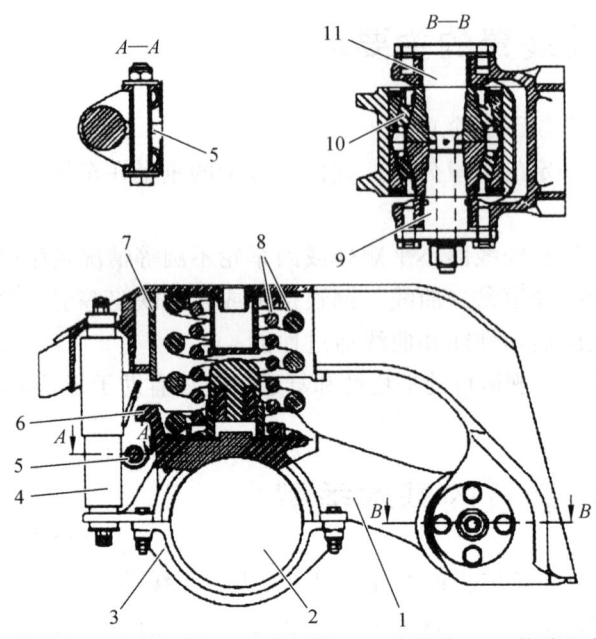

1—转臂体；2—轴箱；3—底部压板；4—减振器；5—止挡管；6—转臂凸台；7—弹簧套；
8—弹簧；9—锥形套；10—柱形橡胶套；11—锥形销；12—轴箱定位节点。

图 4-27 一系悬挂装置平面图

一系悬挂以上的重量，称为簧上重量；一系悬挂以下的重量，称为簧下重量（或称死重量）。一系悬挂的纵向和横向刚度主要由轴箱定位节点（转臂橡胶关节）提供，垂向刚度主要由弹簧提供，转臂橡胶关节也可提供部分垂向刚度。采用该种形式的悬挂装置具有轴箱各向定位相对独立、定位刚度准确稳定的特性。

2. 二系悬挂装置

二系悬挂装置又称为中央悬挂装置，安装于车体车架与转向架构架之间。二系悬挂装置通常由空气弹簧、高度调整装置、垂向液压减振器、抗侧滚扭杆、弹性止挡等部件组成，如图 4-28 所示。二系弹簧悬挂装置的主要功能包括通过空气弹簧支承车体重量，并允许转向架相对车体产生回转或横向运动；通过减振器吸收振动能量、避免共振，提高车辆运行的平稳性；通过高度调整装置确保车辆地板面高度始终处于合理的范围等。

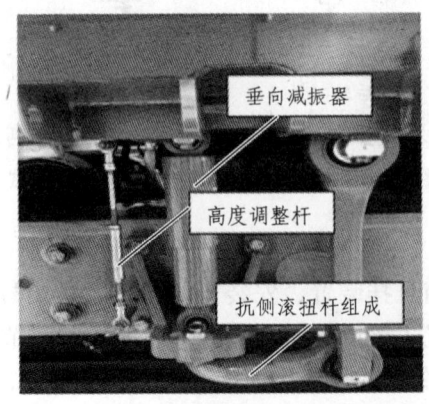

图 4-28 某地铁 5 号线车辆转向架的二系悬挂装置实物图

三、弹性悬挂装置的关键设备

无论是一系悬挂还是二系悬挂装置，通常都包含有弹簧装置，但是由于弹簧类型的不同，其附属装置也会有所差异。此外，二系悬挂装置还增设有高度调整阀、抗侧滚扭杆、减振器、弹性止挡等设备。

1. 弹 簧

机械中的多数零件是刚性零件，而弹簧则属于弹性零件。弹簧能多次重复地随外力的大小做相应的弹性变形，卸载后又能立即恢复形变。它通过变形把机械功或动能转化为变形能，反之也可将变形能转化为机械功或动能。弹簧的功用主要有缓冲和吸振（如车辆的悬挂装置）、控制机构的运动或零件的位置（如内燃机阀门控制弹簧）、储能和吸能（如钟表的发条弹簧）、测量载荷大小（如弹簧秤）等。

1) 弹簧的特性

弹簧的主要特性以挠度、刚度和柔度来衡量。挠度是指弹簧在外载荷作用下产生的弹性变形量或者位移量（单位：mm）。刚度是指弹簧产生单位挠度所需载荷的大小，一般用 K 表示（单位：N/mm）。柔度是指单位载荷作用下产生的挠度，一般用 i 表示（单位：mm/N）。弹簧的特性可用弹簧挠力图表示，纵坐标表示弹簧承受的载荷 P，横坐标表示其挠度 f，如图 4-29 所示。

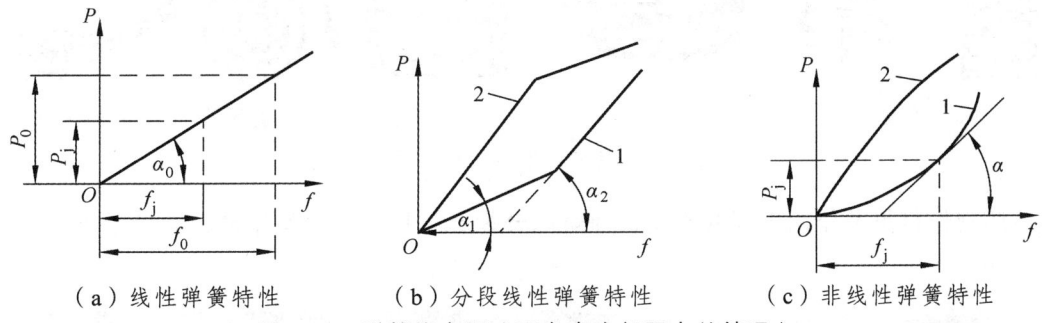

（a）线性弹簧特性　　（b）分段线性弹簧特性　　（c）非线性弹簧特性

图 4-29　弹簧挠力图（不考虑内部阻力的情况）

铁路车辆上常常采用组合弹簧，以改善弹簧的特性，适应安装位置及空间大小的需要。组合弹簧有串联、并联和串并联 3 种形式，从而形成弹簧系统。在讨论弹簧系统的总柔度或总刚度时，弹簧自重往往忽略不计。在车辆静载荷作用下的挠度称为静挠度，弹簧装置刚度小，静挠度大，使得车体自振频率低，则有利于车辆的运行平稳性，如图 4-30 所示。因此，在条件允许的情况下，应尽可能采用较大的弹簧静挠度。

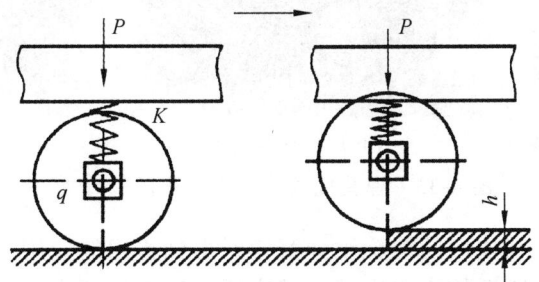

图 4-30　有弹簧装置更利于车轮行径不平顺处

2）弹簧的种类

按照受力性质的不同，弹簧可分为压缩弹簧、拉伸弹簧、扭转弹簧、弯曲弹簧，如图 4-31 所示。

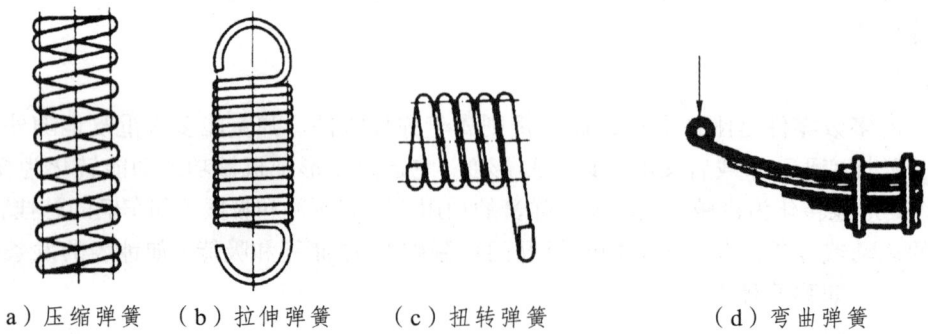

（a）压缩弹簧　　（b）拉伸弹簧　　（c）扭转弹簧　　（d）弯曲弹簧

图 4-31　弹簧按照受力性质不同的分类

按照形状结构的不同，弹簧可分为螺旋弹簧、碟形弹簧、环形弹簧、盘弹簧、板弹簧，如图 4-32 所示。

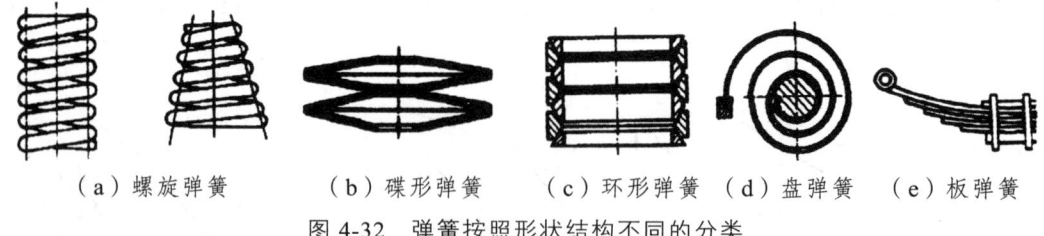

（a）螺旋弹簧　　（b）碟形弹簧　　（c）环形弹簧　　（d）盘弹簧　　（e）板弹簧

图 4-32　弹簧按照形状结构不同的分类

按照制作材料及作用机理的不同，弹簧可分为金属弹簧、橡胶弹簧、空气弹簧等，如图 4-33 所示。

（a）金属弹簧（螺旋钢弹簧）　　（b）橡胶弹簧　　（c）空气弹簧

图 4-33　弹簧按照作用机理不同的分类

在铁道机车车辆中，圆柱形的螺旋钢弹簧曾经得到普遍的应用。得益于材料技术的不断发展，橡胶弹簧在轨道车辆上的应用也越来越广泛。后来逐渐出现采用圆锥形或八字形橡胶弹簧取代钢制螺旋圆弹簧作为一系悬挂装置的轴箱弹簧,并且在车体与摇枕、摇枕与构架、构架与轴箱、弹簧支承面等金属件接触部位之间,也经常采用衬垫、衬套、止挡等橡胶元件。随着轨道车辆技术的持续发展以及车辆运行速度的不断提高,现代高速铁路列车和城市轨道交通车辆的转向架均广泛采用空气弹簧作为二系弹簧装置,如图 4-34 所示。

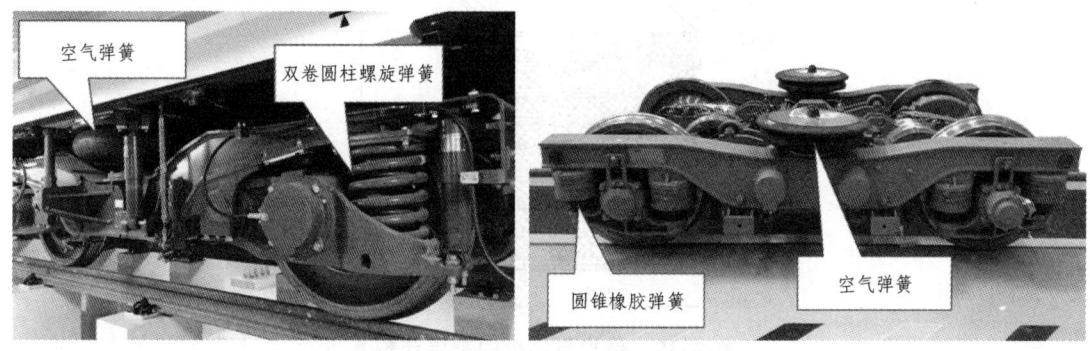

图 4-34　转向架上采用的弹簧装置

（1）橡胶弹簧

橡胶弹簧的优点有：

① 由于其力学性能不同于一般的金属元件,橡胶的弹性模量比金属小得多,因此可获得较大的弹性变形,容易实现预想的非线性特性。

② 可自由确定形状,利用橡胶的三维特性可同时承受多向载荷,以便于简化结构。

③ 具有较高的内阻,对高频振动的衰减以及隔音均有良好的效果,因此既能衰减振动,还能隔离噪声。

④ 可减轻自重,其密度仅为钢的 1/6。

⑤ 可避免金属元件之间的磨耗,安装、拆卸简便,且无须润滑,故有利于维修,从而降低运用成本。

橡胶弹簧的缺点有：

① 制造工艺复杂,小批量生产时成本较高。

② 耐高温、耐低温和耐油性都比金属弹簧差,性能（弹性、强度）受温度影响较大,一般随温度升高,刚度和强度会明显降低。

③ 具有蠕变的特性,即当载荷增加到一定值后,虽不再加载,但变形仍会继续,而当卸去载荷后,也不能立即完全恢复原状。通常硫化橡胶要在 120 天后,蠕变才趋于稳定。因此,橡胶的动刚度比静刚度大。

④ 具有体积基本不变的特性,使用时间长易老化。

⑤ 性能离散度大,同批产品的性能差别可达 10%。

由于这些特性,橡胶元件在轨道交通车辆上获得越来越广泛的应用,但在设计橡胶弹性元件时应特别注意以下相关要求：①应根据不同的使用温度,选用不同材质的橡胶,使之具有比较稳定的弹性特性,以满足运用要求。②因橡胶几乎是不可压缩的,它的弹性变形是由于形状改变所致。因此,必须保证橡胶元件形状改变的可能。③橡胶的散热性差,不能把橡胶元件制成很大的整块,需要时应制成多层片状,中间夹以金属板,以增强散热性,如图 4-35 所示。④橡胶元件的疲劳损坏,主要由于应力集中处产生的裂纹、橡胶与金属黏合处发生的剥离及在压缩时侧面产生折皱现象等逐步发展造成。因此，要求与橡胶接触的配件表面不应有锐角、凸起部位的沟孔。⑤一般情况下，橡胶弹簧只作压簧和扭转簧，不作拉簧。因为拉伸时，橡胶对局部缺陷和表面拉伤非常敏感。

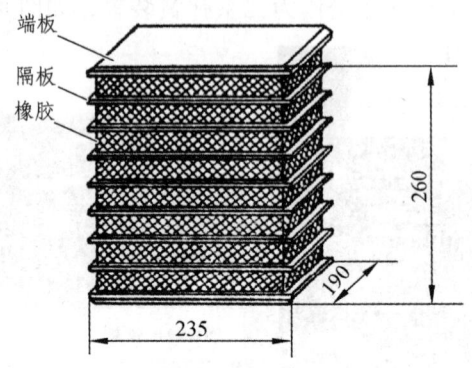

图 4-35 橡胶与钢板的夹层结构

（2）空气弹簧

空气弹簧是一种将压缩空气密封在橡胶膜（或囊）中形成具有一定刚度的弹性体。相较于传统的钢弹簧，空气弹簧在改善车辆的动力性能和运行品质上具有显著的优势，所以在现代高速列车以及地铁、轻轨车辆上都获得了广泛的应用。

空气弹簧的优点有：

① 刚度小，当量静挠度大。空气弹簧可以大幅度地增加当量静挠度，使弹簧悬挂装置设计得很柔软，以降低车辆的自振频率。

② 具有非线性特性。可根据车辆振动性能的要求，设计成具有比较理想的弹性曲线。在平衡位置振动幅度较小时（即正常运行时的振幅），刚度降低；若位移过大，刚度显著增加，以限制车体的振幅。弹性曲线的形状可设计成如图 4-29（c）所示的挠力图。

③ 刚度随载荷变化。空气弹簧的刚度随载荷变化而变化，因此可基本保持空、重车时车体的自振频率几乎一致，使空、重车不同状态的运行平稳性几乎相同。

④ 高度可调节。空气弹簧和高度调整阀并用时，可使车体在不同的静载荷下，保证车辆地板面距轨面高度基本不变。

⑤ 可充分利用其横向特性。同一空气弹簧可以同时承受三维方向的载荷，利用其横向弹性特性，可代替传统的转向架摇动台装置，从而简化结构，减小自重。

⑥ 能产生适宜阻尼。在空气弹簧本体与附加空气室之间装设有适宜的节流孔，可以产生适宜的阻尼，以代替垂向液压减振器。

⑦ 具有吸振和隔声性能。空气弹簧具有良好的吸收高频振动和隔绝噪声的性能。

空气弹簧的缺点有：

① 由于其附件（如高度控制阀、差压阀等）较多，结构较为复杂。

② 前期制造成本相对较高。

③ 后期维护与检修的工作量增大。

空气弹簧的类型有囊式和膜式两种：①囊式空气弹簧，又可分为单曲、双曲和多曲等形式。双曲囊式空气弹簧的结构如图 4-36 所示，这类空气弹簧使用寿命长，制造工艺比较简单，但刚度大，振动频率高，所以在轨道交通车辆上已不多见。②膜式空气弹簧，是目前应用较多的类型，它又有约束膜式空气弹簧和自由膜式空气弹簧两种结构形式。

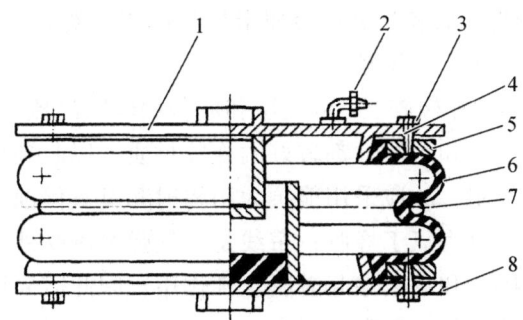

1—上盖板；2—气嘴；3—紧定螺钉；4—钢丝圈；5—法兰盘；6—橡胶囊；
7—中腰环钢丝圈；8—下盖板。

图 4-36 双曲囊式空气簧的结构

① 约束膜式空气弹簧。其结构如图 4-37（a）所示，由内筒、外筒和将两者连接在一起的橡胶囊等组成。这种形式的空气弹簧刚度小、振动频率低，其弹性特性曲线可以通过约束裙（内、外筒）的形状来控制，但橡胶囊工作状况复杂，耐久性较差。

② 自由膜式空气弹簧。其结构如图 4-37（b）所示，由于没有约束橡胶囊变形的内、外筒，橡胶囊的磨耗减轻，从而提高了使用寿命。其本身的安装高度较低，可明显降低车辆地板面距轨面的高度。自由膜式空气弹簧的质量轻，并且其弹性特性可以通过改变上盖板边缘的包角进行适当调整，使弹簧具有良好的负载特性。所以，在无摇动台装置的空气弹簧转向架上应用广泛。

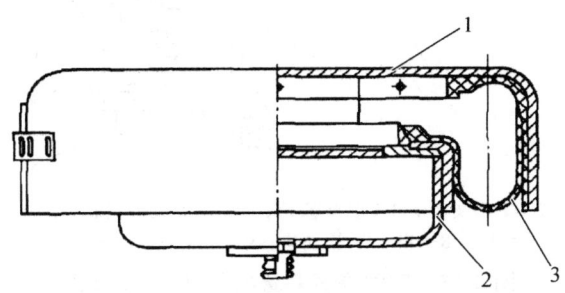

1—外筒；2—内筒；3—橡胶囊。

（a）约束膜式空气簧的结构

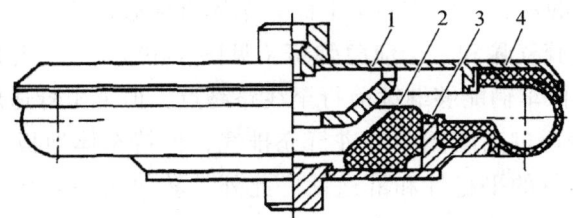

1—上盖板；2—橡胶垫；3—下盖板；4—橡胶囊。

（b）自由膜式空气簧的结构

图 4-37 膜式空气弹簧的结构

为了保证弹簧性能稳定和节省压缩空气，空气弹簧对密封性要求很高，通常采用压力自封式和螺钉紧封式两种密封方式。前者是利用空气囊内部的空气压力将橡胶囊的端面与盖板（或内、外筒）卡紧加以密封；后者是利用金属卡板与螺钉夹紧加以密封。其中，压力自封式由于结构简单、组装检修方便，应用较多。

空气弹簧橡胶囊是由内、外橡胶层，帘线层和成型钢丝圈经硫化工艺形成的一种挠性体。其中，内层橡胶需采用气密性和耐油性都较好的橡胶材质，以起到良好的密封作用；外层橡胶除密封外，还起到保护作用，故应采用能抗太阳辐射和臭氧侵蚀且耐老化的橡胶材质，还应满足环境温度的要求，一般为氯丁橡胶；帘线是空气弹簧承受外部载荷的主要元件，且帘线的材质对空气弹簧的耐压性和耐久性起着决定性作用，因此需采用高强度的人造丝、维尼龙或卡普隆等材质。帘线的层数为偶数，通常为两层或四层，层层帘线相交叉，并与空气囊的径线方向成一定角度布置。

空气弹簧装置的整个系统主要由空气弹簧本体 8、附加空气室 10、高度调整阀 7、差压阀 9 以及储风缸 5 等组成，如图 4-38 所示。空气弹簧所需压力空气的传递路径为：列车制动主风管 1→T 形支管 2→截断塞门 3→滤尘止回阀 4→空气弹簧储风缸 5→主管（在车底架上）→连接软管 6→高度调整阀 7→附加空气室 10 和空气弹簧本体 8。

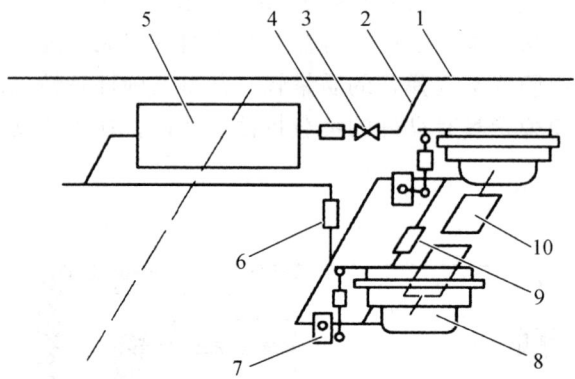

1—列车制动主风管；2—T 形支管；3—截断塞门；4—滤尘止回阀；5—储风缸；6—连接软管；7—高度调整阀；8—空气弹簧本体；9—差压阀；10—附加空气室。

图 4-38 空气弹簧装置的系统组成示意图

空气弹簧系统是城市轨道交通车辆控制振动的关键部件之一，每台转向架设置两个空气弹簧，分别安装在构架的左、右两个侧梁上面，车体重量通过这两个空气弹簧得到支承。每一空气弹簧包含一个橡胶气囊和一个应急弹簧（见图 4-39），当空气弹簧气囊泄气时，应急弹簧可作为保护装置确保车辆能够继续前行至线路终点，但乘坐舒适度会有所降低；当车体负载变化时，空气弹簧通过高度阀调节进行充排气，保持车体地板高度限制在允许的范围之内，从而保证车辆运行的平稳性和舒适性。此外，转向架一般利用构架侧梁或横梁内腔作为附加空气室，也有在车体上（或车底下）单独设置附加空气室的结构形式。附加空气室的作用在于增加空气弹簧胶囊的容积，从而显著降低空气弹簧的垂向刚度，提高车辆的乘坐舒适度。

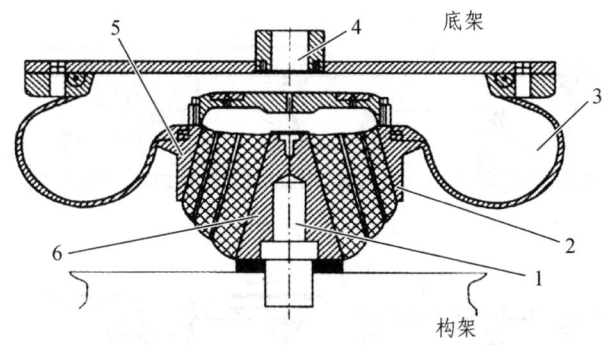

1—导杆；2—锥形应急弹簧；3—空气弹簧气囊；4—节流孔；5—下盖板；6—应急弹簧安装座。

图 4-39　某地铁 2 号线的空气弹簧结构示意图

2. 高度调整阀

高度调整阀是空气弹簧悬挂系统中的一个重要组成部件。空气弹簧的优势需要在采用良好的高度调整阀的情况下，才能充分发挥出来。高度调整阀与空气弹簧相互配合，通过对空气弹簧的充、排气控制，实现对车体高度的自动调节，如图 4-40 所示。众所周知，城市轨道交通车辆在运行中的载客量起伏较大，为了使车厢地板面距轨平面的高度保持不变，在车体与转向架之间装有高度调整阀。高度调整阀可以调节空气簧橡胶囊内的压缩空气（充气、排气和保压），使得车辆地板面不受车内乘客数量变化和分布不均的影响，始终保持与轨面的距离一致。在直线上运行时，车辆在正常的振动情况下不进行充、排气作用；当车辆通过曲线时，由于车体的倾斜，使得转向架两侧的高度调整阀分别产生充、排气的不同作用，从而减少车辆的倾斜。

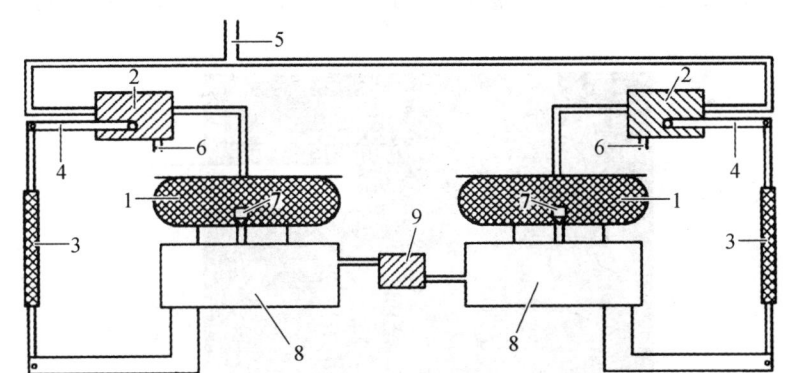

1—空气弹簧；2—高度调整阀；3—高度调整连杆；4—高度调整杠杆；5—供风管；
6—排气口；7—节流孔（阀）；8—附加空气室；9—差压阀。

图 4-40　高度调整阀与空气弹簧配合使用

如图 4-41 所示为高度调整阀的工作流程示意图，其作用原理如下：

（1）在正常载荷位置，即 $h = H$ 时，充气通路 V→L 及放气通路 L→E 均被关闭。

（2）当车体载荷增大时，此时 $h < H$，阀动作，使 V→L 通路开启，压缩空气向空气弹簧充气，直至地板面上升到标定高度（即 $h = H$）为止。

（3）当车体载荷减小时，此时 $h > H$，阀动作，使 L→E 通路开启，空气弹簧向大气排气，直至地板面下降到标定高度（即 $h = H$）为止。

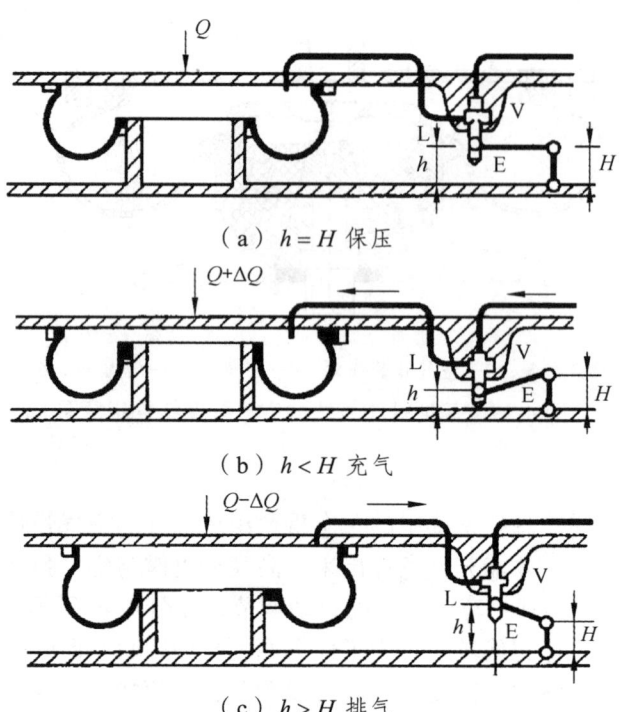

图 4-41 高度调整阀的工作流程示意图

高度调整阀通常由高度控制机构、进排气机构和延时机构等部分组成，如图 4-42 所示。高度调整阀根据作用原理的不同可分为机械式和电磁式两种；按组成的不同可分为有延时机构和无延时机构两种；按引起高度调整阀产生进、排气作用的传动方式不同还可分为直顶式和杠杆式等。

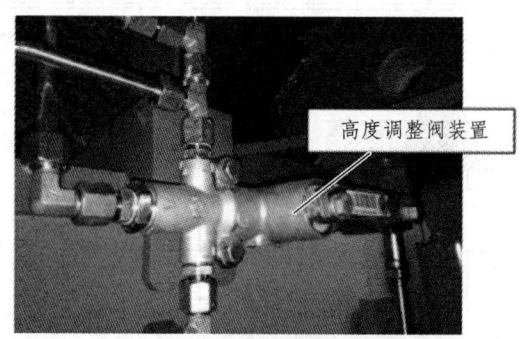

图 4-42 高度调整装置实物图

LV-3 型高度调整阀

3. 差压阀

差压阀，或称差动阀，是空气弹簧悬挂系统中不可缺少的一个部件，它安装于同一台转向架左右空气弹簧的连接管路中间，将该转向架的两只气囊相连，如图 4-43 所示。差压阀的作用是保证同一转向架两侧空气弹簧的压力相对平衡（注意并不一定是完全相等），其内压之差不能超过为保证行车安全所规定的某一定值，若超出时，则差压阀自动连通两侧空簧，使压差维持在空气弹簧内压标准值以下，如图4-44所示。换言之，差压阀在空气弹簧悬挂系统装置中起安全保护作用，防止车辆因一只气囊充气，另一只气囊没有充气而向一边严重倾斜。

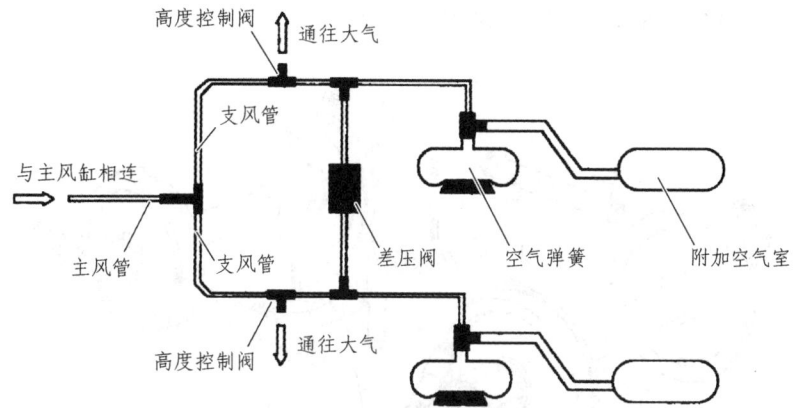

图 4-43　差压阀在空气弹簧悬挂系统中的位置

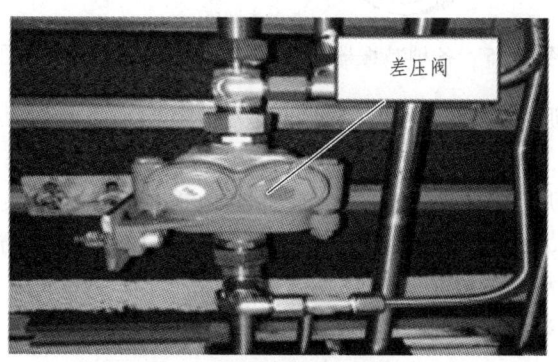

图 4-44　差压阀的实物图

DP5 型差压阀

引起两侧空气弹簧压差的原因主要包括以下两点：
（1）车体左右两侧载荷分布不均导致两侧空气弹簧受力不均。
（2）空气弹簧充、排气速度和时间存在差异。
采用差压阀而非直接用一根气管将左右两只气囊连通起来的原因有以下两点：
（1）当车辆在曲线上运行时，左右两只气囊必须保证一定的压差，否则车体将会发生倾斜。
（2）当车体左右摇摆振动时，也必须保证有一定的压差，否则将加剧摇摆。

4. 减振器

轨道车辆上通常采用减振器与弹簧的组合形成弹簧减振装置，如图4-45所示。弹簧主要起缓冲作用，缓和来自轨道的冲击和振动的激扰力；而减振器的任务则是衰减振动，其作用力总是与运动的方向相反，起着阻止振动、消耗能量的作用。通常减振器是将机械能转化为热能，减振阻力的方式和数值不同，直接影响到减振性能。轨道车辆采用的减振器按阻力特性可分为常阻力和变阻力两种减振器；按安装位置可分为一系减振器和二系减振器；按作用方向可分为垂向、横向和纵向减振器；按结构特点可分为摩擦减振器和液压（或称油压）减振器。现代城市轨道交通车辆通常采用液压减振器。

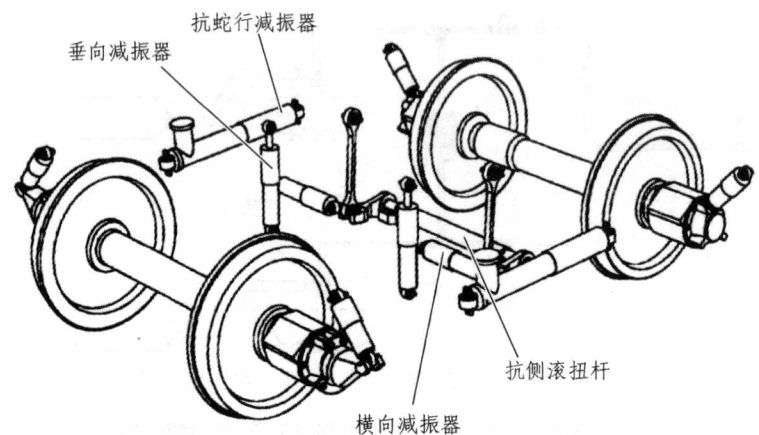

图 4-45　各种减振器在转向架上的安装位置示意图

液压减振器的工作原理是利用液体的黏滞阻力做负功来吸收振动能量。它的优点在于其阻力是振动速度的函数，最显著的特征是振幅的衰减与幅值大小有关，振幅大时衰减量也大，反之亦然。这种"自动调节"减振的性能，正符合地铁、轻轨车辆的要求。常规的液压减振器主要由活塞、进油阀、缸端密封、上下连接环、油缸、储油筒及防尘罩等部件组成，其内部还充有专用油液。活塞把油缸分成上下两个部分，当车体振动时，活塞杆随车体运动，与油缸产生上下方向的相对位移，如图 4-46 所示。

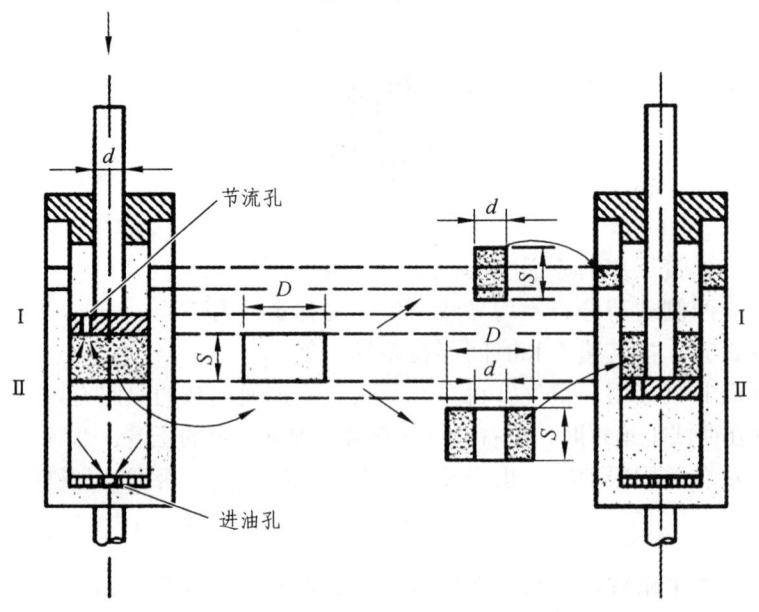

图 4-46　液压减振器的工作原理示意图

（1）当活塞杆向上运动时（即减振器为拉伸状态），油缸上部油液的压力增大，于是上下两部分油液的压差迫使上部分油液经过活塞的节流孔（节流阀）流入油缸下部。油液通过节流孔也会产生阻力，该阻力的大小与油液的流速，节流孔的数量、形状和孔径的大小有关。

（2）当活塞杆向下运动时（即减振器为压缩状态），受到活塞压力的下部油液通过活塞的节流孔流入油缸上部，也会产生阻力。因此，在车辆振动时，油压减振器起到了减振作用。由于活塞杆具有一定的体积，当活塞上下运动时，使得油缸上部和下部体积的变化并不相等。

SACHS（萨克斯）型减振器

液压减振器的工作原理

5. 抗侧滚扭杆

当车辆通过曲线或道岔时，侧滚运动尤为显著，严重时可导致车体的外形轮廓超出限界，危及行车安全。因此，城市轨道交通车辆的转向架上普遍配置有抗侧滚扭杆，如图 4-47 所示。抗侧滚扭杆主要由一根扭转杆、两个扭转臂和两根连杆组成，如图 4-48 所示。扭杆是一根具有一定扭转刚度的弹簧杆，横贯构架横梁，扭转臂和连杆装在扭杆的两端，并与车体连接。抗侧滚扭杆的主要功能是约束车体相对于转向架的侧滚运动，并且加强车体抗倾覆稳定性，提高列车的乘坐舒适度。

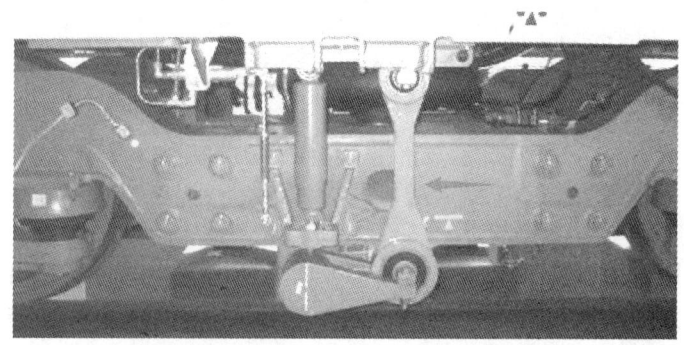

图 4-47 安装在转向架上的抗侧滚扭杆

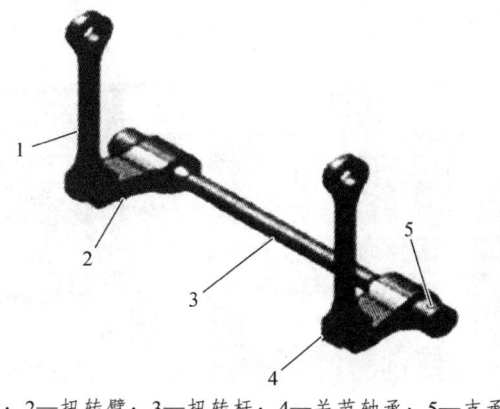

抗侧滚扭杆的动画演示

1—连杆；2—扭转臂；3—扭转杆；4—关节轴承；5—支承座。

图 4-48 抗侧滚扭杆组成模型图

如图 4-49 所示的是抗侧滚扭杆装置的作用原理图，其工作机制如下：

（1）当车体发生侧滚时，两个连杆受到大小相等、方向相反的力，导致一个扭转臂向上，另一个扭转臂向下，进而扭转杆扭曲产生弹性变形，此时扭转杆自身产生的反力抵抗车体的侧滚，达到力矩平衡。

（2）当车体发生垂向振动时，两个连杆受力方向相同，整个装置绕两个支承座转动，扭转杆不受任何力的作用，也不会产生扭矩，因此不影响车体的垂向振动。

（3）当车体发生横向摆动时，由于连杆两端都装有关节轴承，允许连杆横向运动，所以该装置不会影响车体的横向振动。同样的，该装置对车体的点头、摇头及伸缩等振动都不会产生影响。

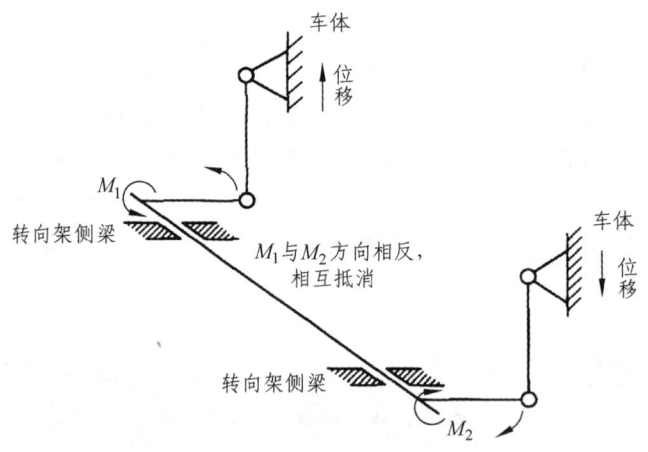

图 4-49 抗侧滚扭杆作用原理图

6. 止　挡

止挡装置往往用来限制二系悬挂装置在各方向上的形变，避免其超出正常自由范围，通过弹性阻尼元件用来减小冲击。常见的止挡装置有横向止挡和垂向止挡等，如图 4-50 所示。例如横向止挡装置，位于牵引座两侧，设有自由间隙和弹性间隙，它主要由横向止挡座、横向止挡、横向止挡垫片等组成。

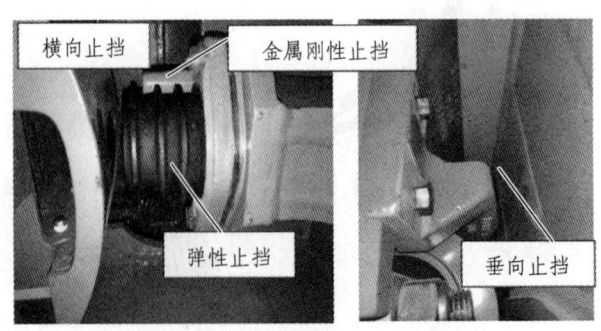

图 4-50 某地铁 1 号线转向架上安装的止挡

第五节　牵引连接装置

所谓牵引连接装置，是车体（底架）和转向架（构架）之间进行弹性连接并传递各向作用力的装置，它既是承载部件，又是活动关节，如图 4-51 所示。实际上，从系统构成的角度来看，车体与转向架之间的牵引连接装置和二系悬挂装置大体是重合的，主要包括牵引装置、各种形式的旁承（即二系弹簧）、弹性止挡和各类减振器等（某些车辆也设有抗侧滚扭杆装置等）。但是由于牵引连接装置位于车体和转向架间且从各个方向上传递两者间的所有作用力，把它们连接成为统一的整体，形成运动共同体。

图 4-51　车体与转向架之间的牵引连接装置

一、牵引连接装置的作用

（1）连接。实现转向架和车体二者的连接和分离。
（2）传力。传递车体与转向架之间的垂向力、纵向力和横向力。
（4）均匀分配轴重。通过设置完善的弹簧系统，使分配到每根车轴上的最终载荷基本一致。
（5）提供适当的纵向弹性。以此缓和由于转向架点头、车轮不平衡重量等引起的纵向振动。
（6）允许横动。即提供一定的横向弹性，通过设置合理的弹性装置，保证转向架可相对于车体在合理的范围内弹性横动。
（7）允许回转。在车辆通过曲线的时候，允许转向架相对于车体在合理的范围内灵活转动。

二、牵引连接装置的形式

车体与转向架之间的牵引连接装置有多种形式。首先，可以分为"有摇枕"和"无摇枕"两种类型（见图 4-52），与传统的铁路车辆不同，城市轨道交通车辆普遍采用了无摇枕结构的转向架；其次，无摇枕式又可以分为"有牵引销（或心盘）+旁承"和"无牵引销（或心盘）+旁承"两种形式，其中无牵引销式的转向架通常就是采用牵引杆装置来起到牵引销（或心盘）的作用；最后，牵引杆装置还有单牵引杆、平行牵引杆等多种结构形式。此外，也有采用牵引销+牵引杆的组合形式，例如CRH5动车组的转向架就有采用牵引中心销加"Z"字型牵引拉杆的装置。

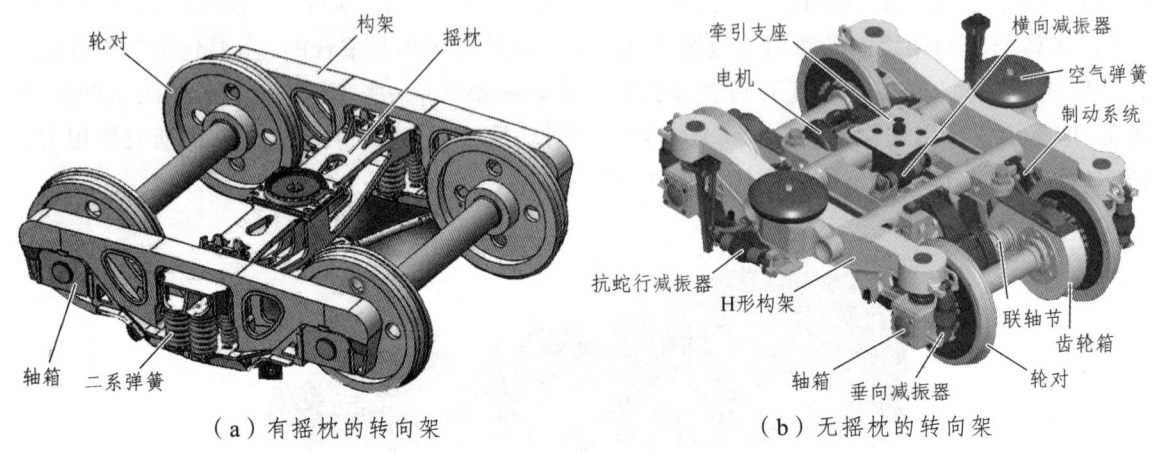

（a）有摇枕的转向架　　　　　　　（b）无摇枕的转向架

图4-52 不同连接装置形式的转向架

1. 有牵引销的连接装置

如图4-53所示是一种典型的城市轨道交通车辆的中央牵引装置。该地铁转向架采用了无摇枕式结构的中央牵引装置，其结构是牵引中心销上端用螺栓固定在车体枕梁上，下部插在可以传递纵向力的牵引梁孔中，牵引中心销可灵活地垂向运动和回转。牵引梁与构架横梁间设有牵引叠层橡胶，其特性是纵向偏硬而横向柔软，因此既能有效地传递纵向力，又能随空气弹簧做横向运动。每台转向架有四组牵引叠层橡胶，安装时能使其在纵向倾斜，以便牵引梁对准转向架中心。可按隔离纵向振动的要求选定牵引叠层橡胶的纵向刚度值，同时要保证纵向无滑动部位和间隙的存在。牵引中心销下部连有空气弹簧异常上升止挡，当空气弹簧过充时可以限制车体不断上升，保证安全；在起吊车辆时，可使转向架与车体一同被吊起。

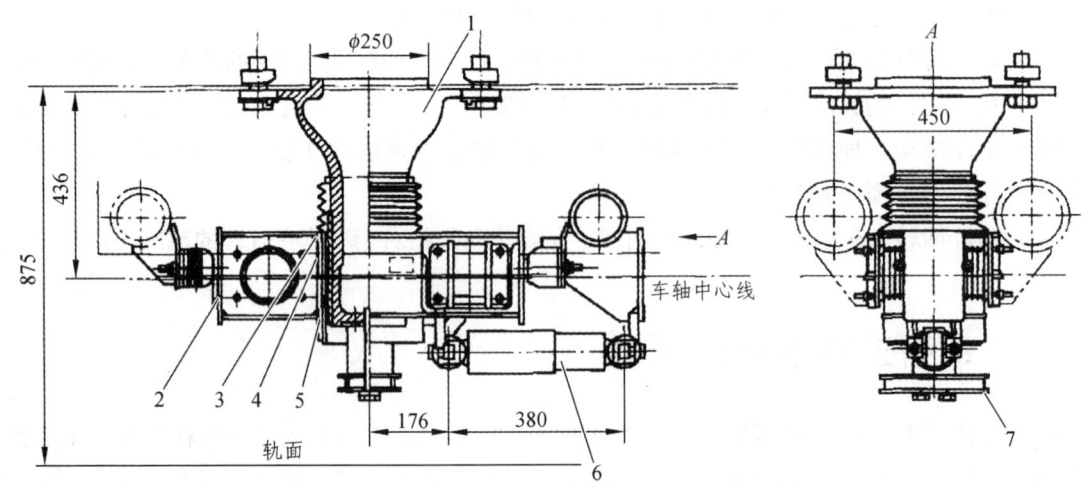

第四章 转向架

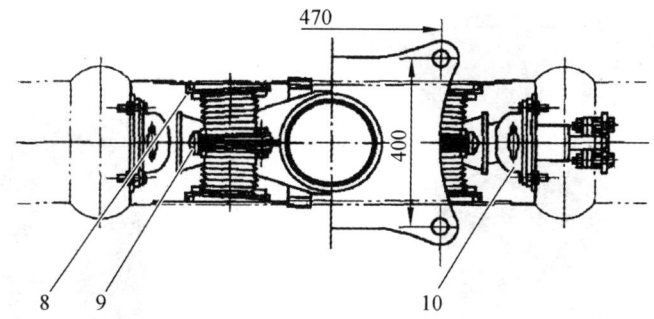

1—牵引中心销;2—牵引梁;3—防尘罩;4—衬套;5—中心销套;6—横向液压减振器;
7—空气弹簧异常上升止挡;8—安装板;9—牵引叠层橡胶;10—横向止挡。

图 4-53 有牵引销的中央牵引装置结构示意图

2. 有牵引杆的连接装置(一)

如图 4-54 所示是一种有牵引杆的中央牵引连接装置,由牵引杆组件、牵引座等构成。牵引杆组件的一端安装在构架横梁的牵引杆安装座上,另一端安装在车体的牵引座上。牵引杆的作用相当于一个推拉杆,借助于牵引橡胶关节将车体和转向架构架连接起来。由于牵引橡胶关节是弹性元件,所以能够起到缓冲车体和转向架构架间相对运动的效果。

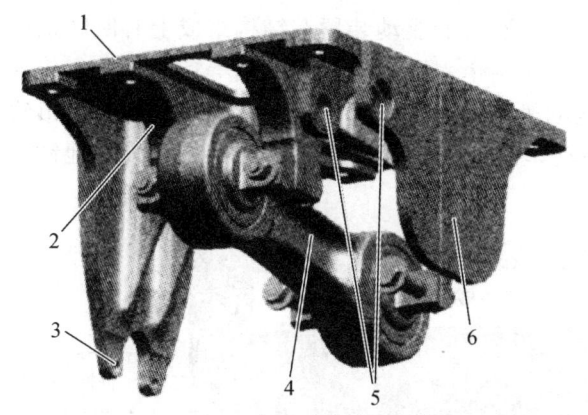 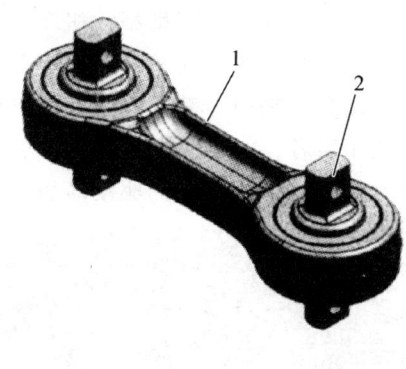

(a)中央牵引连接装置组成　　　　　(b)牵引杆组件

1—与车体接触面;2—牵引座;3—横向减振器安装座;　　1—牵引杆;2—牵引橡胶关节。
4—牵引杆;5—起吊销孔;6—横向止挡接触面。

图 4-54 有牵引杆的中央牵引装置结构模型图

3. 有牵引杆的连接装置(二)

如图 4-55 所示的中央牵引装置,由中心销(牵引座)、提升止挡、牵引杆组件等部分构成。由于牵引杆两端与中心销和转向架的连接部位都有橡胶关节以实现弹性定位,从而允许转向架绕中心销在各个方向上有一定程度的摆动,这既保证了转向架抗蛇行运动的性能,又能实现转向架与车体之间自如地回转,有利于车辆顺利通过曲线。如图 4-56 所示为某地铁 2 号线车辆采用的此类型的牵引连接装置实物。

- 105 -

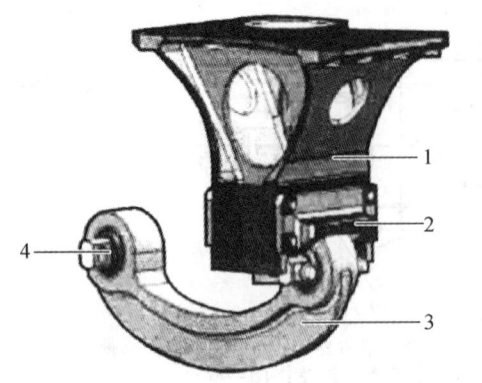

1—中心销；2—提升止挡；3—牵引杆；4—橡胶弹性定位套。

图 4-55　牵引连接装置模型图　　　　图 4-56　某地铁 2 号线车辆的牵引连接装置

第六节　驱动装置

驱动装置是安装于动力转向架上的一套牵引传动系统，而非动力转向架则并不具备。所谓驱动装置，就是将机车（或动车）的动力传动系统传来的能量最后有效地传递给轮对（车轮）的执行装置。不同类型的机车（或动车）所装备的驱动装置在结构组成上有所区别：对于液力传动机车（或动车）来说，其驱动装置包括牵引万向轴和齿轮箱等；对于电力传动机车（或动车）来说，其驱动装置包括牵引电动机、齿轮箱、联轴节和悬挂装置等。城市轨道列车属于后者，以地铁为代表，通常采用电动车组的形式运行，如图 4-57 所示为某地铁 2 号线和 5 号线车辆所安装的驱动装置。

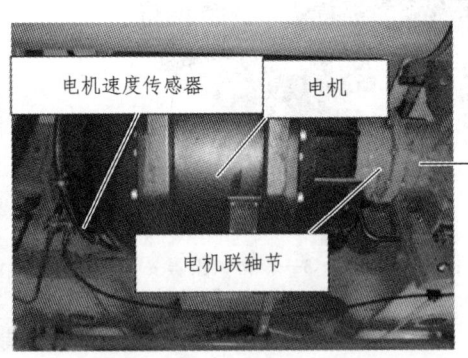

（a）某地铁 2 号线车辆的驱动装置　　　（b）某地铁 5 号线车辆的驱动装置

图 4-57　地铁车辆的驱动装置

一、驱动装置的作用

驱动装置的作用就是将牵引电动机输出的扭矩有效地转换成转向架轮对的转矩，利用轮轨之间的黏着机制，驱使车辆沿着轨道运行。所谓"有效"，意味着在扭矩传递过程中既要保持高效率，同时也必须尽可能降低轮轨之间的动作用力。总的来说，驱动装置是一种减速装置，用于使高转速、小扭矩的牵引电动机驱动具有较大阻力矩的动力轮对。

城市轨道交通车辆只有动力转向架才具备驱动装置，为了使驱动装置能够充分发挥它的功用，对其提出以下相关要求：

（1）驱动装置应保证能使牵引电动机的功率得到有效发挥。
（2）牵引电动机电枢轴应尽量与车轴布置于同一高度，以降低线路不平顺对齿轮造成的动作用力。
（3）驱动装置应不妨碍小直径动轮的运用。
（4）牵引电动机的安装须有减振缓冲的措施和防松防脱的手段。
（5）驱动装置自身应该简单可靠，尽量减少磨耗件的使用。
（6）当牵引电动机或传动机构发生损坏时，应易于拆卸。

二、驱动装置的形式

根据牵引电机和减速齿轮箱的布置方向不同，驱动装置可分为横向布置和纵向布置。

根据牵引电机和减速齿轮箱的悬挂方式不同，驱动装置可分为轴悬式、架悬式和体悬式。

驱动装置是机车（或动车）有别于其他车辆的主要特征，也是动力转向架关键技术之一。不同形式的驱动装置适合用于不同运行速度等级的机车（或动车），一般观点认为：最高运行速度低于 120 km/h 的机车（或动车）适宜采用轴悬式驱动装置；最高运行速度低于 200 km/h 的机车（或动车）应该采用架悬式驱动装置；而体悬式驱动装置则适合最高运行速度高于 250 km/h 的机车（或动车）。但是日本新干线高速列车大多采用结构相对简单的挠性浮动齿式联轴节式架悬式驱动装置，即便是最高运行速度可达 350 km/h 的 500 系动车组也是如此。而挠性浮动齿式联轴节式架悬式驱动装置也是城市轨道交通车辆动力转向架普遍采用的一种典型结构。

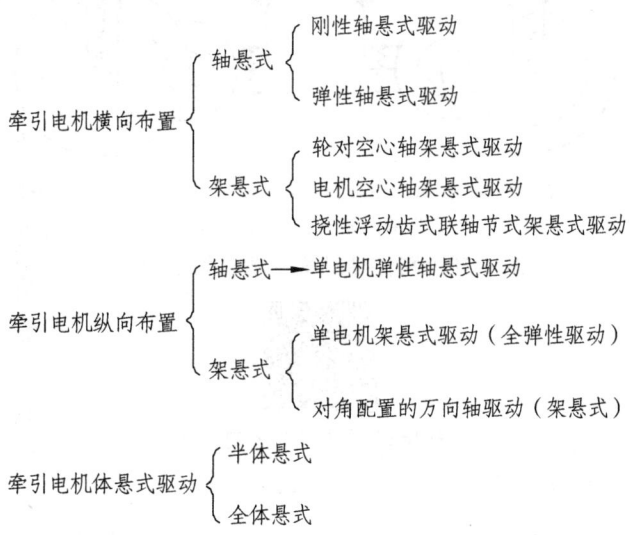

1. 牵引电机横向布置——轴悬式驱动装置

轴悬式，是指将牵引电动机的一端与车轴相连（即车轴提供两个支撑点），另一端与构架相连（即构架横梁或端梁提供一个支撑点），其全部质量大约一半由车轴承担，另一半则由构架承担。而扭矩的传递，则是通过由安装在电动机输出轴上的小齿轮，直接驱动固定在车轴上的大齿轮来实现。简言之，"轴悬式"中的"轴"指的就是车轴的"轴"。

如图 4-58 所示为刚性轴悬式驱动机构的结构组成。牵引电动机的一端通过两个抱轴瓦（或轴承）支承在车轴上，另一端通过一根弹性吊杆悬挂于构架的横梁（或端梁）上，形成三点支撑。减速齿轮箱同样通过两个抱轴承支承在车轴上，其靠近电动机的一侧则用螺栓与电动机壳体固定在一起，由电动机壳体提供第三点支撑。由此，除了满足齿轮箱的三点稳定支撑要求外，还能保证大、小牵引齿轮啮合过程的良好随动性和平稳性。

该驱动装置的特点是：结构简单、检修方便；由于约一半的电机重量属簧下死重量，导致簧下死重量增大；牵引电动机、轴承和牵引齿轮等工作条件比较恶劣；由于其驱动扭转弹性很差，往往造成集电器过载甚至损坏。因此，该类型驱动装置适用于运行速度较低的轻轨车辆或有轨电车。

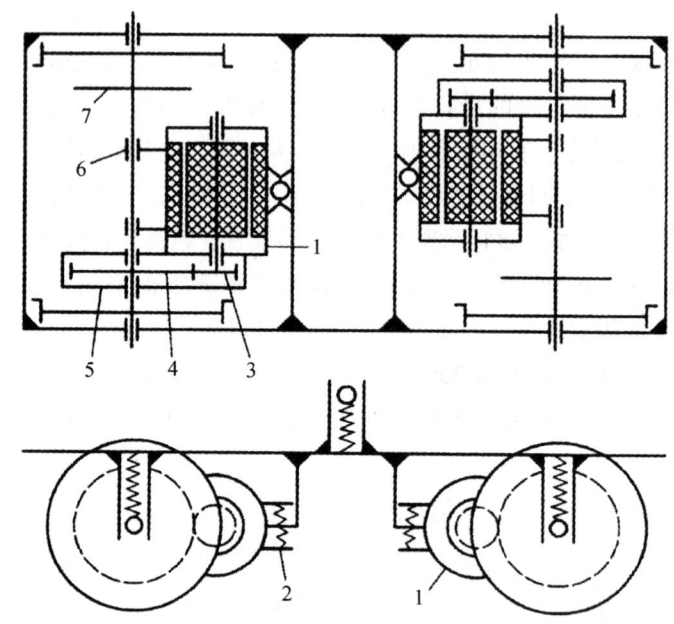

1—牵引电动机；2—电机弹性悬挂；3—驱动小齿轮；4—车轴上大齿轮；
5—减速齿轮箱；6—抱轴承；7—制动盘。

图 4-58 刚性轴悬式驱动机构示意图

弹性轴悬式驱动机构的结构组成

2. 牵引电机横向布置——架悬式驱动装置

架悬式，是指将牵引电动机整体悬挂在转向架的构架上，其全部质量由构架承担，不再与车轴产生直接的联系，而驱动扭矩则通过一套灵活的机构传递给车轴（或车轮）。简言之，"架悬式"中的"架"其实就代表构架的"架"。

如图4-59所示为挠性浮动齿式联轴节式架悬式驱动机构的结构组成。牵引电动机通过螺栓连接被完全固接在构架的横梁上，其输出扭矩经挠性浮动齿式联轴节传递给主动小齿轮，再通过齿轮的啮合传递到直接压装在车轴上的从动大齿轮，从而驱动整个轮对旋转。此处减速齿轮箱的一端通过抱轴承支撑在车轴上，另一端通过弹性吊杆悬挂在横梁上，即该减速齿轮箱的悬挂方式与刚性轴悬式驱动机构相似。

该驱动装置的特点：簧下重量减小（电机重量因全部悬挂于横梁上成为簧上重量，但牵引齿轮和齿轮箱的重量约一半仍属于簧下重量），降低了轮轨间的动作用力；极大改善了牵引电动机的工作条件；但牵引齿轮的工作条件并未得到改善；与刚性轴悬式驱动装置相比，结构稍复杂，但与其他架悬式和体悬式驱动装置相比，结构则简单得多；拆装简单，检修维护方便。正是因为这种挠性浮动齿式联轴节式架悬式驱动装置结构相对简单，且城市轨道交通车辆采用了质量较轻的交流异步电动机，使得这种驱动装置在我国大部分地铁车辆上得到了广泛使用。

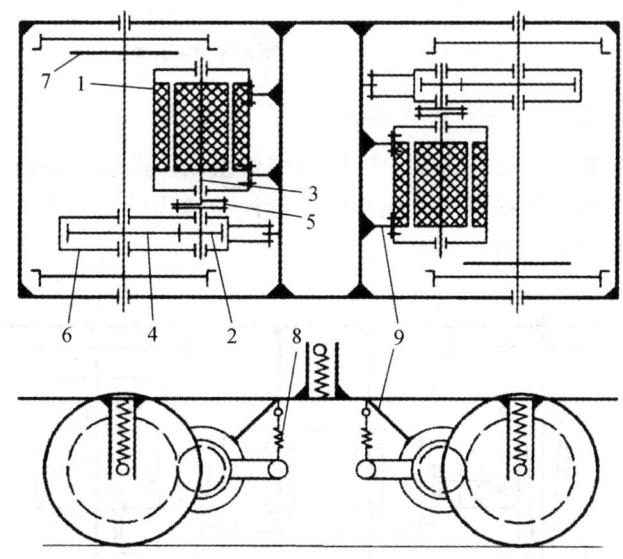

1—牵引电机；2—小齿轮；3—驱动轴；4—大齿轮；5—挠性联轴节；6—减速齿轮箱；
7—制动盘；8—齿轮箱吊挂装置；9—电机吊挂。

图4-59 挠性浮动齿式联轴节式架悬式驱动机构示意图

轮对空心轴架悬式驱动机构的结构组成　　电机空心轴架悬式驱动机构的结构组成

3. 牵引电机纵向布置——轴悬式驱动装置

如图4-60所示为单电机轴悬式驱动机构的结构组成。牵引电动机和减速齿轮箱通过橡胶联轴器与空心轴相连，空心轴则刚性地固接在车轴上。该驱动装置的特点是牵引电动机和减速齿轮箱的全部重量完全由车轴承担，使得簧下重量大大增加。

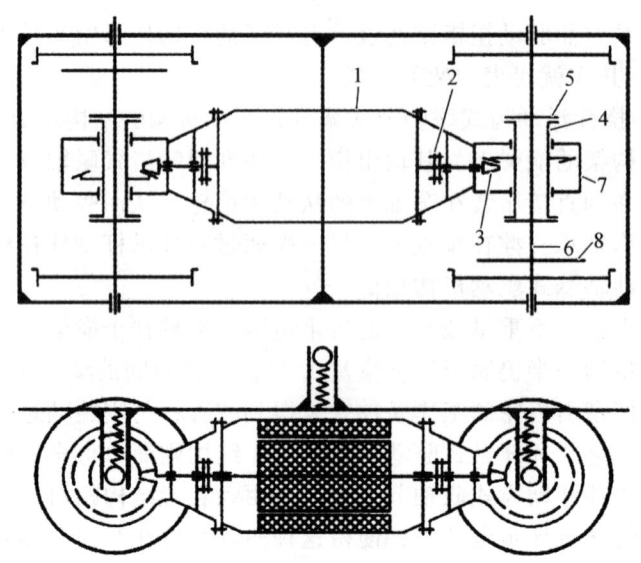

1—牵引电动机；2—联轴器；3—驱动伞齿轮；4—空心轴；5—橡胶联轴器；
6—轮轴；7—减速齿轮箱；8—制动盘。

图 4-60 单电机轴悬式驱动机构示意图

4. 牵引电机纵向布置——架悬式驱动装置

如图 4-61 所示为单电机架悬式驱动机构的结构组成。牵引电动机与减速齿轮箱连成一体，完全弹性地悬吊在构架的横梁上，电机驱动轴经减速齿轮（锥齿轮）驱动空心轴，再通过橡胶连杆机构将扭矩传给轮对。

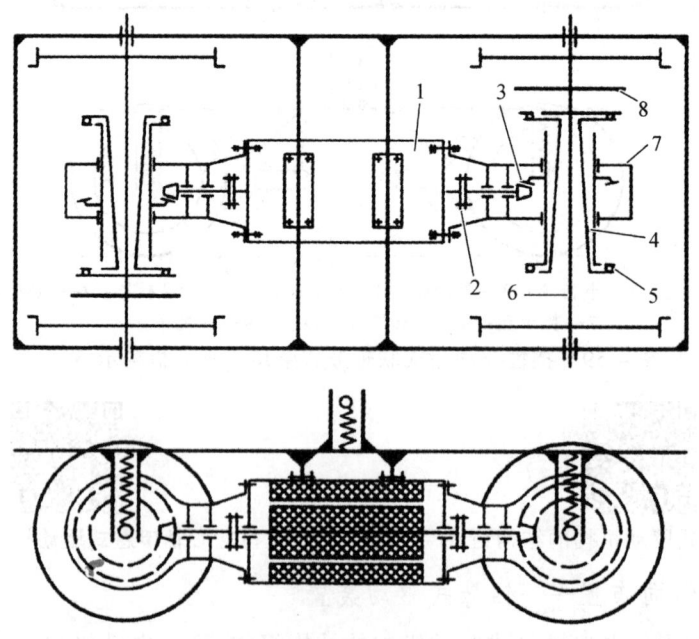

1—牵引电动机；2—联轴节；3—驱动伞齿轮；4—万向接头空心轴；
5—联轴器；6—轮轴；7—减速齿轮箱；8—制动盘。

图 4-61 单电机架悬式驱动机构示意图

该驱动装置的特点：轴距大幅度缩短；实现成组驱动（即两轮对由同一电机驱动），能够有效避免轮对空转打滑；可最大限度地减轻簧下重量（电机和减速齿轮箱等均为簧上重量），显著改善电机及齿轮的工作条件；由于同一转向架的两个轮对被机械结构连接在一起，导致转动角速度相同，两轮对的直径差对运行阻力和轮轨磨耗影响较大。

如图 4-62 所示为对角配置的万向轴驱动架悬式驱动装置的结构组成。两牵引电动机呈对角状悬挂于构架的横梁上，采用万向轴来传递牵引电动机与减速齿轮箱间的扭矩，并且通过一对圆锥齿轮（即伞齿轮）作为牵引齿轮来实现万向轴和车轴之间的直角传动。减速齿轮箱的一端通过弹性吊杆悬挂于构架的端梁，另一端则依靠滚动轴承支承在车轴上。万向轴不仅可以有效地传递驱动扭矩，同时还能较好地补偿牵引电机与车轴齿轮箱之间各个方向的相对运动。

该驱动装置的优点：簧下重量较小（电机悬吊在横梁上，但齿轮箱重量约一半由车轴承担，仍属簧下重量），降低了轮轨间的动作用力；改善了牵引电机的工作条件，但牵引齿轮的工作条件与轴悬式相同并未有所改善；车轴周围空间得到释放，有利于安装其他设备（如基础制动装置）。缺点是轴和圆锥齿轮传动系统的传动效率有所降低、结构较为复杂。

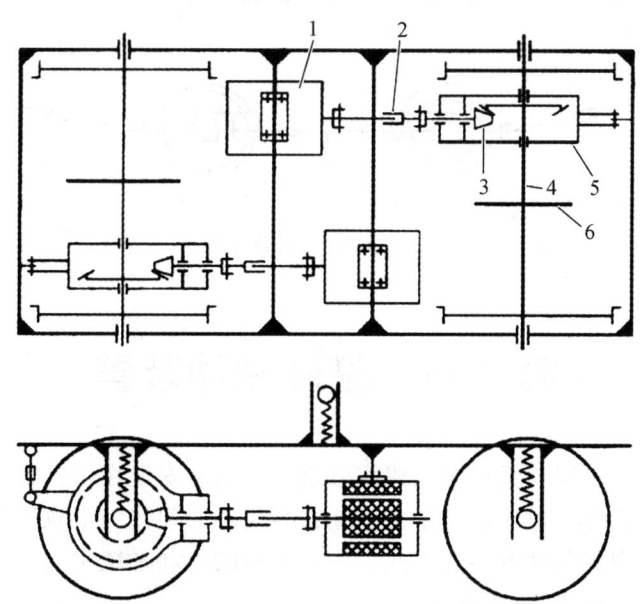

1—牵引电动机；2—万向轴；3—驱动伞齿轮；4—轮对；5—减速齿轮箱；6—制动盘。

图 4-62　对角配置的万向轴驱动架悬式驱动机构示意图

5. 牵引电机体悬式驱动装置

体悬式，是指将牵引电动机完全吊装在车体底架下面，其全部质量将由车体车架承担，而驱动扭矩则由万向驱动机构（通常是万向轴）来传递。简言之，"体悬式"中的"体"其实指的就是车体的"体"。

如图 4-63 所示为一种牵引电机体悬式驱动机构的结构组成。牵引电机安置在车体底架下方，其输出扭矩通过万向轴传递给安装在车轴上的齿轮传动装置，并且通过一对圆锥齿轮（即伞齿轮）作为牵引齿轮来实现万向轴和车轴之间的直角传动。齿轮传动装置的一端通过弹性吊杆悬挂于构架的侧梁（或横梁），另一端则依靠滚动轴承支承在车轴上。万向轴不仅可以有效地传递驱动扭矩，同时还能较好地补偿牵引电动机与齿轮传动装置之间各个方向的相对运动。

该驱动装置的优点：牵引电动机重量完全由车体承担，进一步减轻转向架质量（特别是转向架的回转转动惯量），提高转向架高速运行时的稳定性，同时充分改善了牵引电动机的工作条件；车轴周围空间得到释放，有利于安装其他设备（如基础制动装置）；但牵引齿轮的工作条件与轴悬式相同，并未得到改善。缺点是万向轴和圆锥齿轮传动系统的传动效率有所降低，万向轴的制造工艺要求很高，整个系统结构比较复杂。

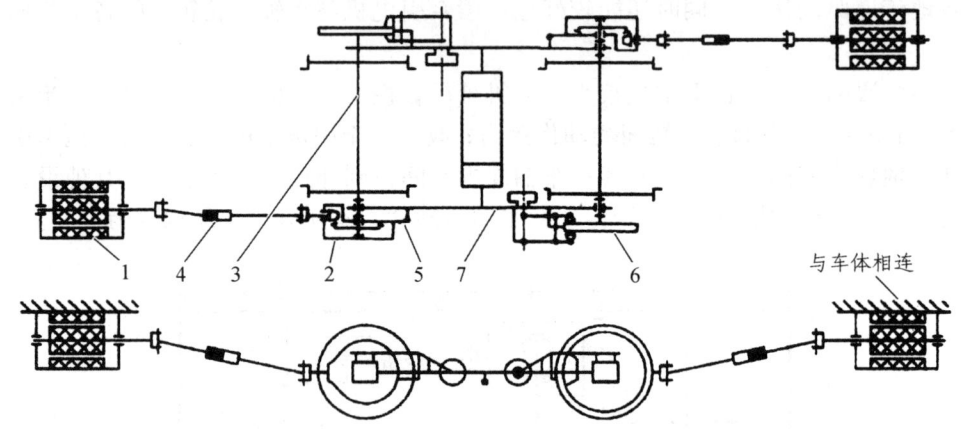

1—牵引电机；2—齿轮传动装置；3—轮轴；4—万向轴；5—传动支承；6—制动盘；7—制动装置。

图 4-63　牵引电机体悬式驱动机构示意图

第七节　基础制动装置

基础制动装置是列车制动系统的组成部分之一，通常安设在每台转向架上。制动系统是保证行车安全的关键部件，也比较复杂，以地铁为代表的现代城市轨道交通车辆通常就具备电制动、空气制动和弹簧制动等多种方式。一个完整的制动系统主要包括制动控制系统和制动执行系统两个部分，如图 4-64 所示。

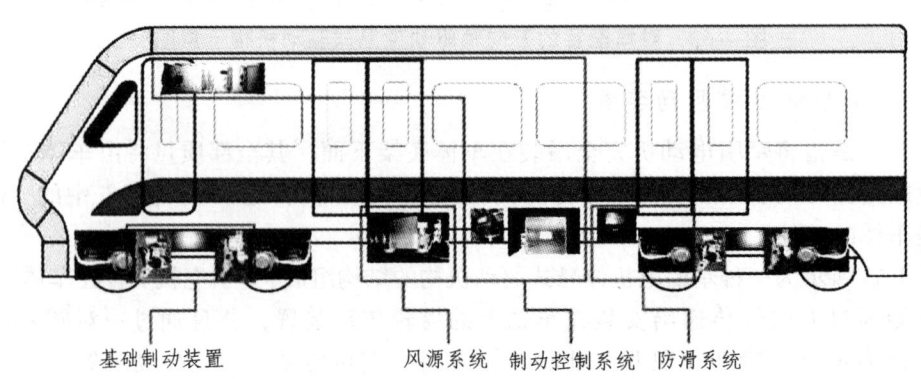

图 4-64　城轨车辆制动系统组成示意图

（1）制动控制系统由制动信号发生与传输装置及制动控制单元（BCU）组成，现代城轨车辆采用的制动控制系统实际上是与其牵引传动控制系统相辅相成、紧密结合在一起的。牵引系统和电制动系统属于同一系统，它们都是以牵引电机为控制对象，只不过牵引时该电机工作在电动机工况，而制动时工作在发电机工况。

（2）制动执行系统通常被称为基础制动装置。空气制动和弹簧制动（又称"停车制动"）均通过基础制动装置上的闸瓦作用于车轮，使之产生摩擦力，从而实现制动，达到使列车减速、停车或长时间停放的目的。

轨道交通车辆对制动性能要求很高，必须能够迅速减速或停车，最大减速度可达 1.0~1.5 m/s^2。我国各地地铁车辆规定的最大紧急制动距离一般为 180 m，而轻轨车辆要求更短，甚至只有几十米。为了满足上述要求或规定，必须依靠工作灵活、安全可靠的基础制动装置。

一、基础制动装置的作用

基础制动装置实际上是整个列车制动系统的最后执行机构，它的用途主要如下：

（1）传递作用在制动缸活塞上的压力空气推力或者弹簧力，或是人力制动机所产生的拉力。

（2）将此力增大适当倍数。

（3）将放大后的力平均地传递给各闸瓦或闸片，使其转变为压紧车轮的机械力，阻止车轮转动而产生制动作用。

二、基础制动装置的形式

不同类型的轨道交通车辆，采用的制动方式不尽相同，对应的基础制动装置形式也会有所差异。根据作用方式的不同，基础制动装置可分为闸瓦制动装置、盘形制动装置、磁轨制动装置和涡流制动装置。地铁、轻轨等城市轨道交通车辆主要采用闸瓦制动装置，盘形制动装置在高速列车上应用较多，而磁轨制动装置和涡流制动装置往往在少数车辆上以辅助制动的形式存在。

1. 闸瓦制动装置

闸瓦制动，又称为踏面制动，是铁路有史以来使用最广泛的一种制动方式。根据闸瓦在一个车轮上的布置数量，有单侧和双侧之分。如图 4-65 所示为单侧闸瓦制动的工作原理。制动时，首先由制动控制装置根据制动指令通过制动管将压缩空气送入制动缸 1，推动制动缸的活塞向外伸出（即产生活塞推力 P），带动一系列的杠杆 2 运动，使闸瓦 3 压紧车轮踏面，产生闸瓦压力 K，于是，闸瓦和车轮间发生机械摩擦，产生摩擦力 $K\varphi$（φ 为闸瓦与车轮踏面间的摩擦系数），阻碍车轮旋转，最后通过车轮 4 与钢轨 5 间的黏着产生一个与车轮（或车辆）运动方向相反的制动力 B 使车轮减速或停止。缓解时，制动控制装置将制动缸内的压力空气排出，制动缸活塞在制动缸缓解弹簧的作用下退回，通过各杆件带动闸瓦离开车轮踏面。

总的来说，闸瓦制动是通过轮与瓦之间的机械摩擦将列车运动的动能转变为热能，消散于大气中，通过轮对踏面与钢轨的黏着产生制动力。

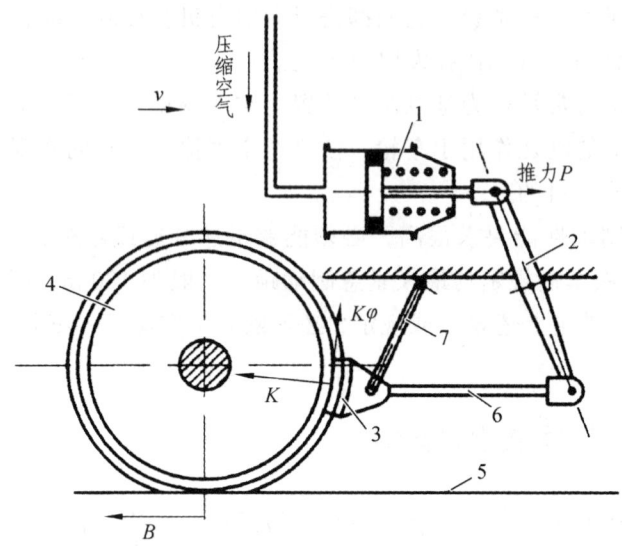

1—制动缸；2—制动杠杆；3—闸瓦；4—车轮；5—钢轨；6—推杆；7—吊杆。
图 4-65　单侧闸瓦制动装置工作原理图

由于城市轨道交通车辆通常采用电动车组的形式，在每辆车的底架下面需要安装大量的电力牵引等设备，空间较为紧凑，如果采用如图 4-65 所示的基础制动装置不便于安装和整体布局，所以在城市轨道交通车辆上常常采用如图 4-66 所示的单元制动装置。它由闸瓦、制动缸、传动机构和闸瓦间隙自动调整器（即用于制动缓解时使闸瓦与车轮踏面之间的间隙不因两者制动时的磨耗而增加、自动调整该间隙在规定范围之内的装置，简称闸调器）等组合成的一个紧凑部件。它省去了传统基础制动装置中的一系列庞大的传动部件，因而大大提高了传动效率，并且作用灵活，易于实现少维修或无维修。同时由于其带有自动闸调器，能使闸瓦间隙始终保持在规定范围内，不需进行人工调整，节省了劳动力。地铁列车在车辆每一转向架的每一车轮内侧安装有一个单元制动装置。单元制动装置分带弹簧制动器和不带弹簧制动器两种。带弹簧制动器的单元制动装置在同一转向架内为对角配置。

图 4-66　某地铁车辆上安装的单元制动装置

2. 盘形制动装置

盘形制动,又称摩擦式圆盘制动,是轨道交通车辆普遍采用的一种制动方式。盘形制动根据制动盘安装位置的不同有轴盘式和轮盘式之分。轴盘式是指将制动盘直接安装在车轴上;而轮盘式实际上是将制动盘安装在车轮的两侧,如图 4-67 所示。制动时,用制动夹钳使以合成材料(或粉末冶金材料)制成的两个闸片紧压制动盘侧面,通过机械摩擦产生制动力,把列车动能转化为热能,消散于大气。

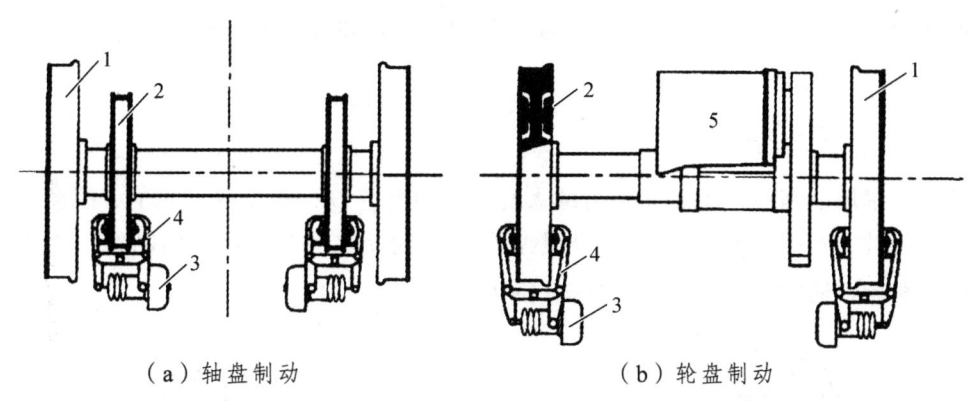

(a)轴盘制动　　　　　　　　(b)轮盘制动

1—轮对;2—制动盘;3—单元制动缸;4—制动夹钳;5—牵引电动机。

图 4-67　盘形制动示意图

三、基础制动装置的参数

虽然各种类型的基础制动装置在结构组成和工作原理上有所不同,但是往往都涉及制动倍率、传动效率和制动率等几个概念,用来表示基础制动装置自身的重要特性。

1. 制动倍率

制动倍率 n 是指一个制动单元各闸瓦(或闸片)的计算闸瓦(或闸片)压力之和 $\sum K$ 与制动缸活塞推力 P 的比值。其表达式为

$$n = \sum K / P$$

制动倍率其实就是杠杆系统的理想放大倍数。在总的计算闸瓦(或闸片)压力之和 $\sum K$ 一定的前提下,制动倍率 n 越大,说明所需制动缸的尺寸就可以缩小。制动倍率的取值必须适中。

2. 传动效率

传动效率 η 是指一个制动单元的实际闸瓦(或闸片)压力之和 $\sum K_\text{实}$ 与计算闸瓦(或闸片)压力之和 $\sum K$ 的比值。其表达式为

$$\eta = \sum K_\text{实} / \sum K$$

传动效率值与基础制动装置的形式、结构、闸瓦悬吊以及机车车辆保养状态等因素有关。在列车制动过程中，由于基础制动装置中各杠杆、拉杆和吊杆的销接处存在摩擦，以及制动缸缓解弹簧的反抗力等客观原因，使得制动缸压力在通过基础制动装置传递并转换成闸瓦（或闸片）压力的过程中，必然产生一定的损耗。因此，实际的闸瓦（或闸片）压力往往小于通过理论计算得到的闸瓦（或闸片）压力，其中的差距由传动效率体现。

3. 车辆制动率

车辆制动率 δ 是指车辆的实际闸瓦（或闸片）压力之和 $K_{实总}$ 与车辆重量 Q 的比值。其表达式为

$$\delta = \sum K_{实总} / Q$$

车辆制动率用以衡量动车制动能力的大小。车辆重量 Q 一般是受限制的，因此车辆的实际闸瓦（或闸片）压力之和 $\sum K_{实总}$ 的大小就要受到轮轨之间黏着状态的制约，为了防止抱死闸而产生滑行，通常取车辆制动率 $\delta = 0.5 \sim 0.6$。

DK3 型地铁车辆转向架简介

SDB-80 型转向架简介

ZMA080 型转向架简介

低地板有轨电车转向架简介

复兴号动车组的转向架

实践操作

实训项目　地铁转向架日检

1. 实训目的

转向架作为地铁车辆的重要组成部分，其运行品质直接关系到列车运行的稳定性与安全性。在长期的地铁运营过程中，环境对转向架存在不可避免的影响，及时对转向架进行状态确认和检修是地铁列车安全运行的基本保障。转向架日检是为保证车辆正常使用、消除故障隐患而对转向架进行的日常检查与维护作业。

2. 实训设备

工具：数字压力计、金属直尺、尖嘴压杆式油枪、第四种测量仪、轮对内侧距尺、轮径尺、轮缘形状专用测量尺（测量"倾斜度"值）、轮缘高度/厚度测量尺、车轮轮辋侧面鼓起专用测量仪。

设备：移动式架车机、不落轮镟床、移动式磁粉探伤机、超声波探伤仪。

物品：清洁剂（水基）、压缩空气、干净抹布、钙基脂和冷冻机油、清漆、压差阀调整垫、O 形圈、电机进风口滤网、齿轮箱油、联轴节润滑脂、开口销。

3．实训内容

地铁转向架日检具体检查内容如表 4-1 所示。

表 4-1　转向架日检主要内容

项　　目	序号	检查内容及步骤	备注
轮对轴箱	1	检查轴箱有无不正常的发热	
	2	检查碾钢轮踏面的形状、擦伤和裂纹	
	3	车轴外观检查，车轴轴身应无裂纹、碰伤	
	4	观察车轮与轴间防松油漆标识有无错位，判定是否松动	
驱动装置	1	确认齿轮箱的润滑油在规定油面以上	
	2	检查牵引电机和齿轮箱的异常发热	
	3	检查驱动装置各部件及与转向架的配合状态等有无异常声音	
	4	确认悬吊用缓冲橡胶等处有无龟裂	
基础制动装置	1	检查是否因空气制动管的损伤和松动而导致空气漏泄	
	2	检查闸瓦间隙是否正常	
	3	检查闸瓦有无裂纹	
弹性悬挂装置	1	检查高度调整阀的空气是否漏泄	
	2	检查空气弹簧是否有不正常伤痕和裂纹	
	3	检查弹簧外部橡胶是否有裂痕，是否与金属端剥离	
	4	检查提升止挡是否有损坏及变形	
	5	检查撞击止挡是否磨耗及损坏	
	6	检查轴箱橡胶弹簧是否发生损伤和变形	
牵引连接装置	1	检查横向止挡的不正常磨耗和损坏	
	2	检查每个销子的不正常磨耗、损伤和脱落	
	3	检查中心销与车体接口处紧固件是否松动	
	4	检查牵引拉杆与构架、中心销的紧固件是否松动	
	5	检查牵引拉杆两端的橡胶套是否损坏	
其他部分	1	检查螺栓、螺母的损伤、松动和脱落	
	2	全面检查转向架的裂纹、损伤和不正常磨耗	
	3	检查每个传感器（ATP 和防滑器）电缆的脱落	
	4	检查轴箱、齿轮箱和油压减振器的不正常漏泄	

习 题

4-1 动力转向架有而非动力转向架不具备的部件是（ ）。
　　A. 构架　　B. 轮对　　C. 驱动装置　　D. 轴箱装置

4-2 构架的主要承载梁的是（ ）。
　　A. 侧梁　　B. 横梁　　C. 端梁　　D. 纵向辅助梁

4-3 整体车轮内侧面沿径向圆周凸起的圆弧部分是（ ）。
　　A. 轮辋　　B. 轮缘　　C. 轮毂　　D. 轮辐

4-4 二系悬挂装置位于（ ）。
　　A. 车轴上
　　B. 轮对与构架之间
　　C. 构架与车体之间
　　D. 车体上

4-5 与空气弹簧配合，通过对空气弹簧进行充、排气控制的装置是（ ）。
　　A. 抗侧滚扭杆
　　B. 止挡
　　C. 高度调整阀
　　D. 液压减振器

4-6 将牵引电动机整个悬挂在构架上，其全部质量由转向架构架承担的形式是（ ）。
　　A. 轴悬式
　　B. 架悬式
　　C. 体悬式
　　D. 无法选择

4-7 基础制动装置中用以表示杠杆系统理想放大倍数的参数是（ ）。
　　A. 制动倍率
　　B. 传动效率
　　C. 车辆制动率
　　D. 无法选择

4-8 转向架的主要任务有哪些？
4-9 简述转向架的基本组成及各部分的作用。
4-10 转向架的主要技术要求是什么？
4-11 构架的作用有哪些？其结构组成如何？有哪些类型？
4-12 轮对由哪些部分组装而成？如何组装？
4-13 什么是磨耗形踏面？
4-14 轴箱的作用是什么？包括哪些组成部分？
4-15 什么是轴箱定位？有哪些常见的轴箱定位方式？
4-16 叙述弹性悬挂装置的作用及分类。
4-17 叙述空气弹簧悬挂系统的构成及作用原理。
4-18 牵引连接装置的主要作用是什么？有哪几种形式？主要由哪几部分组成？
4-19 叙述抗侧滚扭杆装置的组成和工作原理。
4-20 城市轨道交通车辆对驱动装置有哪些要求？
4-21 城市轨道交通车辆驱动装置的结构形式有哪些？
4-22 叙述ZMA080型转向架的主要结构特点并说明其牵引力的传递过程。

第五章 车辆连接装置

车辆连接装置是城市轨道列车的重要组成部分,主要包括车钩缓冲装置和贯通道装置等。通过车辆连接装置,列车中各编组单元既相互连接,又彼此保持一定的距离,并且传递与缓和列车在运行过程中产生的纵向力。

第一节 概 述

有别于其他多数交通系统,城市轨道交通的载运工具通常以列车的形式来载客运行,因此,就需要有车辆连接装置将各个基本单元的车辆连为一体。车辆连接装置主要包括车钩缓冲装置、贯通道装置及附属装置等(见图 5-1),它们使列车中各车辆相互连接,并连通列车内部的风路、电路和机械,从而使车辆形成一个整体,实现相邻车辆之间纵向力的传递和通道的连接。

(a)车钩缓冲装置　　　　　　　　(b)贯通道装置

图 5-1 车辆连接装置

车钩缓冲装置是轨道交通车辆中最基本也是最重要的组成部件之一。它安装于铁道机车车辆或城市轨道交通车辆的车体底架的两端，用来连接车辆成列，并使车辆彼此保持一定的距离，传递和缓和列车在运行中或在调车时所产生的纵向力（包括牵引力和制动力）或其他冲击力。此外，它还可以实现车辆间的电路和气路连接，使之成为统一的整体。因此，车钩缓冲装置的作用可以概括为连接车辆成列、牵引车辆运行和缓和纵向冲击。从结构组成来看，车钩缓冲装置包括车钩和缓冲器两大部分，以及电气连接器、风管连接器、对中装置等附属装置。其中，车钩用以实现牵引连挂，缓冲器用于缓和牵引连挂时所产生的冲击和振动，如图 5-2 所示。

图 5-2　车辆之间的牵引连挂

第二节　车　钩

车钩是将车辆编组成列的重要装置。在车钩进行机械连接的同时，两车的气路、电路也一并连接。列车运行时，车钩还要负责传递前后车辆间的牵引力和制动力。根据两车钩间是否允许有垂向相对位移，车钩可分为刚性车钩和非刚性车钩。刚性车钩不允许相连的车钩钩体之间有垂向相对位移，即两车钩纵向轴线有高差时，两车钩处于同一条斜直线上，如图 5-3（a）所示。其特点是连接紧密、冲击小、噪声低，多用于高速列车和城市轨道交通车辆上，如图 5-4（a）所示。非刚性车钩允许两个相连接的车钩钩体在垂直方向上有相对位移，当两个车钩的纵轴线存在高度差时，两个车钩呈阶梯形状，并且各自保持水平位置，如图 5-3（b）所示。由于钩体的尾端相当于销接，这就保证了车钩在水平面内的位移。其特点是强度大、结构和工艺简单，较多应用于普通铁路客、货车上，如图 5-4（b）所示。

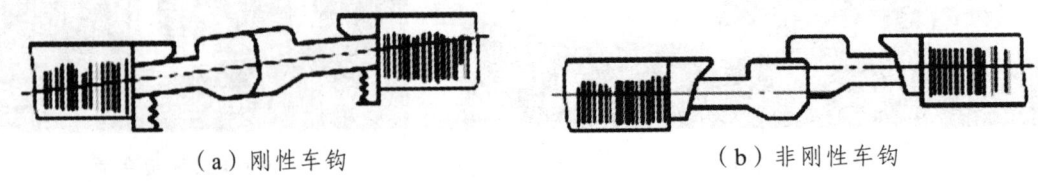

（a）刚性车钩　　　　　　　　　　（b）非刚性车钩

图 5-3　车钩的种类

（a）城市轨道交通车辆的车钩

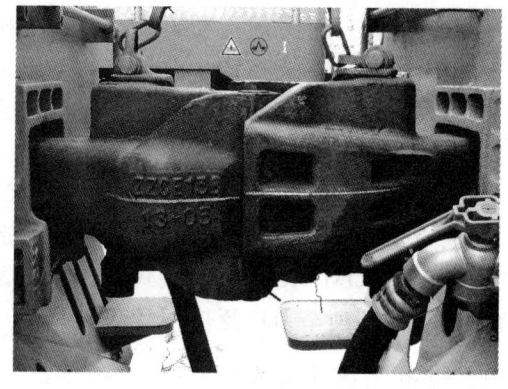
（b）传统铁道车辆的车钩

图 5-4　车钩的应用

我国城市轨道交通车辆通常采用密接式车钩，属于刚性车钩，大体上又可分为自动车钩、半自动车钩和半永久性牵引杆三种。

（1）自动车钩：可以实现机械、气路与电路的完全自动连挂和解钩。

（2）半自动车钩：其机械、气路的连接结构和作用原理基本上与自动车钩相同，可以实现自动连挂和解钩，也可人工解钩，但电路必须依靠人工连挂和解钩。

（3）半永久性牵引杆：其机械、气路与电路的连挂和解钩都需要靠人工操作，但一般只有在架修以上的作业时才进行拆解。

通常一列车上同时有此三类车钩，根据每种类型车钩的连挂特点设在列车的不同位置。以国内六节编组的城市轨道列车为例，一般采用-A*B*C=C*B*A-的布局（见图5-5），其中"-"为自动车钩；"*"为半永久性牵引杆；"="为半自动车钩。

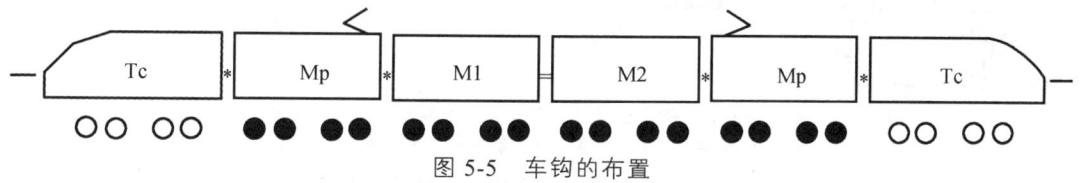

图 5-5　车钩的布置

一、自动车钩

自动车钩设在轨道列车的两端，其电气和风路连接装置都组装在钩头上，如图 5-6 所示。车辆进行连挂时，车钩的机械、风路、电路系统均可实现自动连接；解钩时，可在驾驶室控制自动解钩，也可采用手动解钩。解钩后，车钩便处于待挂状态；电气连接器通过盖板自动关闭，以防止水和尘土进入；主风管连接器也自动关闭，避免压缩空气泄漏。

图 5-6　轨道列车的自动车钩

目前，国内外常见的自动车钩有三种结构形式：

（1）柴田式密接式车钩，由日本的柴田卫氏于 1929 年设计，并于 1931 年完成了研制和现车试验，1932 年开始在日本新造电动车上全面采用，之后在大部分新干线高速列车都得以应用。

（2）Scharfenberg（沙芬博格）式密接式车钩，是由 Schaku（沙库）公司为高速列车开发的自动密接式车钩，常见于欧洲国家所制造的地铁、轻轨车辆及高速动车组上。

（3）BSI-COMPACT 型密接式车钩，由德国制造，在欧洲、南美洲等许多国家的地铁、轻轨车辆和城郊列车上广泛应用。

1. 柴田式密接式车钩

我国早期在北京和天津等城市地铁采用柴田式密接式车钩，现将其广泛应用于国产高速动车组上。如图 5-7 和图 5-8 所示为国内制造的柴田式密接式车钩，它主要由密接式车钩钩头、风管连接器、橡胶金属片式缓冲器、电气连接器和风动解钩系统（图中未显示）等部分组成。其中，缓冲器设在钩头的后部；在车钩下方设有车钩托梁；缓冲器尾部通过十字头连接器与车体上的冲击座相连，可以实现水平和垂直方向的摆动。

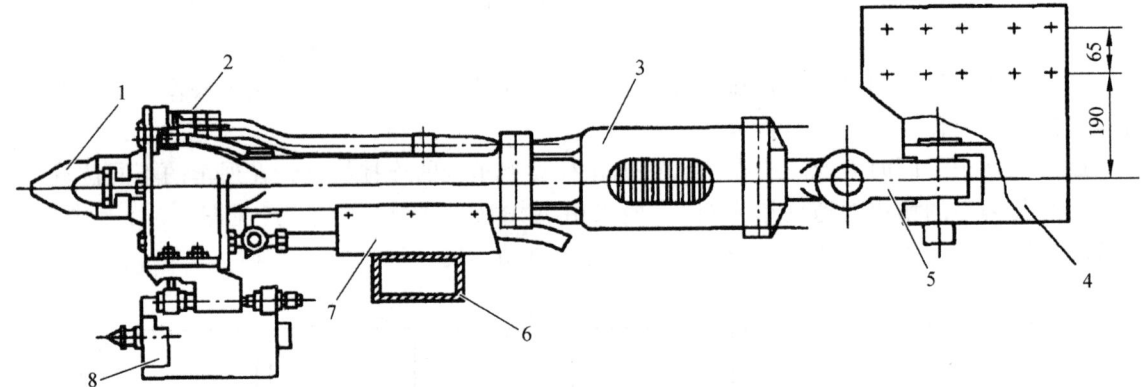

1—密接式车钩钩头；2—风管连接器；3—橡胶金属片式缓冲器；4—冲击座；
5—十字头连接器；6—托梁；7—磨耗板；8—电气连接器。

图 5-7　国产柴田式密接式车钩平面图

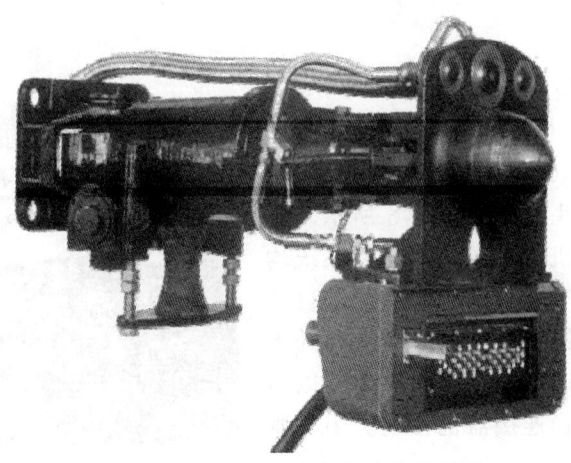

图 5-8　国产柴田式密接式车钩实物

柴田式密接式车钩的工作状态主要有连挂、解钩和待挂三种，如图 5-9 所示。两车进行连挂时，双方的车钩以规定的速度互相靠近，一方车钩的钩舌与另一方车钩的钩头相接触，并在该钩头斜端面的挤压下逆时针方向转动，逐渐进入另一方车钩的钩舌腔内。当钩舌完全进入钩舌腔时，弹簧拉动解钩杆并带动钩舌顺时针方向回转，待回转停止后，双方车钩的半圆形钩舌和钩舌腔相互嵌套，两车完成连挂。两车进行解钩时，需要向解钩风缸充入压缩空气，解钩风缸的活塞便在压缩空气的推动下，克服弹簧弹力，推动解钩杆并带动钩舌逆时针方向转动，直至它处于解钩位置为止，此时原本连挂在一起的车钩处于待解钩状态。

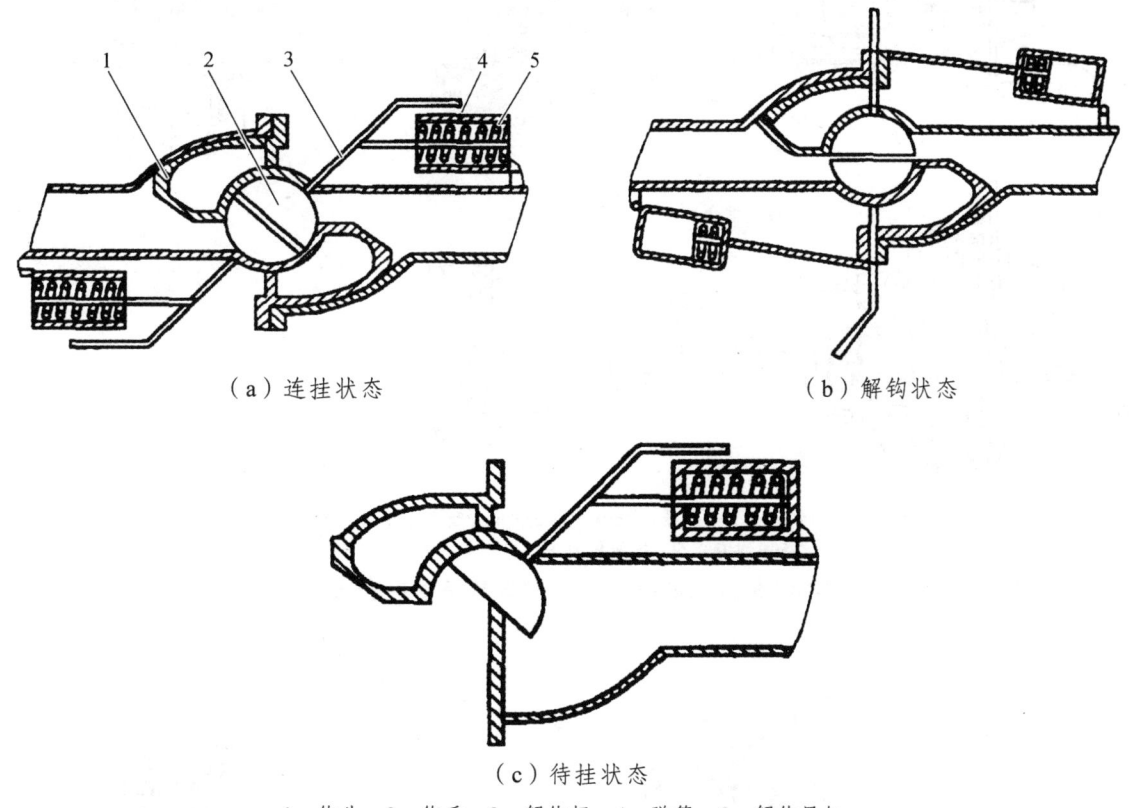

1—钩头；2—钩舌；3—解钩杆；4—弹簧；5—解钩风缸。

图 5-9 柴田式密接式车钩的工作状态示意图

柴田式密接式车钩的作用原理　　　　　柴田式密接式车钩原理的动画展示

2. Scharfenberg 式密接式车钩

欧洲地铁大多采用 Scharfenberg 式密接式车钩的结构形式，我国上海、广州、深圳等地铁车辆也有这种车钩的实际使用。如图 5-10 ~ 图 5-12 所示为 Scharfenberg 式密接式车钩缓冲装置，它主要由密接式车钩钩头、引导对准爪把、风管连接器、电气连接器、钩身、橡胶缓冲器和风动解钩系统（图中未显示）等部分组成。其中，缓冲器位于车钩钩头的后端；车钩下方设有车钩支撑弹簧；缓冲器尾部通过转动中心轴与车体上的冲击座相连，并可通过橡胶弹簧的弹性变形及缓冲器与转动中心轴的相对转动实现垂直和水平方向的摆动，垂向最大摆角为 4°30′，水平最大摆角为 30°。

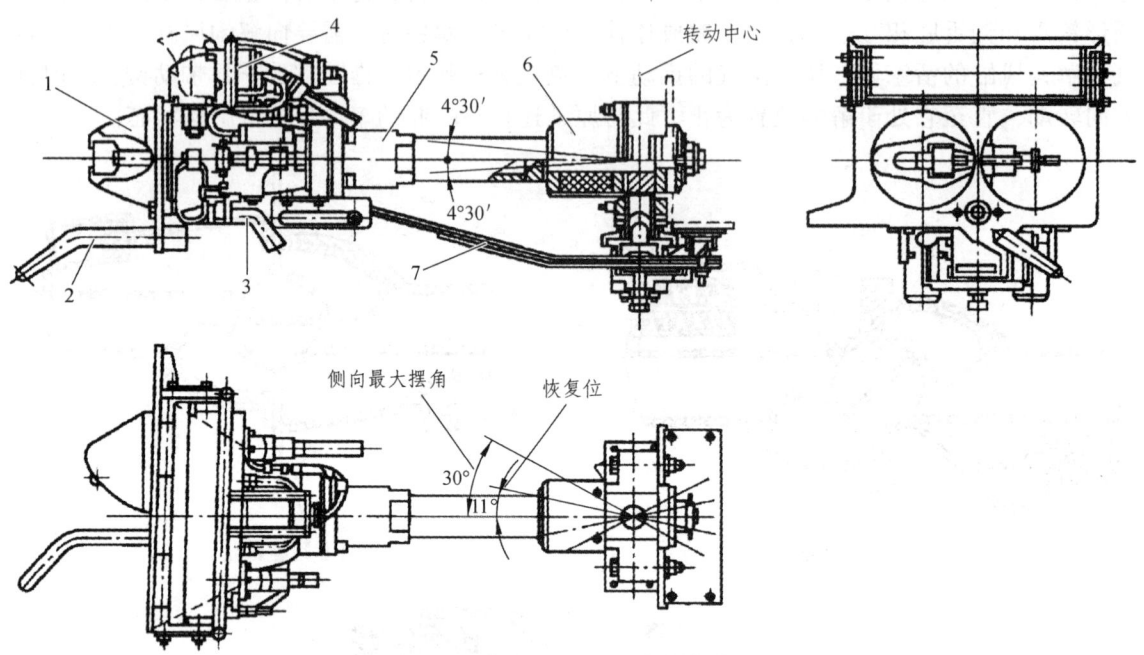

1—密接式车钩钩头；2—引导对准爪把；3—风管连接器；4—电气连接器；
5—钩身；6—橡胶缓冲器；7—支撑弹簧。

图 5-10　Scharfenberg 式密接式车钩缓冲装置示意图

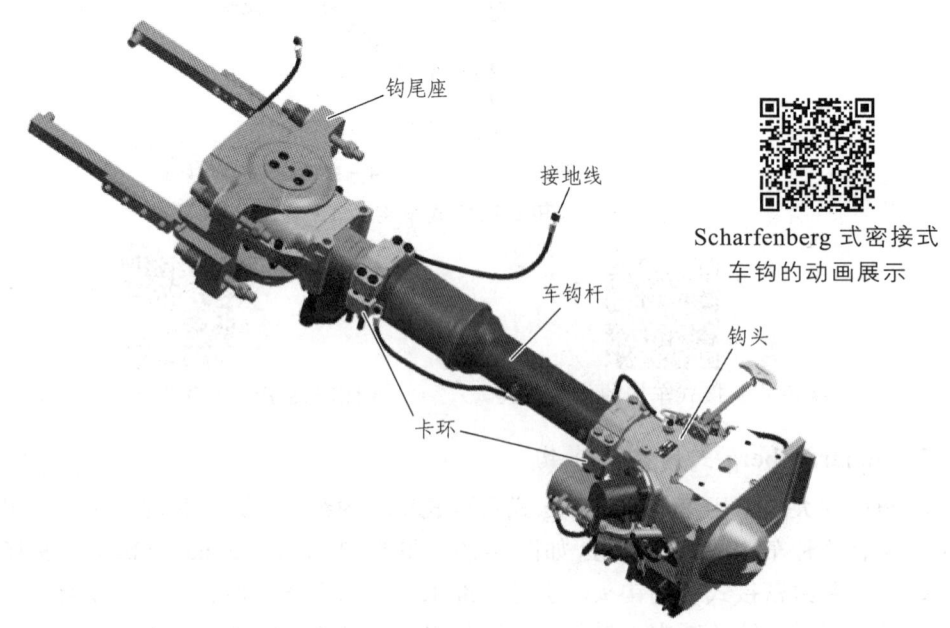

图 5-11　Scharfenberg 式密接式车钩缓冲装置模型图

图 5-12　Scharfenberg 式密接式车钩缓冲装置实物

如图 5-13（a）所示为 Scharfenberg 式密接式车钩的钩头结构。钩头壳体由前后两部分焊接组成，前部是带有锥体和喇叭口的凸缘，后部为连接法兰。锥体和喇叭口在车钩相连时起到引导对准的作用，伸出在前面的爪把用以扩展车钩的连接范围，钩头前端的圆孔用于安置空气管路连接器，连接法兰则用于将钩头与牵引缓冲装置连接成一个整体。在钩头壳体中设有车钩锁闭零件和解钩风缸。车钩的闭锁机构由钩舌和钩锁杆组成，两者通过钩舌销连接并可彼此相对摆动。钩锁弹簧用于保持车钩处在闭锁位，弹簧的一端钩在钩头壳体的锥体上，另一端则钩在钩锁杆上。手动解钩装置位于钩头的侧面，它由横杆通过两解钩杆与钩舌连接。在该横杆的端部连有一钢丝绳并与手柄连接，手柄挂在钩头壳体的一侧。

连挂时，两车通过钩头前端的锥形喇叭口引导彼此精准地对中，实现两车钩的紧密连接，同时自动将两车之间的电路和气路接通；解编时，由驾驶员控制解钩电磁阀实现自动解钩，并自动切断两车之间的电路和气路连接。其具体工作过程包括以下三个方面（见图 5-13）：

1）待挂状态

待挂状态为两车钩连挂前的准备状态。如图 5-13（b）所示，此时钩头中的钩锁杆轴线平行于车钩的轴线，钩锁杆连接销的中心与钩舌轴中心的连接线垂直于车钩的轴线，钩锁弹簧处于自然松弛状态。

2）连挂状态

如图 5-13（c）所示，原本处于连挂准备位的双方车钩相互接近并碰撞，在钩头前端锥形喇叭口的引导下彼此精确地对中，一方车钩向前伸出的钩锁杆由于受到对方钩舌的阻碍，各自推动钩舌绕中心轴顺时针转动，直至钩锁杆滑入对方钩舌的嘴中，并在钩锁弹簧的拉力作用下带动钩舌逆时针回转至原来位置为止。此时双方的钩锁杆与彼此的钩舌构成平行四边形，力处于平衡状态，两钩刚性无间隙地彼此连接，处于闭锁状态。在连挂闭锁位，钩舌和钩锁杆的位置与连挂准备位完全相同，钩舌在弹簧作用下力图保持在闭锁位。当两钩受到牵拉时，拉力均匀地分配在平行四边形的两横边即钩锁杆上。当两钩产生冲击时，冲击力由两钩头壳体喇叭口凸缘进行传递。

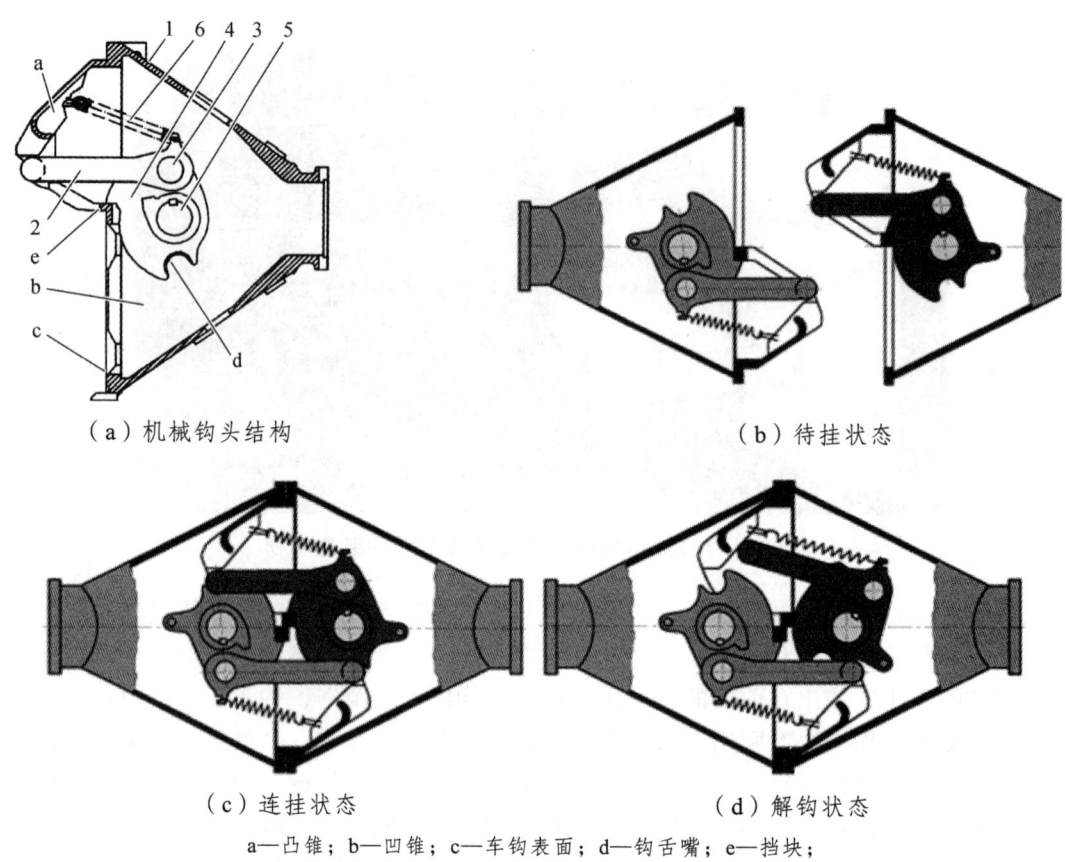

图 5-13 Scharfenberg 式密接式车钩工作原理示意图

a—凸锥；b—凹锥；c—车钩表面；d—钩舌嘴；e—挡块；
1—钩头壳体；2—钩锁杆；3—钩锁杆连接销；
4—钩舌；5—钩舌中心轴；6—钩锁弹簧。

3）解钩状态

如图 5-13（d）所示为解钩状态，解钩分为气动解钩和手动解钩两种形式。

（1）气动解钩：司机操作解钩电磁阀控制解钩。此时压缩空气经过解钩管充入钩头中的解钩风缸中，推动活塞向前移动，并使得活塞杆压迫在解钩杆上所设置的滚子上，进而将两钩头中的钩舌同时推至解钩位。实现解钩后风缸排气，活塞在压缩弹簧的作用下返回到原始位置。

（2）手动解钩：操作人员拉动钩头一侧的解钩手柄，经过钢丝绳、杠杆和解钩杆的机械传递使两车钩的钩舌转动，直至钩锁杆脱落出钩舌嘴，由此两车钩彼此脱开，处于解钩状态。

3. BSI-COMPACT 型密接式车钩

BSI-COMPACT 型密接式车钩在欧洲、巴西等地的城市轨道交通列车上获得了广泛应用。如图 5-14 所示为 BSI-COMPACT 型密接式车钩的结构，它的钩头壳体设有凸锥体和凹锥孔，在凸锥体的内侧面配置有由高强度钢制成的锁栓。用于车钩机械连接的锁栓置于钩头前端的套筒中，通过定位弹簧使其保持正常位置。在凸锥体的外侧装有解钩杠杆，它与气动（或液压）的解钩控制装置相连接。BSI-COMPACT 型密接式车钩的钩头同时还是空气管路连接器和电气连接箱的支承体。

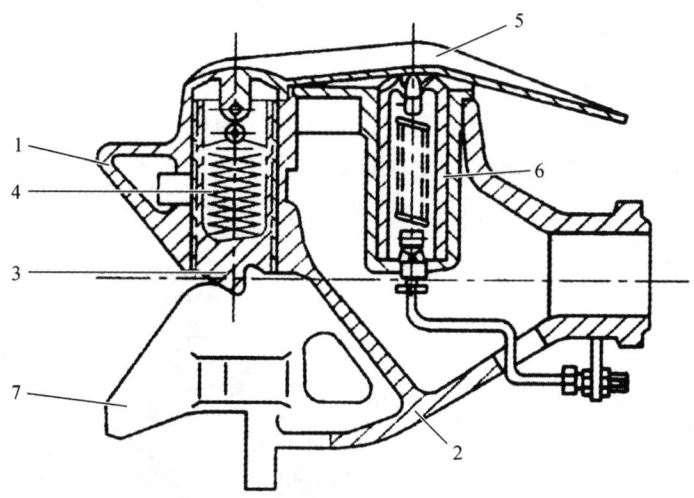

1—凸锥体；2—凹锥孔；3—锁栓；4—锁栓定位弹簧；5—解钩杠杆；6—解钩风缸；7—导向杆。

图 5-14　BSI-COMPACT 型密接式车钩的结构

BSI-COMPACT 型密接式车钩有待挂、闭锁和开锁三个位置，其作用原理如图 5-15 所示。车辆连挂时，两车钩相互靠近致使锁栓侧面产生碰撞和挤压，进而压缩各自的定位弹簧，直至两锁栓的"鼻子"彼此咬合，受压的弹簧复原至初始位置，完成两车钩的连挂闭锁；车辆解编时，司机操纵电磁阀，使解钩风缸冲入压缩空气，风缸内的活塞顶起解钩杠杆，将一个车钩的锁栓回拉到与另一个车钩的锁栓能够脱开为止，或者同时操纵两个车钩的解钩风缸，使两钩的锁栓同时动作，彼此脱离，也可人工扳动解钩杠杆，使得两钩分解。

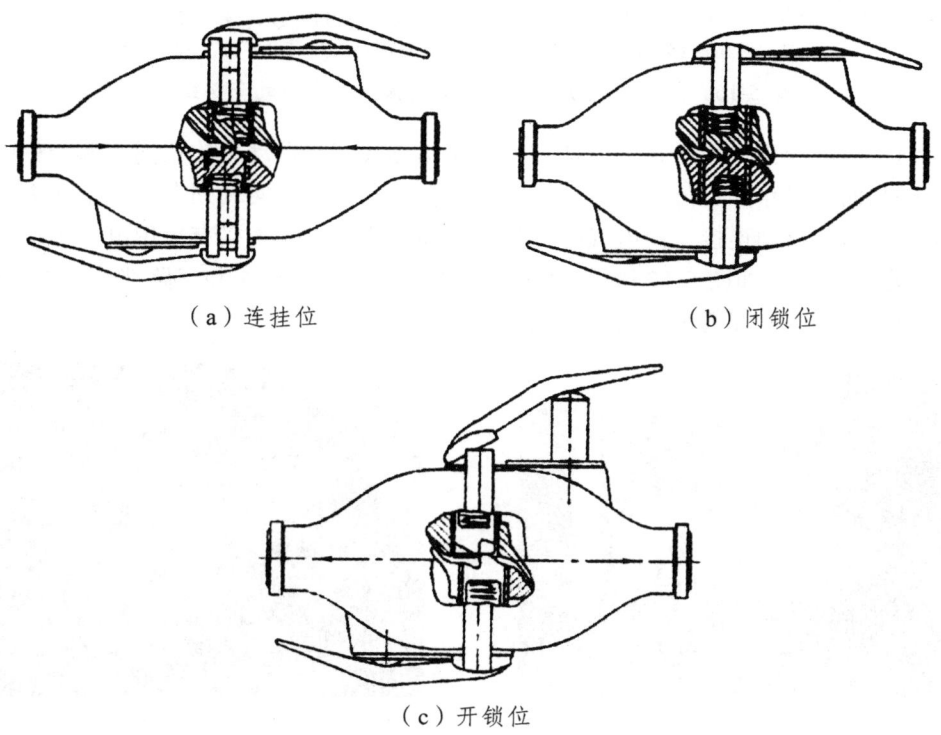

（a）连挂位　　　　　　　　（b）闭锁位

（c）开锁位

图 5-15　BSI-COMPACT 型密接式车钩工作原理示意图

二、半自动车钩

半自动车钩主要用于两编组单元之间的相互连挂。因此,在半自动车钩上通常设有贯通道支撑座,用于在车辆运行中和解钩后支撑贯通道,承载贯通道自身的重量以及贯通道所承受的全部载荷。如图5-16所示为国内某地铁2号线车辆所采用的半自动车钩结构。

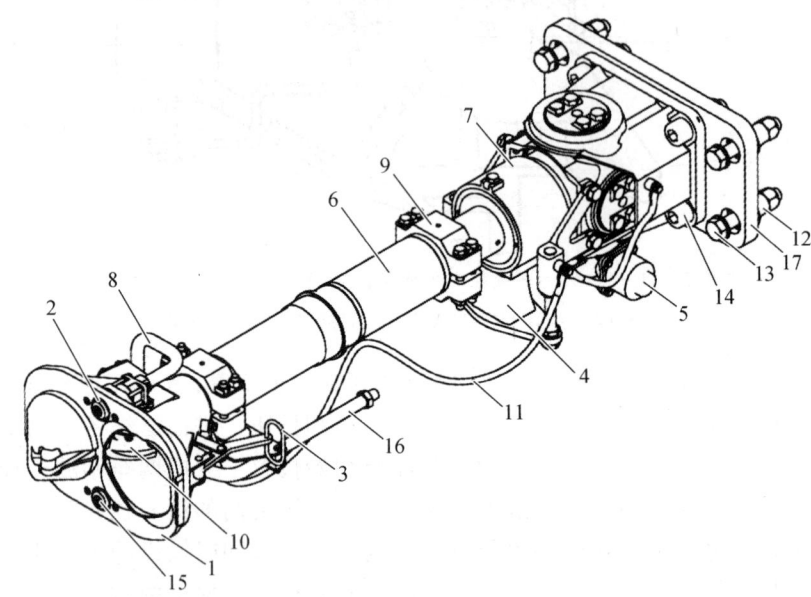

1—机械车钩;2—MRP(主风缸管)接头;3—手动解钩;4—水平支撑;5—水平对中;6—压溃管;
7—缓冲装置;8—主风缸管(MRP);9—连接环;10—钩舌;11—接地线;12—过载保护装置;
13、14—螺栓;15—BP(制动管)接头;16—制动管(BP);17—转接板。

图5-16 国内某地铁2号线车辆所采用的半自动车钩结构

半自动车钩的钩头连接形式、连挂方式和闭锁方式都与自动车钩相同。两个相同的车钩在直线线路和曲线线路上均可实现自动连挂。半自动车钩可以实现列车编组单元之间的机械连接和空气通路的自动连接,而电气线路只能手动完成。电气连接有采用电气车钩和采取跨接电缆结构两种方式,如图5-17所示。解钩时,半自动车钩的机械和气路部分既可自动完成,也可手动操作,但不能在驾驶室集中控制。

(a)电气车钩

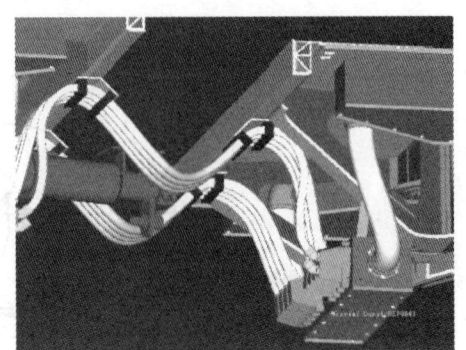
(b)跨接电缆

图5-17 半自动车钩的电气连接方式

三、半永久性牵引杆

半永久性牵引杆用于同一单元内车辆之间的连接,使之编组成单元,如图 5-18 所示。列车编组单元在正常运用过程中一般不会分解,通常只在高级别检修时才解编。单元内两车的连接方式由车钩连接改为牵引杆连接,取消了气路和电路的自动连接,即只能通过手动完成。两车通过半永久性牵引杆连挂形成刚性连接,其连接间隙最小,垂向运动和转动也很小。这种连接形式既可以减少列车起动及制动时的冲动,又能保证列车在脱轨时车辆之间仍然可以保持相对位置,防止车辆重叠和颠覆。与半自动车钩一样,半永久性牵引杆上也设有贯通道支撑座,用于支承贯通道,支撑座能够承受车辆正常运营时超员状态下贯通道所负担的载荷。

图 5-18 半永久性牵引杆实物

不同类别的车辆所使用的半永久性牵引杆的结构可能存在差异,但连接原理是相同的,如图 5-19 所示为国内某速度 160 km/h 级别的市域快轨列车所采用的半永久性牵引杆。如图 5-20 所示为用于某型号高速动车组的国产半永久性车钩装置,由风管连接器、牵引杆、缓冲器、接地线和安装座等部件组成。在运用过程中,需保证钩身无漏油现象,所有密封件的气密性良好,接地线无破损、连接紧固件无松动。

图 5-19 国内某市域快轨列车所采用的半永久性牵引杆

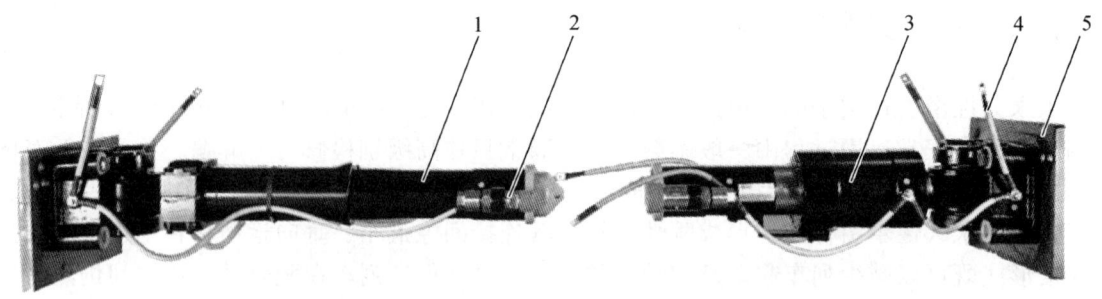

1—牵引杆；2—风管连接器；3—缓冲器；4—接地线；5—安装座。
图 5-20　某国产高速动车组的半永久性车钩装置

半永久性牵引杆实例

第三节　缓冲器

缓冲器是城市轨道交通车辆连接装置的重要部件之一，通常安装于车钩钩身后部，借助压缩弹性元件来缓和冲击力，并在弹性元件变形过程中利用摩擦和阻尼来吸收冲击能量。其基本功能可以概括为：

（1）缓和列车在正常运动中产生的纵向冲击，提高列车运行的平稳性和舒适性。

（2）缓和列车在正常连挂时出现的纵向冲击，避免车辆部件受损，延长车辆的使用寿命。

（3）吸收列车在非正常状态下以较高速度撞击时形成的冲击能量，保护车体底架不受损坏、车内乘客不受伤害。

缓冲器的性能直接影响列车的牵引总重、运行速度、编组作业效率、旅客舒适度、货物完好率和列车运行平稳性等涉及轨道交通运输效能的技术经济指标。决定缓冲器性能的参数主要有：

1）行　程

缓冲器受力后产生的最大变形量称为行程。此时弹性元件处于全压缩状态，即使继续加大外力，变形量也不再增加。

2）最大作用力

最大作用力即缓冲器产生最大变形量时所对应的作用外力。

3）容　量

容量是指在缓冲器的压缩过程中作用外力在其行程上所做的功的总和。它是衡量缓冲器能量大小的重要指标，若容量过小，则当冲击力较大时就会使缓冲器全压缩而导致车辆产生刚性冲击。

4）初压力

初压力即缓冲器的静预压力，其大小将影响列车的起动加速度。

5）能量吸收率

缓冲器在全压缩过程中，有一部分能量被阻尼所消耗，所消耗部分的能量与缓冲器容量之比称为能量吸收率。能量吸收率越大，表明缓冲器吸收冲击能量的能力越大，反冲作用就越小；否则，缓冲器必须往复工作多次才能将冲击能量消耗尽，这将导致车钩、车架等部件过早疲劳损伤，并且加剧列车的纵向冲动。一般要求缓冲器的能量吸收率不低于70%。

目前，城市轨道交通车辆常用的缓冲器种类有摩擦缓冲器、弹簧缓冲器、橡胶缓冲器、弹性胶泥缓冲器、液压缓冲器、空气缓冲器、气液缓冲器和压溃管等，不同的缓冲器配置直接影响车钩的缓冲和能量吸收性能。下面仅介绍环弹簧缓冲器、环形橡胶缓冲器、层叠式橡胶金属片缓冲器和弹性胶泥缓冲器几种常见的类型。

一、环弹簧缓冲器

环弹簧缓冲器如图5-21所示，其结构组成包括弹簧盒、端盖、弹簧前后从板、内外环弹簧、开口环弹簧、半环弹簧、球形支座、牵引杆、标记环、预紧螺母和橡胶嵌块等部件。环弹簧缓冲器的前端通过一组对开连接套筒与车钩钩头连接，后端的球形支座通过销轴与车钩支撑座相连接。当车钩受到牵拉作用时，拧紧在牵引杆后端的预紧螺母带动弹簧后从板向前挤压环弹簧；当车钩受到挤压作用时，牵引杆推动弹簧前从板向后挤压环弹簧。因此，无论车钩受牵拉还是挤压作用，环弹簧都呈压缩状态。由于内、外环弹簧的接触面均做成了V形锥面，在压缩状态下的相互挤压过程中，外环扩张而内环压缩，于是产生了轴向变形，起到缓冲的作用。同时，内、外环弹簧接触面产生相对滑动，摩擦力做功消耗了部分冲击能量。

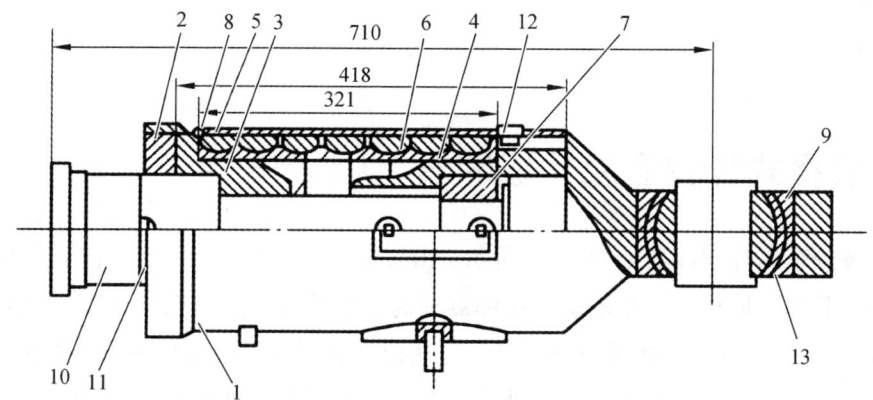

1—弹簧盒；2—端盖；3—弹簧前从板；4—弹簧后从板；5—外环弹簧；6—内环弹簧；7—开口弹簧；
8—半环弹簧；9—球形支座；10—牵引杆；11—标记环；12—预紧螺母；13—橡胶嵌块。

图5-21 环弹簧缓冲器

二、环形橡胶缓冲器

环形橡胶缓冲器如图 5-22 所示,主要由牵引杆、环形橡胶弹簧和缓冲器体等部件组成,是一种免维护的橡胶缓冲装置。缓冲器安置在车钩安装座上,其支撑座用四个螺栓固定在车架上,半自动车钩和半永久性牵引杆采用相同的方法安装固定该缓冲器。环形橡胶缓冲器能够吸收拉伸和压缩能量。缓冲装置间不存在间隙,在承受拉伸和压缩载荷的同时,也可以承受较大的剪切力,允许车钩做扭转运动并在垂向摆动。

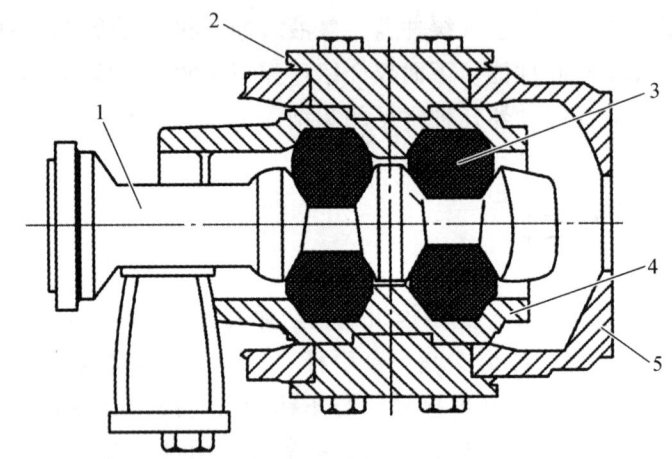

1—牵引杆;2—安装座;3—环形橡胶弹簧;4—缓冲器体;5—支撑座。

图 5-22 环形橡胶缓冲器

环形橡胶缓冲器的主要技术参数如下:

允许水平最大压缩力	1 250 kN
允许水平最大拉伸力	850 kN
水平摆角	±11°
垂直摆角	±5.5°

三、层叠式橡胶金属片缓冲器

层叠式橡胶金属片缓冲器如图 5-23 所示,由缓冲器体、橡胶金属片、前后从板和牵引杆等部件组成,其作用原理是当车辆受到压缩载荷时,缓冲器体和牵引杆受压,此时力的传递路径为牵引杆 3→后从板 7→橡胶金属片 1→前从板 2 和缓冲器体 6 的前端,橡胶金属片起到缓冲作用;当车辆受到牵引载荷时,缓冲器体和牵引杆受拉,此时力的传递路径为牵引杆上的滑套 5→前从板 2→橡胶金属片 1→后从板 7 和缓冲器后盖 4,橡胶金属片同样起缓冲作用。层叠式橡胶金属片缓冲器常用于国产地铁车辆上。

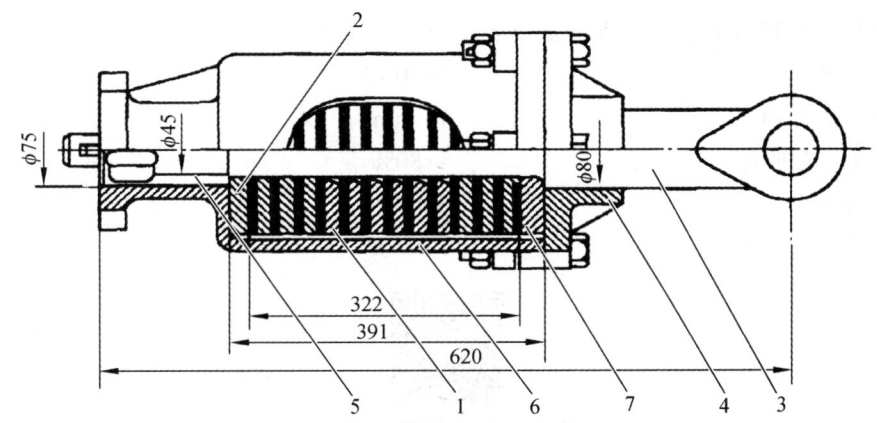

1—橡胶金属片；2—前从板；3—牵引杆；4—缓冲器后盖；5—滑套；6—缓冲器体；7—后从板。

图 5-23　层叠式橡胶金属片缓冲器

层叠式橡胶金属片缓冲器主要技术参数如下：

最大牵引力	150 kN
最大冲击力	250 kN
允许最大冲击速度	3 km/h
缓冲器容量	5.63 kJ

四、弹性胶泥缓冲器

弹性胶泥缓冲器如图 5-24 所示，由牵引杆、弹性胶泥芯子、内半筒、端盖和弹簧盒等元件组成。其中，弹性胶泥芯子是衰减振动和吸收能量的核心部件，它采用一种未经硫化的有机硅化合物作为介质，兼有固体和液体两种属性特征，具备一定的弹性、可流动性和可压缩性，并且无异味、无毒性，不会对环境造成污染。弹性胶泥缓冲器性能先进，其可靠性和动态吸收性能都较好。缓冲器前端通过连接环与连挂系统相连，后端通过钩尾销固定在安装座上。车钩受拉时，纵向力的传递路径为牵引杆1→内半筒3→弹性胶泥芯子2→弹簧盒5→车体；车钩受压时，纵向力的传递路径为牵引杆1→弹性胶泥芯子2→内半筒3→弹簧盒5→车体。由此可见，无论车钩受拉还是受压，弹性胶泥缓冲器始终受压。

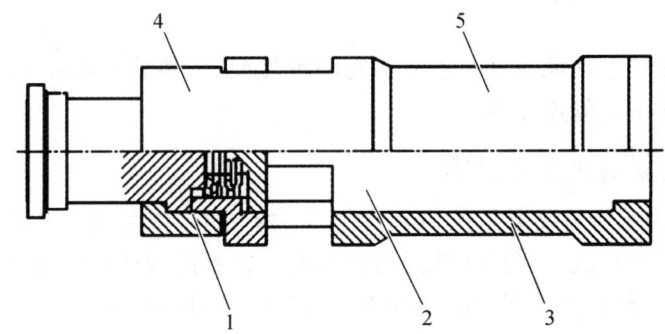

1—牵引杆；2—弹性胶泥芯子；3—内半筒；4—端盖；5—弹簧盒。

图 5-24　弹性胶泥缓冲器

弹性胶泥缓冲器的主要技术参数如下：

缓冲器容量	≥30 kJ
缓冲器最大行程	73 mm
缓冲器能量吸收率	≥80%
缓冲器阻抗力	800 kN
车钩连挂最大速度	5 km/h

带变形管的橡胶缓冲器

可压溃变形管

气液缓冲器

第四节　附属装置

车钩缓冲装置的附属装置包括风管连接器、电气连接器、车钩对中装置和安装吊挂系统等。

一、风管连接器

城市轨道交通车辆上的风管连接器主要有两种类型，一种是不带自闭装置的风管连接器，另一种是自动开闭式的风管连接器。

1. 不带自闭装置的风管连接器

如图 5-25 所示为不带自闭装置的风管连接器，由阀壳、密封圈、滑套、橡胶套、前弹簧、后接头和滤尘网等部分组成。当两车钩进行连挂时，密封圈彼此接触并受压，借助于滑套、橡胶套和前弹簧使压力上升达到 70~160 N，保证气路开通时不会发生泄漏。在制动主管（BP）连接器后端的管路上设有一个截止阀。当两车钩进行分解时，应先关闭截止阀，以防止制动主管（BP）排风而引起紧急制动。

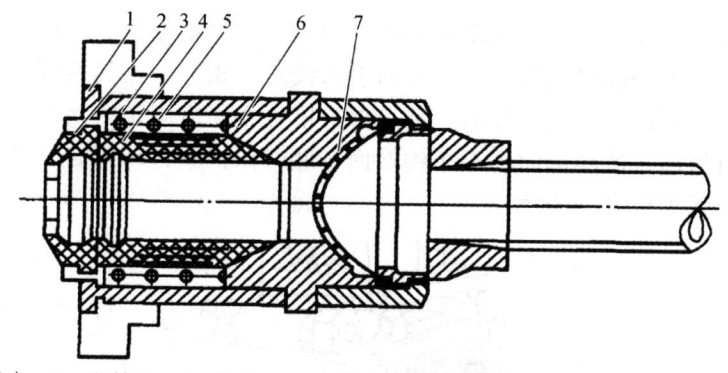

1—阀壳；2—密封圈；3—滑套；4—橡胶套；5—前弹簧；6—后接头；7—滤尘网。

图 5-25 不带自闭装置的风管连接器

2. 自动开闭式风管连接器

如图 5-26 所示为自动开闭式风管连接器，具有自动开闭装置，由后接头、阀体、顶杆、密封圈、滑套、橡胶套、前弹簧、调整垫片、滑阀和顶杆弹簧等部分组成。车钩连挂时，密封圈受压，起到防止气路泄漏的作用，同时顶杆也受压，并进一步压缩阀垫、滑阀和顶杆弹簧，阀垫和滑阀后退，使阀垫与阀体脱开，气路开通。正常解钩时，由于密封圈和顶杆失去压力，在弹簧的作用下，各部件恢复原位，气路断开。

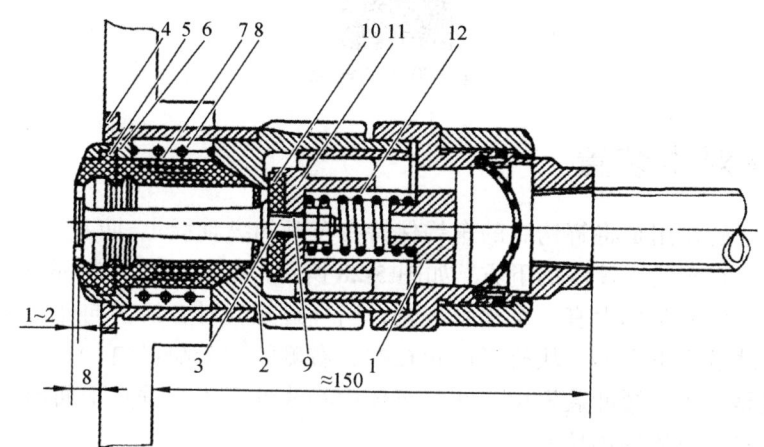

1—后接头；2—阀体；3—顶杆；4—阀壳；5—密封圈；6—滑套；7—橡胶套；
8—前弹簧；9—调整垫片；10—阀垫；11—滑阀；12—顶杆弹簧。

图 5-26 自动开闭式风管连接器

二、电气连接器

如图 5-27 所示为电气连接器，由箱体、箱盖、悬吊装置、触头和密封条等部分组成。密封条用于防止外界雨水和灰尘的侵入。电气连接器的箱体通过悬吊装置与车钩钩体形成弹性连接。挂钩时，箱体可退缩 3~4 mm，借助弹簧压力保证接触良好。箱体的一侧设有一个定位销，对称侧有一个定位孔，车钩连挂时定位销插入对应的定位孔，以保证触头的准确连接。电气连接器的触头与箱体成弹性连接，靠弹簧压力保证触头处于可伸缩状态，相互接触良好，确保电流畅通。触头上焊有银片，以减小电阻。解钩时，将箱盖盖好，保护触头不受损坏。箱体内有接线板，使触头的引线和从车上来的引入线对应相连。在其后部还有电线孔，设有塑料套，以防止电线磨损。电气连接器外装有保护罩，主要应用于自动车钩上。当两钩连挂时，电气连接器可推出，使其端面高于车钩端面，此时保护罩自动开启；解钩后，电气连接器退回至原位置，保护罩自动关闭。

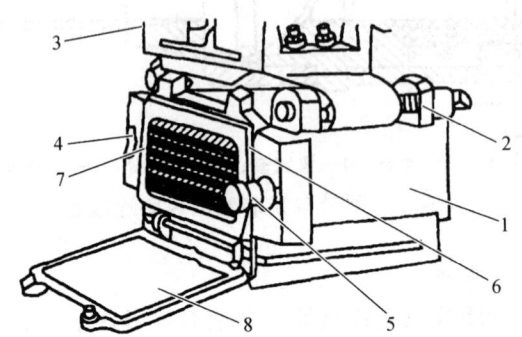

1—箱体；2—悬吊装置；3—车钩；4—定位孔；5—定位销；6—密封条；7—触头；8—箱盖。

图 5-27　自动电气连接器

电气箱内的触点

三、车钩对中装置

车钩对中装置的作用是将解钩后的车钩保持在车辆的纵轴线上，防止车钩产生横向摆动。车钩对中装置安装在车钩支撑座的下方，如图 5-28 所示。在缓冲器的尾部下方左、右各安有一个对中气缸，其活塞头部设有一个水平滚轮，当气缸充气时，活塞向外伸出，水平滚轮能自动嵌入固定在球铰座下方的一块桃形凸轮板左、右侧的两个缺口内，从而实现车钩自动对中的目的，也就是让车钩缓冲装置中心线与车体中心线处于一个垂直平面内，以便一方车钩的钩头能够对准对方车钩的钩坑。

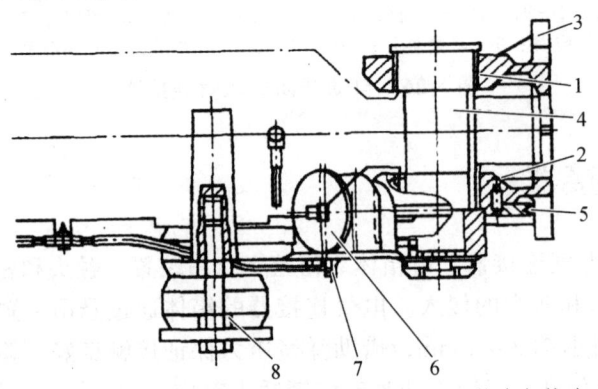

1，2—轴套；3—安装座；4—中心销；5—凸轮盘；6—对中气缸；7—活接式气接头；8—垂向支撑橡胶弹簧。

图 5-28　支撑座

车钩对中装置的工作过程

四、安装吊挂系统

安装吊挂系统是为整个车钩缓冲装置提供安装和支撑的,保证列车在通过各种平竖曲线时所需的各个方向的自由度,确保整套装置在不连挂状态时保持水平,车钩中心线与车辆中心线处于同一铅垂面,以便于连挂。通过安装吊挂系统,车钩可以方便地调整自身中心线的高度。

五、过载保护装置

过载保护装置(见图 5-29)通常只配置在列车前端的车钩上,安装于车钩与车体的连接部位,结构中包含有强度控制在极小公差范围内的连接元件。当车钩内发生的冲击作用力超出过载保护装置的强度时,过载保护装置就会动作,使车钩与车体分离,然后钩头便与车体前端的防爬器接触,此时由防爬器和车体继续吸收冲击能量起到保护作用。过载保护装置在车钩能量吸收元件链中作用突出,它可以将车钩与车体自动脱离,从而有效降低对车辆造成的损坏。

图 5-29 过载保护装置

一种典型的过载保护装置结构

第五节　贯通道及渡板

一、贯通道

贯通道是轨道交通列车中的必备部件，位于两节车厢的连接处，它是车辆与车辆之间的连接通道，是车辆上灵活可动的部分，如图5-30所示。因为贯通道具备防风挡雨等功能，所以也称为风挡装置。贯通道的作用如下：

（1）使乘客可以在车厢之间自由通过，从而使车辆载荷均匀分布，并保护乘客不受外力伤害。

（2）实现车辆之间的柔性连接，也是车辆通过曲线时的关节部位。

（3）具备良好的防雨、防风、防尘、隔音、隔热等功能。

（a）某车辆贯通道内部　　　　　　　　（b）某车辆贯通道外部

图5-30　某车辆的贯通道

根据连挂方式的不同，贯通道可分为整体式和分体式两种，如图5-31所示。

（a）整体式贯通道　　　　　　　　（b）分体式贯通道

图5-31　贯通道的分类

（1）整体式贯通道：常用于车端间距较小的 B 型车，如北京地铁 2、5、10 号线及深圳地铁 3 号线的车辆。整体式贯通道一般为多块板搭接结构形式，自重较轻，在车端安装后可实现自支撑，因此不需要车钩支撑。整体式贯通道的优点是质量轻、结构简单、能够自支撑、成本低；缺点是受到车端间距限制，其外折棚及内室板的可拉伸量小，不易通过曲线半径过小的弯道。

（2）分体式贯通道：常用于车端间距较大的车辆，如北京地铁机场线和深圳地铁 1、2 号线的车辆。分体式贯通道的一半各装在每辆车的端部，质量大，因此在车端安装后需由车钩支撑。分体式贯通道有单块板结构和多块板搭接结构两种形式。

上海、广州、深圳等城市的地铁车辆多为宽体封闭式贯通道，采用分体式结构，即风挡装置的一半装在每节车厢的端部，在该装置的下部还设有分开式渡板，渡板连接处由车钩支撑。例如，上海地铁 2 号线、广州地铁 1 号线均采用此类型的风挡装置，其内部高度为 1 900 mm、宽度为 1 500 mm。该装置由波纹折棚、紧固框架、连接框架、滑动支架、侧护板、顶板等部分组成，如图 5-32 所示。

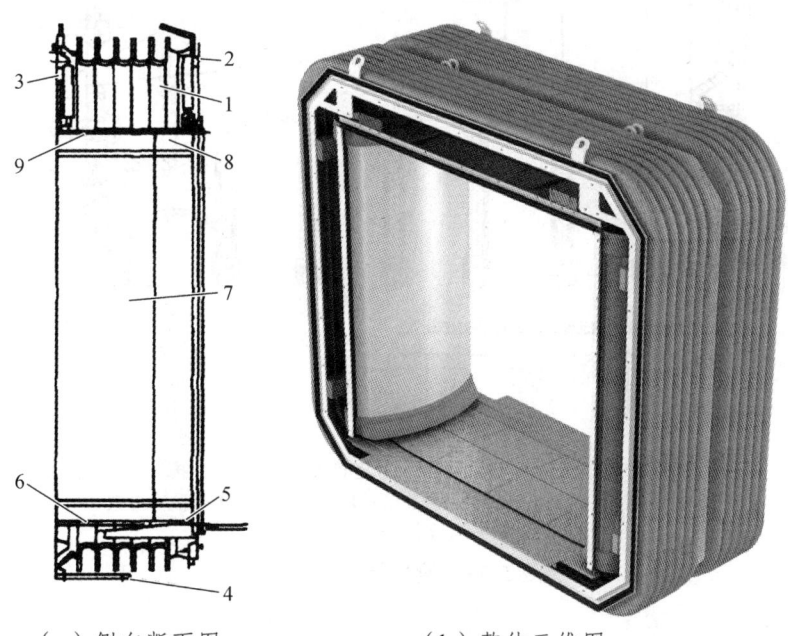

（a）侧向断面图　　　（b）整体三维图

1—波纹折棚；2—紧固框架；3—连接框架；4—滑动支架；5—渡板组成①；
6—渡板组成②；7—内侧板；8—单层顶板；9—顶板。

图 5-32　贯通道的结构组成

分体式贯通道装置的结构组成

二、渡　板

渡板装置既能保证乘客在车厢之间顺利通行，也可以为站立的乘客提供安全场所，承受达 9 人/m² 的压力载荷。因为其自身具有足够的强度和刚度，能够保证其适应连挂车辆在运行过程中的各种复杂运动。通常在贯通道的紧固框架和连接框架侧各有一组渡板，在紧固框架一侧的渡板组成①由托架支撑，而在连接框架一侧的渡板组成②的一端通过安全支撑座与支撑金属板相连接，另一端则支撑在渡板组成①上。渡板组成①由车厢侧相互铰接的固定连接板和活动连接板组成，渡板组成②由地板、活动地板和镶边组成，如图 5-33 所示。地板选用不锈钢板，活动地板则是花纹不锈钢板，各相对滑动面间装有磨耗板，表面无凸起物及障碍物。

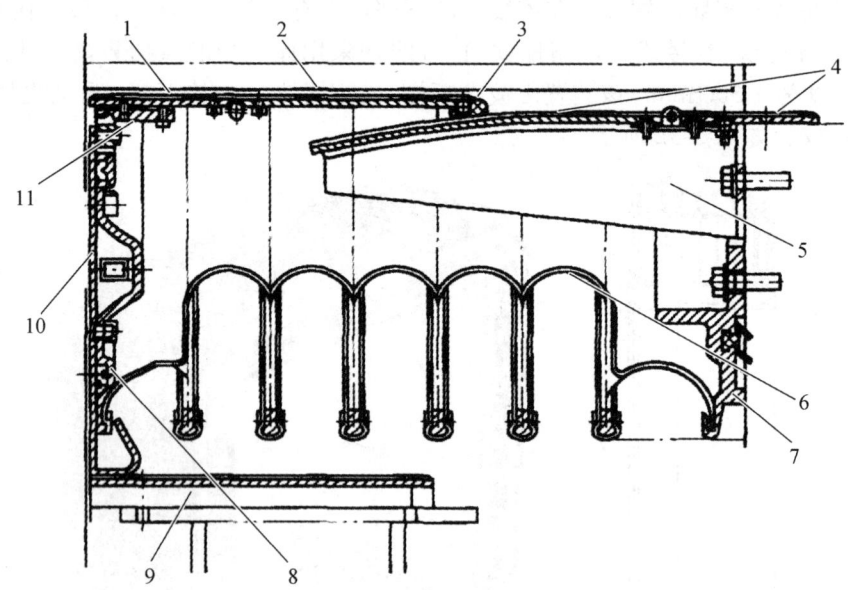

1—地板；2—活动地板；3—镶边；4—固定连接板和活动连接板；5—托架；
6—衬油毡的纤维织物；7—旋紧架；8—连接架；9—活动支架；
10—支撑金属板；11—安全支撑座。

图 5-33　渡板组成示意图

渡板装置主要尺寸及技术性能如下：

连接长度	520 mm
净通过宽度	1 300 ~ 1 500 mm
净通过高度	1 900 mm
渡板距轨面高度	1 100 mm
隔热系数	<5.0 W/m²·K
隔声量	≥30 dB（A）
气密性	压力从 3 600 Pa 降至 1 350 Pa 的泄漏时间为 50 s 以上
阻燃性	所有非金属部件应符合 TB/T 2402.93《铁路客车用非金属材料阻燃要求》
使用寿命	主要金属件寿命为 30 年，折棚布寿命为 15 年

实践操作

实训项目 车钩缓冲装置的维修保养

1. 实训目的

城市轨道交通车辆的车钩缓冲装置是用来传递牵引力和冲击力的,尤其在调车作业中会受到很大的冲击力,容易导致各部分产生裂纹、变形、磨耗等故障。为保证城市轨道列车的安全运行,需要对车钩缓冲装置进行日常检修和维护保养,以保证其正常的工作状态。

2. 实训设备

工具:游标卡尺、内外卡钳、钢板尺、车钩检查样板尺、塞尺、检点锤、铜锤、角磨机、油光锉、半圆铲、扁锤、手锤、锥度量规。

设备:待修品存放架、检查分解台、磁粉探伤机、部件清洗机、组装台、检修工具车、手动运转叉车、单柱压力校正机、尾框探伤焊修台、钩头检修测量台、气电焊设备、"三态"模拟试验台。

物品:钢丝绳、油石、毛刷。

3. 实训内容

以国内某地铁车辆使用的半自动车钩缓冲装置(见图5-34)为例,具体操作内容如表5-1所示。

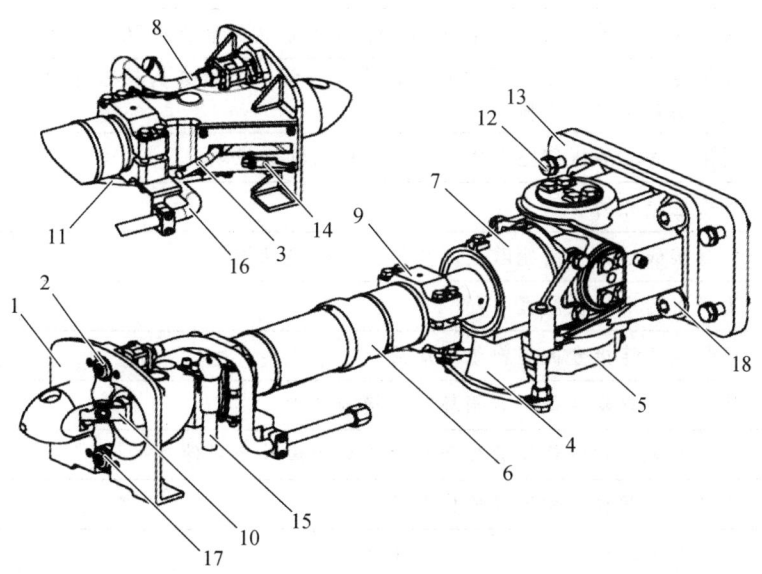

1—机械车钩;2—主风管连接器;3—解钩手柄;4—水平支撑;5—水平对中;6—压溃管;
7—缓冲装置;8—主风管;9—连接环;10—钩舌;11—接地线;12—过载保护装置;
13—安装转接板;14—支杆;15—安全销;16—列车风管;
17—列车风管连接器;18—安装螺栓。

图 5-34 半自动车钩缓冲装置组成示意图

表 5-1 车钩缓冲装置维修保养主要内容

项目	序号	检修内容及步骤	备注
车钩日常检修	1	检查是否有损坏的迹象以及紧固件是否松脱或遗失	
	2	检查机械车钩的钩舌和支杆是否损坏	
	3	检查压溃管是否有移动	
	4	检查主风管连接器、列车分管连接器是否损坏	
	5	检查连接环紧固件是否损坏或遗失	
	6	检查过载保护装置及安装螺栓是否损坏	
	7	检查压溃管上的触发判断装置是否剪断或丢失	
	8	使用润滑脂对钩头凸凹锥进行润滑	
车钩间隙调整	1	检测之前应先清洁机械钩头表面及钩锁机构	
	2	将钩锁转至连挂位	
	3	从间隙规的钩舌板中取下连接杆销	
	4	将间隙规定位，使其表面与机械钩头表面贴合	
	5	使车钩连接杆钩住间隙规的钩舌板	
	6	使间隙规的连接杆钩住车钩的钩舌板	
	7	通过转动棘轮手柄调节间隙规钩舌板的位置，以便可以插入连接杆销	
	8	顺时针转动棘轮手柄，使间隙规处于张紧状态，调节扭矩为 100 N·m	
	9	间隙规上的游标尺可读至 0.1 mm，钩锁机构的磨损极限不得超过 1.4 mm	
	10	如果超过磨损极限，必须拆下钩头并分解，以检查钩锁零件的损坏和磨损情况，必要时将其更换	
电气连接器的检修	1	用干布和无油压缩空气吹扫，清洁触头和绝缘块	
	2	更换已损坏的触头	
	3	检查接线柱，并用兆欧表测量接线柱的绝缘性能	
	4	更换密封用的橡胶框	
	5	修复电气连接盒的塑料绝缘涂层	
风管连接器的检修	1	清洁和检查零件是否有损坏，更换损坏件	
	2	更换主风管和解钩风管弹簧阀对接口的橡胶密封件	
	3	更换主风管和解钩风管的橡胶管	
	4	用酒精清洁橡胶件，不得用润滑油脂处理	
	5	用润滑脂保护螺栓端部	
	6	用密封胶密封气管上的螺纹件，活接螺母不必密封	
	7	车钩装车前用肥皂液检查气管接头是否泄漏，测试气压应为 1.0 MPa	

> 习 题

5-1　(　　)的机械、气路和电路的连接及解钩都需要人工操作，但一般只有在架修以上的作业时才进行分解。
　　　A. 自动车钩　　　　　　　　B. 半自动车钩
　　　C. 半永久性牵引杆　　　　　D. 无法选择

5-2　国内六节编组列车一般采用-A*B*C=C*B*A-的布局，其中"-"表示(　　)。
　　　A. 自动车钩　　　　　　　　B. 半自动车钩
　　　C. 半永久性牵引杆　　　　　D. 无法选择

5-3　半永久性牵引杆用于(　　)之间的编组，使之实现连接和传力。
　　　A. 列车单元　　　　　　　　B. 同一单元内车辆
　　　C. 不同单元车辆　　　　　　D. 无法选择

5-4　缓冲器受力后产生的最大变形量称为(　　)。
　　　A. 行程　　　　　　　　　　B. 容量
　　　C. 能量吸收率　　　　　　　D. 静预压力

5-5　电气连接器内的触点为(　　)，保证电气连接时密接可靠，主要应用于自动车钩上。
　　　A. 固定触点　　　　　　　　B. 弹性触点
　　　C. 固定触点或弹性触点　　　D. 固定触点和弹性触点

5-6　贯通道的作用包括(　　)。
　　　A. 防风、防尘　　　　　　　B. 隔音、隔热
　　　C. 便于乘客在车厢内走动　　D. 实现车辆之间的柔性连接

5-7　叙述车钩缓冲装置的基本组成及各部分的作用。
5-8　车钩缓冲装置有哪些类型？各有什么特点？
5-9　以六节编组地铁列车为例，说明城市轨道列车中车钩的配置情况。
5-10　叙述 Scharfenberg 式密接式车钩的结构及作用原理。
5-11　叙述柴田式密接式车钩的结构及作用原理。
5-12　缓冲装置的作用是什么？
5-13　决定缓冲器特性的主要参数有哪些？分别是什么含义？
5-14　缓冲装置的类型有哪些？其结构和作用原理是怎样的？
5-15　叙述风管连接器的类型及作用。
5-16　叙述电气连接器的作用。
5-17　安装吊挂系统的作用是什么？
5-18　什么是车钩对中装置？有什么作用？
5-19　什么是过载保护装置？有什么作用？
5-20　叙述贯通道装置的结构组成。

第六章　牵引系统

城市轨道交通车辆电气牵引系统是由车辆上各种电气设备以及控制电路组成，并通过一套与电能有关的能量变换、传递和控制装置，实现外部接触网电能向动车车轮的传递。

城市轨道交通车辆电气牵引系统是由牵引动力系统、辅助供电系统和控制系统组成。牵引动力系统属于高压电路，一般为直流电压 1 500 V、750 V、600 V，辅助供电系统通常由三相 50 Hz、380 V/220 V 交流电路构成；控制系统则由直流电路组成，电压为 110 V/24 V 或其他电压值。

根据其作用和电压的不同，车辆电气牵引系统可分为三大部分：牵引高压电路（主电路）、辅助电源电路、控制电路；又可按功能的不同细分为主回路、牵引/制动回路、辅助回路、监控信息回路、照明回路、空调回路、附属设备回路、车门控制回路、车钩回路等。

第一节　城市轨道交通车辆电气牵引系统基础

主牵引传动系统（牵引高压回路）是牵引动力的载体，也是控制列车电制动力的载体。而辅助供电系统则是提供辅助供电，主要为以下系统供电：提供中压电源，供主传动系统通风降温，并控制通信低压电源；控制制动系统空压机用的通信低压；客室正常照明、全车应急照明灯；控制空调系统中的通信低压；低压电力供应列车的自动控制系统、通信和列车的综合管理系统。控制系统是指通过电气和器件的组合实现一定的逻辑功能，并通过单元模块控制程序的运算，再通过列车通信控制系统的实时响应，最终实现对列车的有效控制，实现牵引和制动控制相关功能的系统。

一、牵引高压电路

为满足城市轨道交通客运量的需要，城市轨道交通车辆的编组一般为 3、4、5、6 等几种形式。北京某地铁线路列车采用 2 动 2 拖 4 辆编组，如图 6-1（a）所示；长春地铁 1 号线则是采用 4 动 2 拖 6 辆编组，如图 6-1（b）所示。Tc 车为拖车，内有驾驶室，M 车为动车，内有受流器。可对列车进行牵引制动控制的驾驶员操作台设置在 Tc 车上。

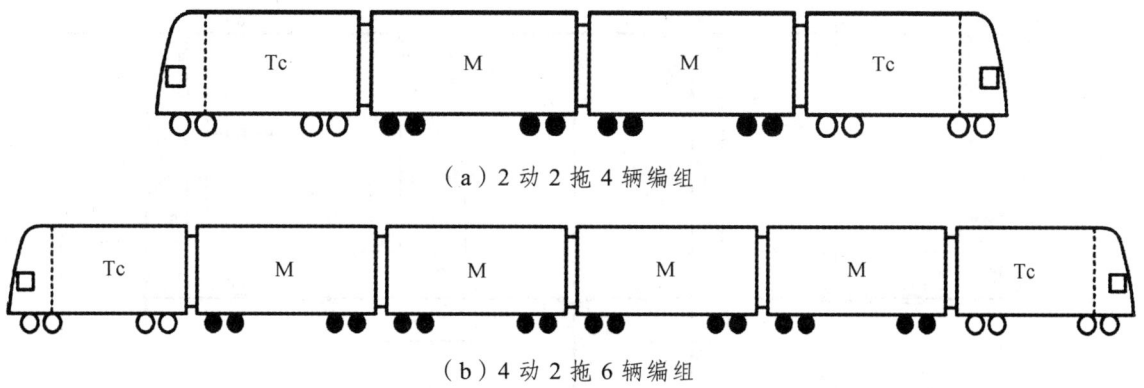

（a）2动2拖4辆编组

（b）4动2拖6辆编组

图 6-1 地铁列车编组

车辆采用 DC 750 V/DC 1 500 V 受流器供电方式，每列车有 2 个动力单元，每个动力单元由 1 个动车和 1 个拖车构成。如图 6-2 所示的动力系统，对于每个单元，在中间的 M 车上设置 4 个受流器，在 Tc 车上设置 2 个受流器，将电网提供的额定 DC 750 V/DC 1 500 V 高压电源提供给车辆高压设备；单元内设有高压母线，通过受流器保证牵引设备及各单元内辅助装置均可通电。此外，为了确保列车运行的可靠性，确保当一台受流器发生故障时，能保证所有辅助供电系统的高压供电，全列车都设置了辅助高压母线。列车高压牵引动力系统由受流器、高压电器箱（PH 箱）、牵引逆变器、滤波电抗器、牵引电动机（Traction Motor）、制动电阻（Braking Resistor）等部件构成。

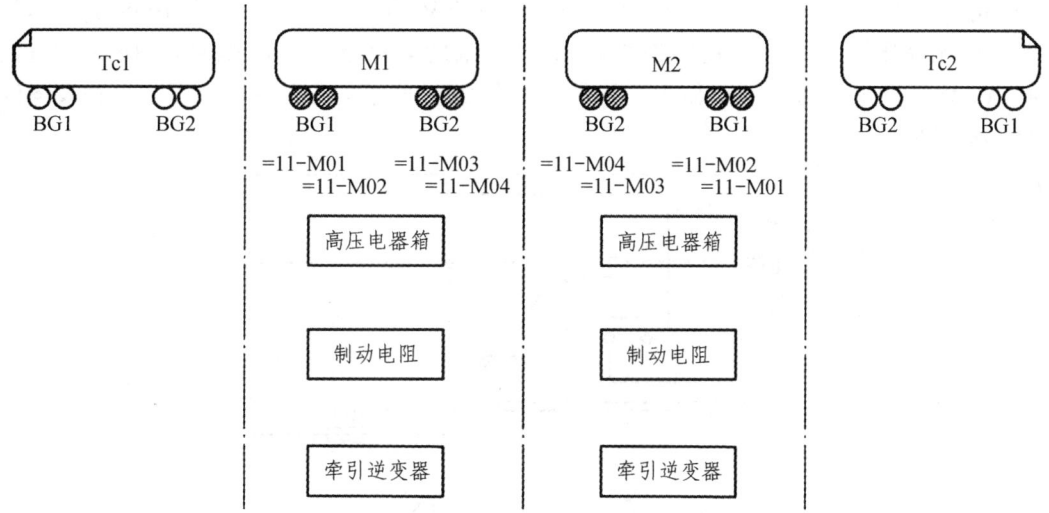

图 6-2 动力系统组成

如图 6-3 所示的车辆电路，主隔离开关（MQS）、高速断路器（High Speed Circuit Breaker，HSCB）集成在高压电器箱中，母线接触器（BLB）、母线高速断路器（BHB）、主熔断器（MF）集成在母线高速断路器箱中，母线熔断器（BF）、主熔断器（MF）集成在母线熔断器箱中，三位置转换开关（BQS）、辅助隔离开关（AQS）、辅助熔断器（AF）、辅助母线熔断器（BAF）、车间电源连接器（WXP）、网压检测电压传感器（SV）、网压检测电路熔断器（VF）、隔离二极管（VD1）集成在辅助高压电器箱中。

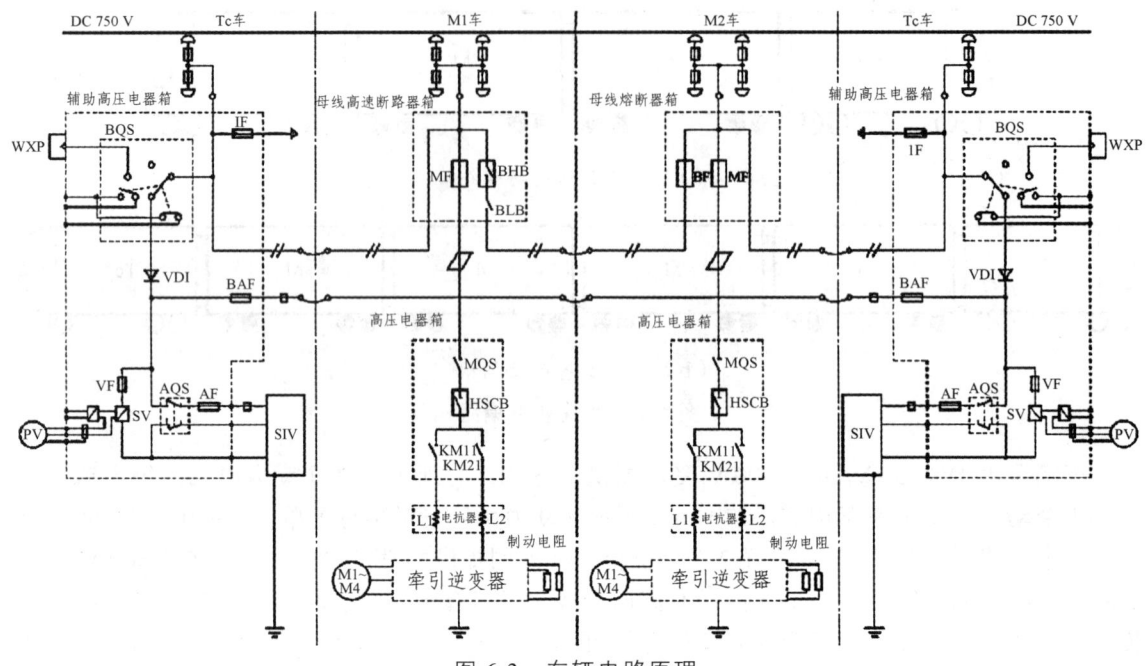

图 6-3　车辆电路原理

如图 6-4 所示的三位置转换开关（BQS）结构，有运行、车间、切除三个位置。当 BQS 处于运行位时，通过受流器受流的 DC 750 V/DC 1 500 V 电源接入牵引主电路及辅助高压电路。当 BQS 处于车间位时，车间电源输入的 DC 750 V/DC 1 500 V 电源由 BQS 的车间位接入，运行位无高压输入，牵引主电路被隔离，此时辅助电源由车间电源供电。BQS 带有低压辅助触点，该辅助触点将被引出作为联锁信号。当 BQS 处于切除位时，牵引主电路及辅助电源电路都被隔离。

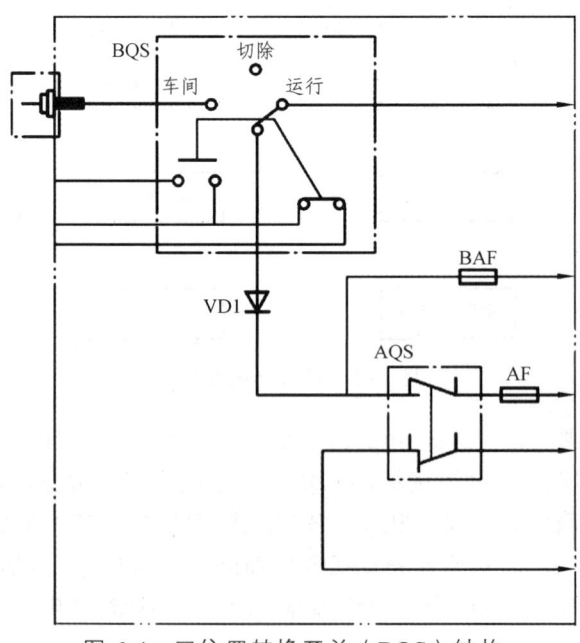

图 6-4　三位置转换开关（BQS）结构

高压牵引母线电路说明：BHB、BF 为单元内两个动车之间牵引母线的短路或接地保护。牵引母线电路的 BLB、BHB、BF 将车辆（Tc 车、M 车、M 车、Tc 车）间的所有高压输入贯通连接，以保证牵引系统可通过大的无电区且没有动力损失。

HSCB 为牵引系统的总开关。每个高压电器箱内都设有 1 个 HSCB，用于给车上的牵引设备提供过流和短路保护。HSCB 的断开方式有两种：一种是通过牵引控制单元（Drive Control Unit，DCU）来控制，另一种是通过脱扣分断导致过流、短路故障而断开。

DC 750 V/DC 1 500 V 电源从受电弓由前级高压电路被送到高压电器箱，再经 HSCB、充电接触器 KM12（KM22）、充电电阻 $R11$（$R21$）、短接接触器 KM11（KM21）传输到电抗器和牵引逆变器，如图 6-5 所示。KM12、KM22 是一种单极电磁式接触器，其作用是在牵引逆变器中对支撑电容器进行充电。充电接触器与 $R11/R21$ 一起作用，避免电压突变对支撑电容器造成损伤。

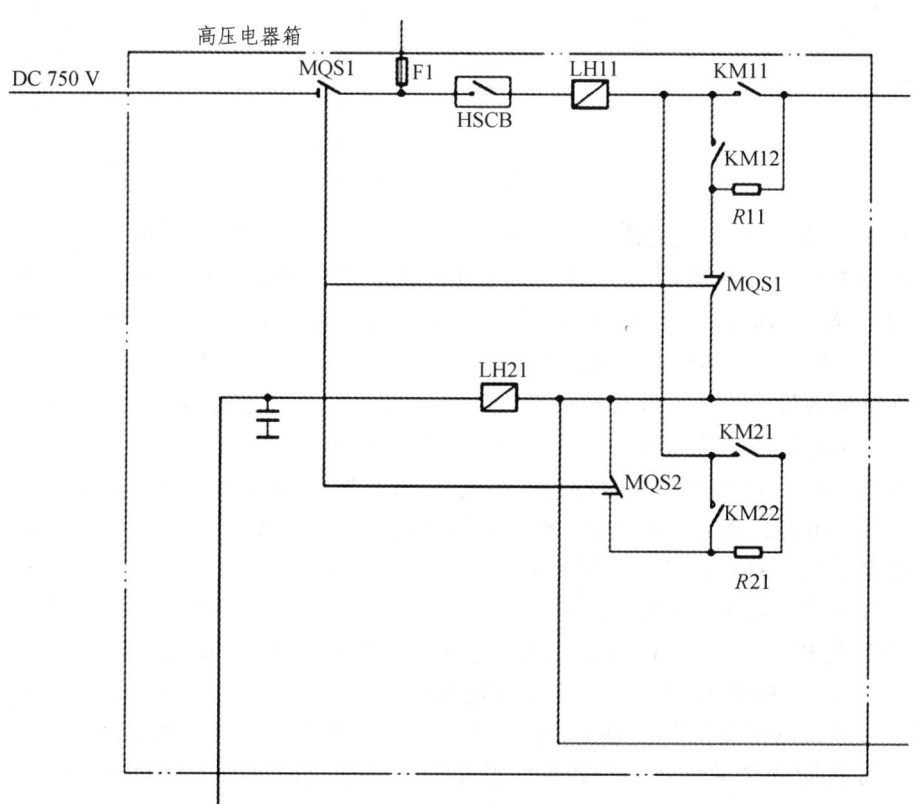

图 6-5 高压电器箱电路

牵引系统由变压变频（Variable Voltage Variable Frequency，VVVF）逆变器（牵引逆变器）和异步电动机构成的交流传动系统组成。为了实现热管散热器的自然冷却，VVVF 逆变器采用了高性能的交流传动直接扭矩控制策略。交流传动系统以反应敏捷、怠速可靠、滑行保护等特点而优先采用电制动。

作为整个交流传动系统的重要组成部分，VVVF 逆变器的基本功能是将直流电压从直流电源转换为三相交流电并供给牵引电动机。根据中间储能元件的不同，VVVF 逆变器可分为电压型逆变器和电流型逆变器。

二、辅助供电电路

如图 6-6 所示的辅助系统供电配置,图中画框的部分为北京燕房线辅助供电系统车载设备的配置,辅助电源将 DC 750 V 逆变成 AC 380 V,为空调、空气压缩机、照明及控制电路等提供稳定的三相四线制的交流电压,并将 AC 380 V 通过蓄电池充电器变换成蓄电池与低压直流负载使用的 DC 110 V 电压,DC 24 V 电压由 DC/DC 模块提供。

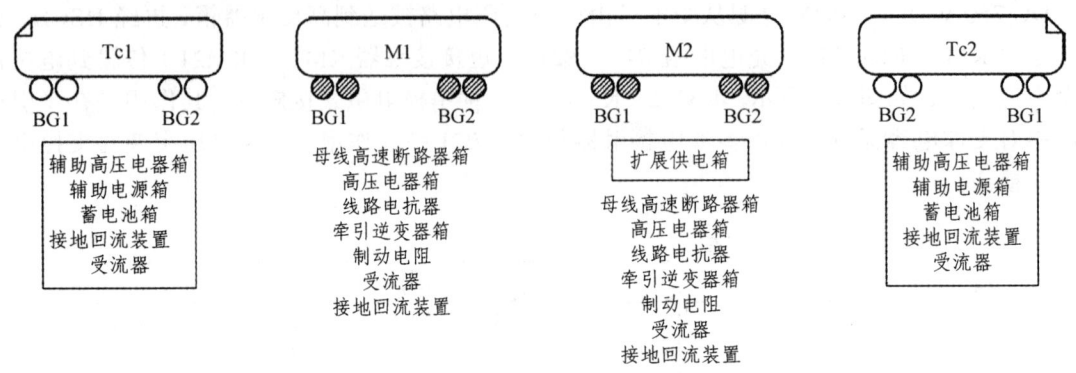

图 6-6 辅助系统供电配置

每个单元的 Tc 车上都会配置 1 个辅助高压电器箱,箱内设置 1 台辅助电源箱(SIV),每台 SIV 的输出功率总容量为 220 kW,其中辅助供电系统交流输出容量为 195 kW,直流输出容量为 25 kW。SIV 的交流输出同时作为蓄电池充电器的输入。当直流负载低于 25 kW 时,其余容量可用于 AC 380 V 负载输出。4 节编组的列车有 2 台 SIV,它们共同供电给正常运行的 4 节列车负载。当有一台 SIV 发生故障时,这台辅助电源箱的输出会被封锁,由另一台辅助电源箱通过扩展供电电路为整列车的基本负载供电。

对于 DC 110 V、DC 24 V 耗能设备的供电和 DC 110 V 蓄电池的充电,是在 2 个单元上各安装 2 个直流电源,直流电源 DC 110 V 的输出功率为 25 kW(含 DC 24 V 负载)。

辅助供电系统主电路设备分为辅助电源箱和扩展供电箱。DC 750 V 电压经辅助高压电器箱内的三位置转换开关(BQS)、辅助熔断器(AF)送入逆变电路。在逆变电路中,直流输入高压经直流滤波电抗器(FL)、电容器、充放电电路(RC、KM2、RD)、直流滤波电抗器(FC),送至 IGBT 逆变器进行逆变后输出脉宽调制(Pulse Width Modulation,PWM)交流电压,再送至输出变压器(TR1)进行电压隔离、降压,再经三相交流滤波器(ACC)滤波,即可得到谐波含量较低的三相准正弦电压,输出 AC 380 V、50 Hz 电压。单相交流 AC 220 V 电压可在任意一相输出线与变压器的中性点之间得到。

采用三相全波整流加半桥式高频 DC/DC 电路的 DC 110 V 蓄电池充电机电路,经三相电抗器(L_3)输入 DC 110 V 充电机模块,从逆变器电路输出稳定的 AC 380 V 电压。DC 110 V 充电机电路的工作原理:自动开关(QF11)预充电电阻(RD1、RD2)输入 AC 380 V 电压,进行三相整流桥整流,经滤波后得到直流电压(中间电路电压)。闭合接触器(KM11)端接预充电电阻,当中间电路滤波电容电压达到一定值时,中间电路电压经半桥变换电路变换为高频矩形波电压。经高频变压器隔离降压,再经高频整流桥整流,经 110 V 干线向 DC 110 V 蓄电池充电及向车辆 110 V 用电器供电后,然后经电抗器、电容器滤波,得到稳定的 DC 110 V 电源。

三、控制电路

牵引逆变器是牵引电动机进行控制的牵引控制单元（TCU）。每一台牵引逆变器由一个牵引控制单元（TCU）进行控制、监测和保护。图 6-7 所示为典型的牵引控制单元控制功能框图，TCU 内部采用 32 位高速微处理器（CPU）完成车辆逻辑控制、牵引/制动特性控制、通信管理及故障的传输与记录等功能。牵引逆变器控制（涉及矢量控制或直接力矩控制等）、黏着控制、斩波控制等功能均采用 32 位数字信号处理器（DSP）芯片完成。TCU 是牵引传动系统的控制核心，它在完成对牵引逆变器和交流异步牵引电动机实时控制、黏着控制的同时，还具有完整的故障保护功能、模块级故障自诊断功能和一定程度的故障自排除功能，接收列车通信网络或硬连线指令信号，控制主回路中的高速断路器（HSCB）和各接触器，输出牵引逆变器的控制脉冲。

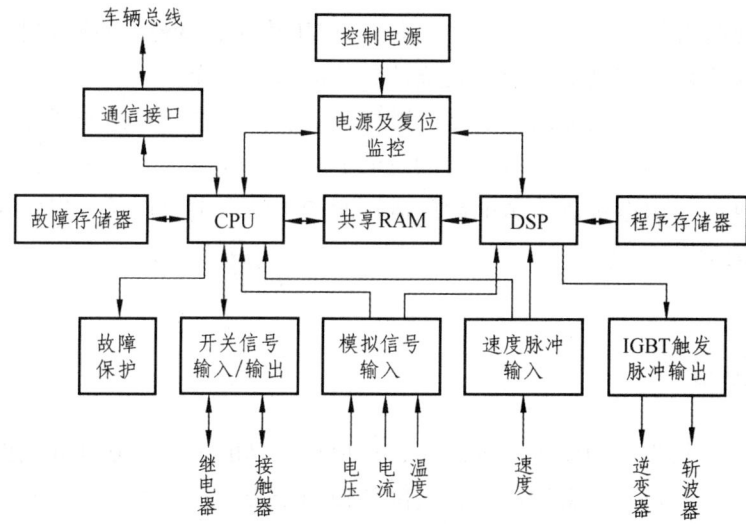

图 6-7 牵引控制单元的控制功能框图

牵引控制单元置于牵引逆变器箱体内，一般采用 6U 标准插箱，如图 6-8 所示。通过屏蔽电缆传输触发脉冲和反馈信号，从每个插箱的前面板输入/输出信号，实现对牵引逆变器的控制。

0	05	09	13	17	21	25	29	33	37	41	45	49	53	57
			辅助处理单元 PAU		信号处理单元 SPU	电机控制单元 MCU	脉冲转换单元 PCU	系统管理与通信 SMC	数字入出 DIO	数字入出 DIO		开关电源 PWR		
4R	4R	4R	4R	4R	4R	4R	4R	4R	4R	4R	4R	12R		

图 6-8 牵引控制单元（TCU）标准插箱配置图

牵引控制单元（TCU）的各项作用

第二节　城市轨道交通车辆牵引系统设备组成

电力牵引是一种以电能为动力的牵引方式。轨道交通车辆动力牵引系统的基本功能是车辆通过牵引供电网络吸收电能，或将车辆的机械能转化为电能，对车辆实施电制动，从而转化为驱动车辆所需的机械能。因此，以牵引电动机为控制对象，电力牵引系统通过调整电动机的牵引力和转速来满足车辆牵引和制动特性的需要。

动车转向架每轴装有额定输出功率为 190 kW 的三相鼠笼式异步电动机。此类电机在牵引工况时作为电动机使用，将电能转化为机械能，产生列车所需的牵引力。列车的牵引主回路由受电弓、高速断路器（HSCB）、高速开关、VVVF 牵引逆变器、牵引控制单元（DCU）、牵引电动机、制动电阻、控制器、接地装置及制动电阻等组成。

位于每节动车车底的变频变压逆变器由微机（牵引控制单元和逆变器保护单元）控制。在列车牵引时，该逆变器将由接触网获得的 DC 1 500 V 电逆变为三相变频变压交流电，并联提供给本车的 4 台牵引电机。牵引电动机运转所产生的牵引力矩通过齿轮传递到轮对上，从而带动列车的运动。

一、受电弓

受电弓是地铁车辆重要的受流装置之一，给地铁车辆的牵引、制动和辅助照明等设备提供能源的重要装置。目前，单臂受电弓在我国的使用量最大。在城市轨道和高速动车中，受电弓主要由绝缘子、底架、阻尼器、ADD（自动降弓装置）系统、升弓装置、下导杆、下臂、上导杆、上臂、弓头、碳滑板等部件组成，如图 6-9 所示。

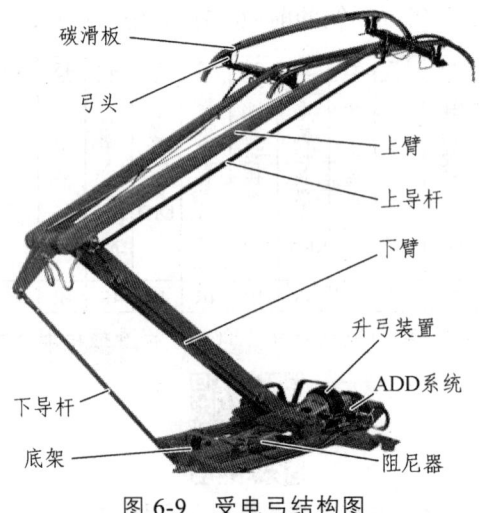

图 6-9　受电弓结构图

受电弓通过绝缘子安装在车顶上，底架支撑起受电弓框架，弓头固定在上框架端部，平衡杆可保证车辆在运行时弓头水平，使接触网与碳滑板良好接触。框架里所有杆件通过焊接和铰链连接固定。受电弓上框架的结构件比较多，大多采用焊接，在理论情况下，将受电弓简单处理成三杆机构。受电弓在电磁锁钩得电后解钩，充气抬升，并拉动钢丝使凸轮旋转，连接凸轮的下臂杆上升，在拉杆作用下上框上升，从而使弓头向竖直方向运动；升弓气囊控制受电弓的升弓状态。综上所述，受电弓运动的路径，与下杆臂息息相关。地铁车辆通过受电弓从接触网获取电流，受电弓通过与接触网接触，将接触网的电流传递到车辆。其电流传递过程为，电流从接触网传递到碳滑板，再到受电弓弓头，然后通过上框架、下臂杆传递到底架，最终传递给车辆。在不同结构相连的地方，为了减小接触电阻和电腐蚀，都连接有金属导线。

TSG18型受电弓的特点是车顶空间占用小，弓头质量轻；较小的弓头质量对流量的接收和更高的运行速度的适应都有好处，如表6-1所示。

表6-1　TSG18型受电弓技术参数

额定电压	DC 1 500 V
电压范围	DC 1 000～2 000 V
额定工作电流	1 500 A
车辆静止时最大电流	460 A
工作环境温度	−25～+45 ℃
运行速度	120 km/h
折叠高度（包括绝缘子）	≤310 mm
带绝缘子的最低工作高度	165 mm
带绝缘子的最高工作高度	1 950 mm
带绝缘子的最大升弓高度	（2 550±100）mm
绝缘子高度	80 mm
弓头长度	（1 550±10）mm
弓头高度	（220±10）mm
滑板长度	（800±1）mm
滑板宽度	60 mm
标称静态力	（120±10）N
静态力的可调节范围	70～140 N
额定工作气压	约550 kPa
升弓时间	≤8 s
降弓时间	≤8 s
弓头质量	10 kg
安装尺寸（四点）	（1 100±1）mm×（900±1）mm

二、高速断路器（HSCB）

高度断路器（HSCB）是一种低压控制高压的开关设备，其作用是利用 HSCB 过电流后的快速响应特性（如短路）来保护直流侧设备，将电网从车辆的高压设备中分离出来。高速断路器是一种能对电路进行控制（分断、闭合）和保护的高压电器，具有切断负载电流和短路电流的断弧能力。

列车超速、列车牵引系统失效、网压过电压或欠电压、线路过电流及 ATP 系统失效等是列车运行过程中造成高速断路器跳车的主要原因。

城市轨道交通车辆中主回路的过载和短路保护主要采用电空式快速断路器。其结构如图 6-10 所示，主要由气缸传动装置（气缸、活塞杆、拨叉）、动、静触点组，磁吹灭弧系统（电磁线圈、电磁铁、吹弧线圈）及快速过电流脱扣机构（拉簧、杠杆、连接机构、偏心凸轮）等组成。

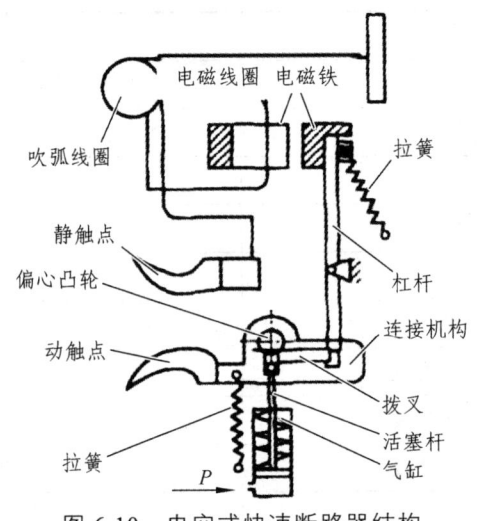

图 6-10 电空式快速断路器结构

电空式快速断路器是由电空阀控制接通和分断电路的，其工作原理如下：

当主回路过载或短路时，电磁铁及静触点的电流达到断路器脱扣的电流整定值，脱扣机构的电磁铁克服弹簧拉力而吸合，通过杠杆、拨叉拉动偏心凸轮，此时凸轮的凸出部分与活塞杆的沟槽分离，使得动触点在两侧拉簧的作用下与静触点快速分断。这时，气缸虽然还处于合闸状态，但由于偏心凸轮的位置已经变化，即向后移动了凸出部分，所以动触点可以落下。

由于偏心凸轮两侧装有扭簧，所以在过流跳闸完成后，必须使气缸电空阀失电，活塞杆下落，偏心凸轮在扭簧的作用下恢复到初始状态，这样才能够再次合闸。

电磁式高速断路器

三、高速开关

高速开关用于接通和分断列车的高压电路，是车辆的主要保护装置；当主电路发生短路、过载、牵引电动机环火等故障时能快速切断主电源。为了防止事故的扩大，要求高速开关动作迅速、可靠，并具有足够的断流容量。高速开关安装于带受电弓的动车上，每辆动车配备一台。当高速开关合上以后，电流从进线端流向静触点，并通过动触点、动触点臂、弹性连接板后，从出线端流出。由于电流流过导线时会产生磁场，且该磁场的强弱与电流大小有关，所以过载跳闸装置通过监测磁场来监控电流。一旦电流值超过过载跳闸装置的整定值，该装置动作，通过拉杆、释放锁件、转换机构等机械装置的动作，将动触点与静触点分断。在出现短路故障的情况下，过载跳闸系统动作太慢，此时短路快速跳闸装置动作，通过撞击螺钉直接撞击动触点臂，迫使动、静触点分断。其快速分断由转换杆和滚轴之间的专用压紧装置完成。在吸合、分断两种转换方式中，触点间将形成电弧，电弧由磁吹系统吹到灭弧栅中的灭弧触点中。电弧的走向一般先到灭弧触点末端，然后至上部灭弧栅。电弧在灭弧栅之间被分裂，强烈冷却。在短路情况下，触点开、断与机构的跳闸时间无关，灭弧栅快速灭弧会使电弧电压急速上升，从而对短路电流有很好的限流作用。

四、VVVF 牵引逆变器

VVVF 牵引逆变器能够将直流电转换成交流电，并能够调节输出交流电的电压和频率的大小，从而实现对交流牵引电动机的转矩和转速的控制。VVVF 技术分为两种：一种是脉冲幅值调制（Pulse Amplitude Modulation，PAM），变压变频分开完成；另一种是脉冲宽度调制（Pulse Width Modulation，PWM），利用半导体开关装置的导通和关断，将直流电压调制成电压可变、频率可变的电压脉冲，将变压变频集中在逆变器中一起完成。

变流器主要作用于直流传动系统的压力调节；对于交流电传动系统而言，直流电逆变为三相对称交流电，幅值和频率都是可控的，是变流器的主要作用。变流器输出可调的直流/交流电压，供给直流/交流牵引电机，产生所需要的牵引力，其相关联系如图 6-11 所示。

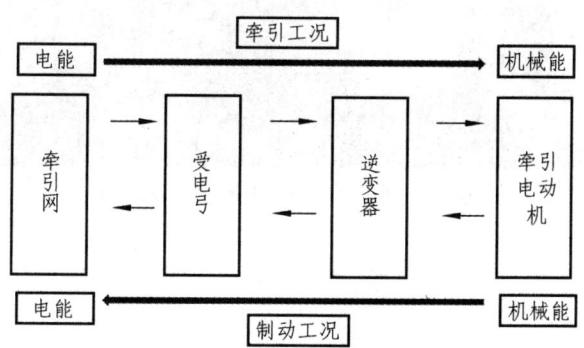

图 6-11 牵引逆变器的作用

电气牵引时，DC 750 V 或 DC 1 500 V 直流电压经三相逆变器变为交流三相电压，给牵引电机供电，实现电能到机械能的转换。电气制动时，牵引电机将机械能转换为电能，经三相逆变器变为直流电压并反馈到电网，实现机械能到电能的转换，称之为再生制动；或通过制动电阻，将机械能转化为热能，称之为电阻制动。

城轨车辆一般采用的VVVF逆变器由电源电流传感器、滤波电抗器、直流电压传感器、过电压释放晶闸管、过电压放电电阻、滤波电容器、IGBT模块、相电流传感器组成，其中IGBT是一种MOSFET与GTR（大功率双极型晶体管）的复合器件。IGBT是一种功率半导体器件，它既可以控制导通，又可以控制关断，属于全控型器件；晶体管导通是在门极加一定正向电压的情况下进行的，而在门极加反向电压的情况下则将晶体管关闭。

IGBT的工作特点：门极电压 $U_G > U_{G(th)}$ 时，IGBT 导通；门极电压 $U_G < U_{G(th)}$ 时，IGBT 关断；集电极电流 I_C 由门极电压 U_G 控制；IGBT需专用门极驱动电路，高电平时导通，低电平时关断。

五、牵引控制单元（DCU）

牵引控制单元（DCU）通过VVVF牵引逆变器和牵引电动机控制，将机车控制级给定值和控制指令转换为VVVF牵引逆变器所用的控制信号。DCU的主要作用有调节、保护、产生变频器脉冲；保护控制VVVF逆变器及牵引电动机；调整电制动；实现再生制动与空气制动的平滑过渡；具有控制列车加减速冲击限制的防空转/防滑保护，并具有保护通信网络功能及故障诊断功能。地铁牵引控制单元（DCU）如图6-12所示。

图 6-12 地铁牵引控制单元（DCU）

六、牵引电机

直流牵引电机能够对端电压和励磁进行调节，从而具有优异的牵引和制动性能，使调速变得轻松自如。然而，直流牵引电动机的换向器还存在一系列缺陷：换向困难，结构复杂，工作可靠性差，制造费用高，维护保养工作量大等。尤其是在高电压、高功率的情况下，换向的难度更大,降低了电机的工作可靠性。可调压调频逆变器是随着大功率晶闸管的快速发展而发展起来的,特别是近几年来,在交流电动机调速方面取得了成功。交流电动机在没有换向器的情况下,消除了由此产生的一系列问题,而且交流牵引电动机具有一系列优点,如结构简单,维修方便,体积小,质量小,转速高,功率大,能自动防滑,因而是一种较为理想的牵引电动机。

现阶段城轨车辆普遍使用的是交流异步牵引电动机,采用VVVF控制,即通过逆变器将直流电变为三相交流电,利用电压和频率的变化,对异步电动机进行转速变化的控制,从而达到最佳的调速性能,并实现再生制动。

1. 直流电机

直流电机由定子、转子两部分构成。直流电机中,定子用来产生磁场,提供磁路和作为电机的机械支撑。转子用来产生感应电势和电磁转矩,从而实现机电能量的转换。转子通过轴承与定子保持相对位置,两者之间有一个空气隙。直流电机结构如图6-13所示。

载流导体在磁场中会受到力的作用,若磁场与载流导体互相垂直,作用在导体上的电磁力大小为

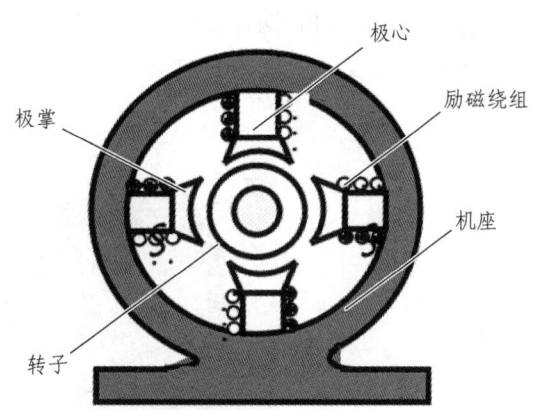

图 6-13 直流电机结构

$$f = Bli$$

式中,B 为磁感应强度(T);l 为导体长度(m);i 为导体中的电流(A)。

电磁力的方向可用左手定则确定。

换向:电枢绕组两端分别接在两个相互绝缘且和绕组同轴旋转的半圆形铜片——换向片上,组成一个换向器。换向器上压着固定不动的炭质电刷,如图6-14所示。由于电刷 ab 与换向片都在同时发生转向,这样就会使电流方向发生改变,而电磁转矩方向不变。

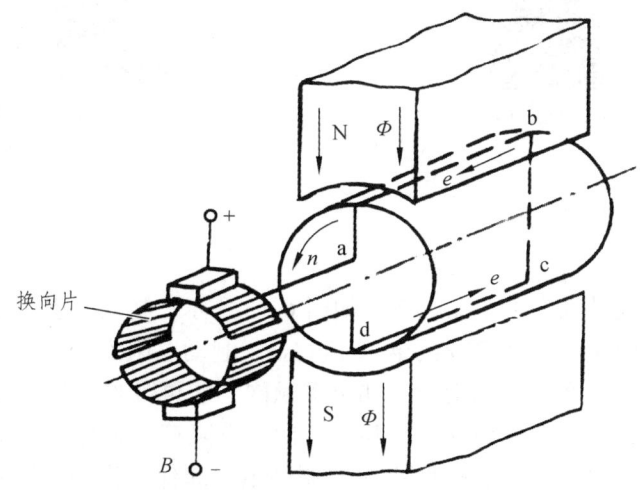

图 6-14 直流电机换向模型

直流电传动的好处在于调速性能好；不足之处在于防空转性能差；换向器和电刷同时转动，体积和质量都比较大，容易产生环火，维修问题也比较复杂。

2. 交流电机

交流电机由定子和转子结构组成，如图 6-15 所示。交流电机分为同步交流电机和感应交流电机两种。两种电机均为定子侧绕组通入交流电产生旋转磁场，但同步交流电机的转子绕组通常需要激磁机供给直流电（激磁电流）；而感应电机转子绕组则无须通入电流，电机结构简单，成本较低，工作可靠，寿命长，维修、运行费用低，防空转能力好。定子是铁心，由内壁有槽的硅钢片叠成。转子又分为鼠笼转子和绕线式转子。交流牵引系统也是当今世界各国轨道交通发展的总趋势，交流牵引系统已被世界各国公认为近代最优越的牵引调速系统。

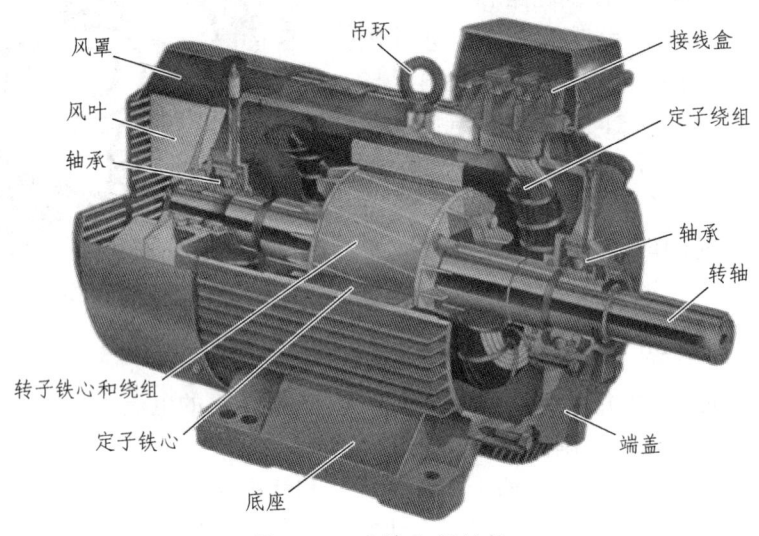

图 6-15 交流电机结构

直线感应电机

永磁同步电机牵引系统

七、制动电阻

制动电阻器用于地铁列车的电阻制动。如图 6-16 所示，制动电阻包括制动电阻外壳（内部安装有条状制动电阻）、压力监控器、温度监控器、制动电阻安装框架、接线盒。通风风扇包括电机、外壳、风叶。在列车制动时，如果接触网不能再吸收能量，制动能量将被转化成热能消耗在制动电阻上。每个牵引系统包括一个制动电阻箱，悬挂安装于车辆底架上。制动电阻器的冷却方式为强迫风冷（卧式通风），对制动电阻起保护作用。制动电阻器主要由主单元和通风风扇两部分组成。

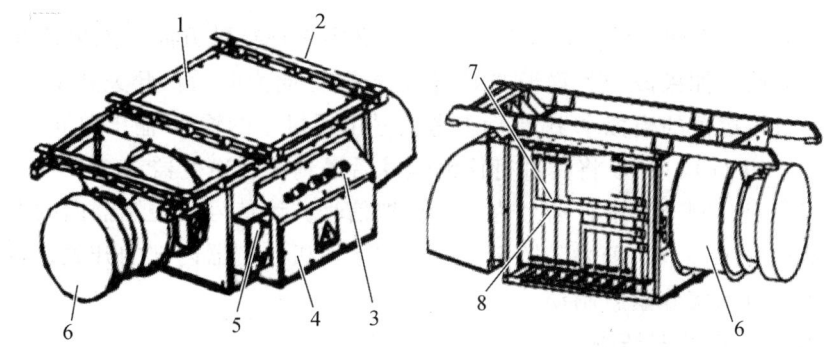

1—制动电阻外壳；2—制动电阻安装框架；3—接线柱；4—接线盒；5—温度监控器；
6—通风风扇；7—制动电阻带（条）；8—制动电阻连接铜排。

图 6-16 制动电阻结构

制动电阻的工作原理：列车制动时，电机工作在发电机状态，产生了制动电流。这个电流通过条状电阻，使电阻条发热，把电能转化成热能消耗掉。这就要求制动电阻具有良好的热容量，耐振动，抗腐蚀，在高温下不生成氧化层。特别要注意，在正常使用周期内，条状电阻不能断裂。

制动电阻通风风扇的作用是降低制动电阻箱内的温度，使制动电阻在制动电阻风扇强迫通风方式下正常工作。在每节动车上各有 1 个制动电阻箱及制动电阻风扇。制动电阻风扇的工作电源为三相交流 380 V。它的监控由风量监控压力传感器和制动电阻出口温度监控传感器完成。

风量监控压力传感器通过监控通风风扇的进风口与出风口间的压力差来确认风扇的工作状态是否正常。当压力差小于设定值时，本车 TCU（牵引控制单元）被封锁。通风风扇产生故障的原因可能是：灰尘挡住了风口，或风扇电机转速未达到额定值。制动电阻器出口设有温度监控传感器，用于监控制动电阻箱的出口温度，以确认风扇的工作状态是否正常。当检测到出风口温度大于设定值时，TCU 被封锁。

八、司控器

司控器是列车司机控制列车运行的主令控制器，是利用控制电路的低压电器间接控制主电路的电气设备，它被广泛应用于各种轨道交通领域。通过司控器，司机可以控制列车的牵引、制动工况以及运行方向。此外，司控器还具有司机警惕功能。因此，司控器质量的好坏直接影响到列车控制的操作平稳性以及各种工况的实现。

司控器是一种典型的组合电器，它采用凸轮触点式控制方式。根据应用环境、牵引系统及操作模式等不同的要求，司控器的结构、模式也各不相同，通常分为双控制手柄型和单控制手柄型，使用较多的是双控制手柄型。

司控器手柄有 4 个位置：牵引位、惰行位、常用制动位和紧急制动位。司控器集成了一个三位（前向位、中立位、后向位）方向选择开关和一个互锁的钥匙开关，可用于主控投入/断开。

司机钥匙在 ON 位上时，将激活主控端。司机必须选择行驶方向，如果该开关置于"F"位，行驶方向为向前。如果该开关置于"R"位，行驶方向为向后。开关处于"0"位，则没有行驶方向。来自司控器的模拟牵引/制动参考信号由司机室的输入/输出单元（RIOM）读取到整车控制单元（VCU），VCU 将其进行比例运算后送到牵引逆变器。

司机控制器牵引、制动、惰行信号为电压模拟信号，该信号由控制器内的电位计产生。

司机控制器设置了一个"警惕"按钮。通过按下司机控制器内部的开关，表明操作了警惕功能，列车将会自动实施紧急制动。

如图 6-17 所示为司控器结构。

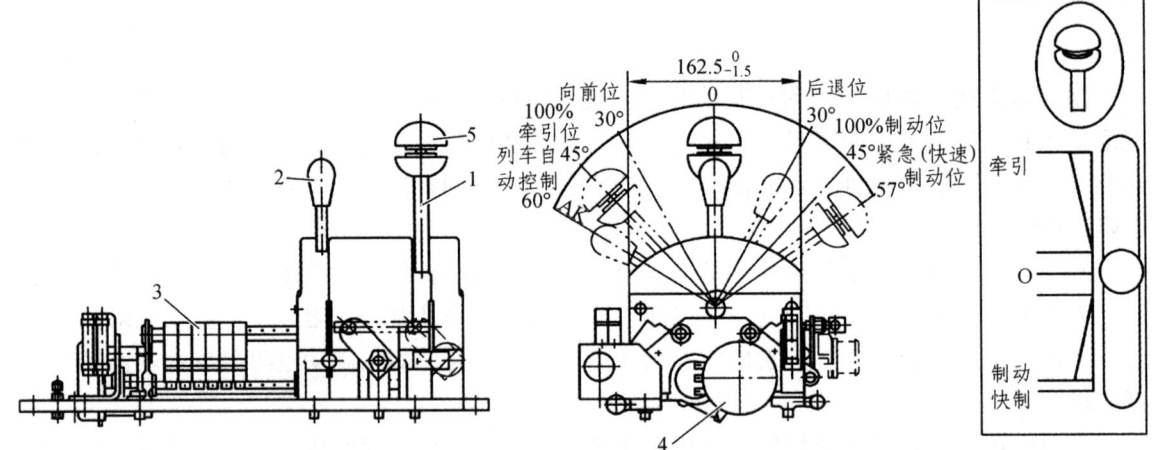

1—主控制手柄（DCH）；2—方向手柄；3—主控制钥匙；4—警惕按钮（DMS）；5—电位器。

图 6-17 司控器结构示意图

1. 主控制手柄（DCH）

主控制手柄设 4 个位置："牵引"位、"0"位、"制动"位、"快速制动"位。

其中，"牵引"位为无级加速位，"制动"位为无级减速（电制动）位，"快速制动"位为空气制动位。各城市地铁车辆的"牵引"位和"制动"位的推动方向设置有所不同。例如，有的设置为向前推动为"牵引"位，向后拉动为"制动"位。即把主控制手柄向前推，列车加速向前；把主控制手柄向后拉，列车实施制动；当把主控制手柄向后拉到极限位时，列车实施快速制动；若把手柄推回到"0"位，列车惰行。而另一种设置则与此相反。

2. 方向手柄

方向手柄设 3 个位置："前进"位、"0"位、"后退"位。该手柄主要用来选择车辆的运行方向。如果在运行途中转动了方向开关，列车会立即紧急制动。

3. 主控制钥匙

钥匙开关用于激活司机台，作为启动车辆的电源开关。它设置了 2 个位置："ON"位和"OFF"位。两个位置的夹角为 90°。

组合开关包括动、静触头。

4. 警惕按钮（DMS）

在主控制柄顶端设置了警惕按钮，它分成两个半圆头，在弹簧的作用下，若两个半圆头分离，马上进入紧急制动状态。因此驾驶员在正常工作时，一定要将两个半圆头用拇指并拢（另一种是向下按压），停好车后才能松开。

人工驾驶模式时，警惕按钮必须被按下。在牵引过程中若松开警惕按钮的时间超过 3 s（有的城市地铁车辆设置为 4 s 或 5 s），列车将触发紧急制动。若在规定时间内重新按下警惕按钮，列车不会触发紧急制动，保持原来的牵引状态。自动驾驶模式下，警惕按钮不起作用。

5. 电位器

主控制手柄底部连接有一个电位器。当主控制手柄从"0"位移向"100%牵引"位或"100%制动"位时，该电位器相应输出 0~20 mA 电流，向控制电路发出指令信号，以控制车辆的运行速度。

司机控制器输出模式

实践操作

实训项目　受电弓维修保养（月检）实践操作

1. 实训目的

（1）掌握受电弓的基本结构与原理。

（2）掌握受电弓的故障检修部位及常用检修方法。

2. 实训设备

设备：受电弓。

工具、消耗品：一字螺丝刀、十字螺丝刀、擦拭纸、内六角扳手、开口扳手、活动扳手、润滑脂、润滑油、酒精或清洗剂、抹布、手电筒或头灯、反光镜、清洁白纸若干、劳保手套、肥皂等。

量具：5 m 钢卷尺、0~100 kPa 气压表、50 cm 钢板尺、塞尺、水平尺、250 mm 游标卡尺等。

3. 实训内容

类比图 6-18 了解受电弓的组成及结构特点；掌握受电弓主要部件的工作原理及各部件间的装配关系与作用。

（1）各部件安装状态良好，紧固无松动。目视检查，弓头、上框架、平衡杆、拉杆、下臂杆、底架、支撑绝缘子、接线端子外观良好，接触线线鼻无延伸裂纹，紧固螺栓无松动，防松线清晰，如图 6-19 所示。

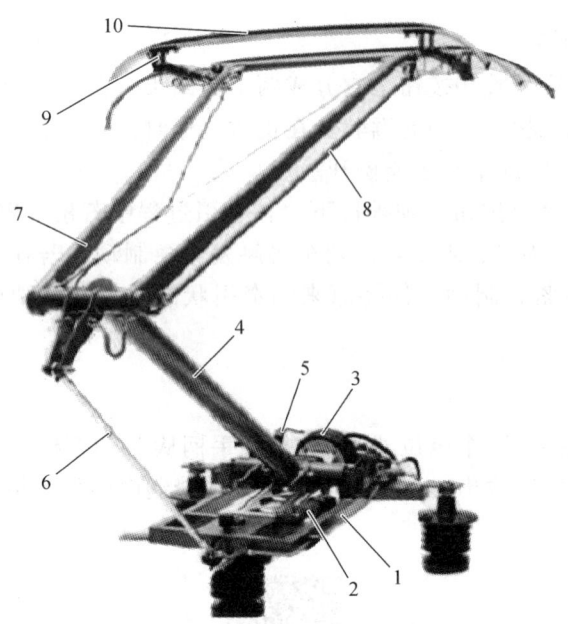

1—底架；2—阻尼器；3—升弓装置；4—下臂；5—弓装配；6—下导杆；7—上臂；
8—上导杆；9—弓头；10—滑板。

图 6-18 受电弓组成

图 6-19 螺栓检测

（2）检查底架、上框架、拉杆、平衡杆各部件无裂纹、缺失和变形，铰链系统润滑良好。目视检查，受电弓升起后，手动下压释放上框架，无卡滞现象，如图 6-20 所示。

图 6-20 受电弓

（3）碳滑板表面光滑，无偏磨，无电腐蚀，无空洞及凹凸不平，无氧化、裂损、变形、起层等异常现象；滑条与托架间无黑色开胶现象；滑板无沿列车运行方向的纵向裂纹；滑板边沿缺陷的长、宽不得同时超过接触网线的直径。

① 目视检查。如单根碳滑板有偏磨，则调整弓头下方的调整座螺栓。如两根碳滑板之间有偏磨，则调整平衡杆上的调整螺栓。

② 部件外观良好，防松线无错位。

（4）碳滑板和弓头悬挂装置间的连接处、弓头悬挂装置和上框架顶管间的连接处无松动。

① 目视检查连接处螺栓防松线是否出现错位，并检查弓头处风管是否存在明显弯折，若弯折明显，则要对风管进行更换，如图 6-21 所示。

图 6-21　连接处

② 测量碳滑板表面距铝托架底部的厚度 t。碳滑板表面距铝托架底部的厚度 $t>24$ mm，同一受电弓的两个滑板厚度差值≤5 mm。如需更换碳滑板，更换滑板后同一弓的两个碳滑板厚度差值≤3 mm。

（5）在碳滑板上取三个点，分别是碳滑板中间部位一个点，从滑板中部向两侧 200 mm 处分别取两个点，用游标卡尺测量碳滑板表面距铝托架底部的厚度，如不符合标准，则需同时更换两根碳滑板。同一受电弓前后 2 个碳滑板对应位置厚度差≤5 mm，如不符合标准，则需进行更换。

（6）托架无电弧灼伤、划痕等异常情况。目视检查：划痕宽度达 0.5 mm 以上的总长不超过 60 cm；直径大于 5 mm 的碰伤不多于 5 处。

（7）软连线外观良好，固定螺栓无松动；断股不超过 10%。

① 目视检查固定螺栓防松线无错位，断股不超过 10%。若需更换导流线，需在导流线连接压着面处用毛刷涂抹导电润滑脂。若接线端表面有锈蚀，先进行除锈处理，再涂抹导电润滑脂。

② 目视检查导流线安装螺栓紧固无松动，防松线清晰无错位，如图 6-22 所示。

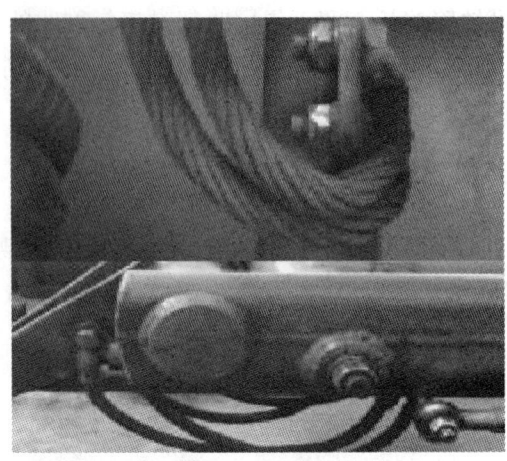

图 6-22　流线

（8）弓头无损坏、动作灵活。目视检查弓头外观，用手拉动框架部位，检查动作情况，确认无卡滞。

（9）支撑绝缘子无裂纹、表面干净，缺陷和电弧灼伤不超标。

目视检查绝缘子，对绝缘子的下表面及凹下位置用镜子反光检查。绝缘子表面缺陷如划痕、凸起、电弧灼伤等面积不超过 25 mm^2，深度不大于 1 mm，凸起表面应清理平整，凸起高度不大于 0.8 mm。用干抹布蘸清水清洁绝缘子表面，清洁后保持绝缘子干燥。

（10）升弓装置气囊无破损、无鼓包，固定良好；气囊沿纵向运动无偏离中心的现象；气囊各区的膨胀大小一致。

（11）钢丝绳润滑良好，滑动灵活，无断股及锈蚀现象；钢丝绳安装螺栓紧固无错位。

① 目视检查钢丝绳无断股现象，升降弓过程中观察钢丝绳动作是否灵活，无干涉卡滞。如果不灵活，在钢丝绳上涂抹壳牌润滑脂 WT3。

② 目视检查钢丝绳安装螺栓紧固无松动，防松线清晰无错位。

（12）气路软管无破损，无灼伤，无明显弯折痕迹。

① 目视检查，若有弯折现象，需进行调整，有损坏则需更换。

② 升弓试验，检查受电弓气路气密性。升弓试验时耳听有无漏气声音，对可疑位置刷肥皂水检查确认。

（13）绝缘支座表面干净，无损坏、无裂纹、无锈蚀。

用反光镜目视检查，用抹布蘸取高浓度酒精或专用清洗剂（电气清洗剂）进行清洁，清洁后绝缘子没有明显的灰尘堆积并保持干燥。绝缘子表面缺陷面积不超过 25 mm^2，缺釉面积不超过 100 mm^2。

习 题

6-1 在相同条件下，直流电机与交流电机相比，（　　）更容易发生空转。
　　A. 直流电机　　　　　　　　B. 交流电机

6-2 电制动中，通过发热将能量转换出去的制动方式称为（　　）。
　　A. 再生制动　　　　　　　　B. 电阻制动
　　C. 闸瓦制动　　　　　　　　D. 盘形制动

6-3 牵引系统的总开关是（　　）。
　　A. 熔断器　　　　　　　　　B. 受电弓
　　C. 牵引电机　　　　　　　　D. 高速断路器

6-4 IGBT 的工作特点为（　　）。
　　A. 门极电压 $U_G > U_{G(th)}$，IGBT 导通；门极电压 $U_G < U_{G(th)}$，IGBT 关断
　　B. 门极电压 $U_G < U_{G(th)}$，IGBT 导通；门极电压 $U_G < U_{G(th)}$，IGBT 关断
　　C. 门极电压 $U_G > U_{G(th)}$，IGBT 导通；门极电压 $U_G > U_{G(th)}$，IGBT 关断
　　D. 门极电压 $U_G < U_{G(th)}$，IGBT 导通；门极电压 $U_G > U_{G(th)}$，IGBT 关断

6-5 高速断路器的作用是什么？说明其安装位置。

6-6 司机控制器与司机钥匙开关之间的联锁存在什么联系？

6-7 简述受电弓月检的流程。

第七章　制动系统

现代轨道交通车辆制动系统由指令和通信网络系统、风源系统、制动控制装置和基础制动装置四部分组成。随着轨道交通技术的发展，现有城市轨道交通车辆采用微机控制方式，电制动和空气制动配合使用，优先采用电制动，这对车辆运行的平稳性、制动性能有重要意义。

第一节　制动系统的基本要求及分类

一、城轨车辆制动系统的基本要求

城轨车辆在满足其大起动加速度及较高运营速度要求的同时，还需要安全、可靠、高效的制动系统来保证其运行的安全。由于城市轨道交通的站距短，城轨列车的调速及停车制动都比较频繁；再加上城市轨道交通车辆的乘客上、下车频繁，对车辆制动有较大的影响。针对这些特点，城市轨道交通车辆的制动系统应具备以下条件：

（1）制动设备操纵灵活，作用灵敏可靠，列车减速度大，前后车辆制动、缓解作用一致。

（2）具有足够的制动能力，保证列车在规定的制动距离内停车。

（3）对新型的城市轨道交通车辆，一般要求具有电制动功能，在正常制动过程中，应充分发挥电制动能力，以实现节能环保的可持续发展理念。同时，还应具有电制动与摩擦制动协调配合的制动功能。

（4）制动系统应保证列车在长大下坡道上制动时，其制动力不会衰减。

（5）电动车组各车辆的制动能力应尽可能一致；同时具备根据乘客量的变化，实现空重车调整能力，以减少制动时的纵向冲动。

（6）具有紧急制动能力。遇有紧急情况时，能使城轨列车在规定距离内安全停车。紧急制动除可由司机操纵外，必要时还可由行车人员利用紧急按钮进行操纵。

（7）城轨列车在运行中发生诸如列车分离、制动系统故障等危及行车安全的事故时，应有自动紧急制动的功能。

二、制动系统分类

城轨车辆制动系统可按制动时动能转移方式、制动力获取方式、制动源动力和制动机形式进行分类。

1. 按列车动能转移方式分类

按照制动时列车动能的转移方式不同,制动方式可以分为摩擦制动和电制动。

1) 摩擦制动

摩擦制动通过摩擦副的摩擦将列车的运动动能转变为热能,自然逸散于大气,从而产生制动作用。城轨车辆常用的摩擦制动方式主要有闸瓦制动、盘形制动和磁轨制动三种。

(1) 闸瓦制动

闸瓦制动又称为踏面制动,它是列车最常用的一种制动方式,如图 7-1 所示。制动过程中闸瓦压紧车轮,车轮与闸瓦间发生摩擦,将列车的动能通过车轮与闸瓦间的摩擦转变为热能,逸散于空气中。

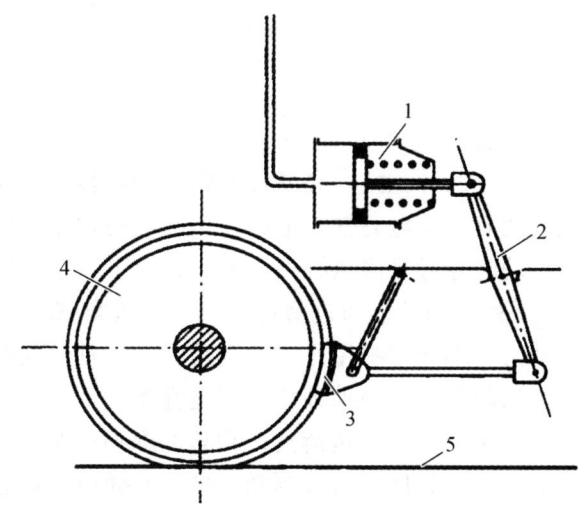

1—制动缸;2—基础制动装置;3—闸瓦;4—车轮;5—钢轨。

图 7-1 闸瓦制动

在车轮与闸瓦这对摩擦副中,车轮主要承担着车辆的走行功能,因此其材料不能随意改变摩擦性能。要改善闸瓦制动的摩擦性能,就只能通过改变闸瓦材料的方法。早期的闸瓦材料主要采用铸铁材料,为了改善摩擦性能和增加耐磨性能,目前城市轨道交通车辆中多采用合成闸瓦。但合成闸瓦存在导热性较差的缺点,因此也有采用导热性能良好,且摩擦性能良好的粉末冶金闸瓦。

在闸瓦制动中,当列车制动功率较大时,摩擦产生的热量来不及逸散于大气,会在闸瓦与车轮踏面上积聚,使它们的温度升高,摩擦性能下降,严重时高温会导致闸瓦熔化(铸铁闸瓦)和轮毂松弛等。因此,在采用闸瓦制动时,对制动功率要有限制,以保护基础制动装置。

(2) 盘形制动

盘形制动根据安装方式有轴盘式和轮盘式之分,如图 7-2 所示。列车一般采用轴盘式,当轮对之间由于牵引电机等设备安装使制动盘安装发生困难时,可采用轮盘式。制动时,制动缸通过制动夹钳使闸片夹紧制动盘，使闸片与制动盘间产生摩擦，把列车的动能转变为热能，热能通过制动盘与闸片逸散于大气中。

盘形制动方式能双向选择高性能的摩擦副材料，同时具有良好的散热结构，列车制动功率比闸瓦制动高很多。

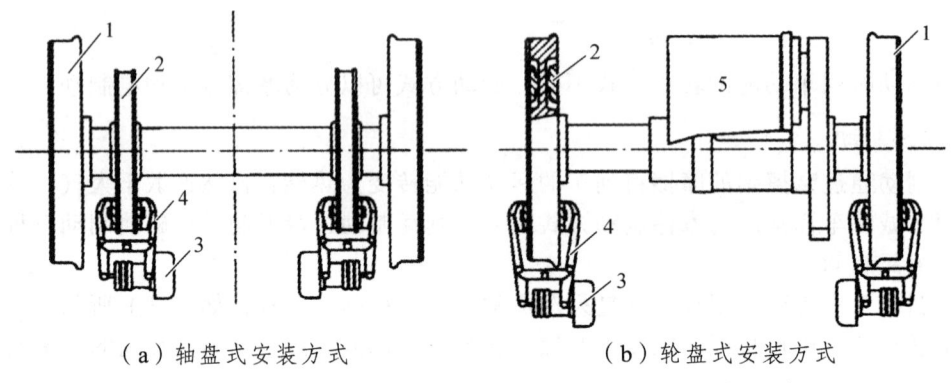

（a）轴盘式安装方式　　　　　（b）轮盘式安装方式

1—轮对；2—制动盘；3—单元制动缸；4—制动夹钳；5—牵引电机。

图 7-2　盘形制动

（3）磁轨制动

磁轨制动也称为轨道电磁制动，如图 7-3 所示。磁轨制动是一种传统的制动方式，根据安装方式可分为高悬挂和低悬挂两种方式。高悬挂磁轨制动在转向架前后两轮对之间的侧梁下安装升降风缸，风缸顶端装有两个电磁铁，电磁铁包括电磁铁靴和磨耗板，电磁铁悬挂安装在距轨面适当高度处，制动时通过升降风缸控制电磁铁落下，接通励磁电源使之产生电磁吸力，电磁铁吸附在钢轨上，列车的动能通过磨耗板与钢轨的摩擦转化为热能，逸散于大气。磁轨制动可获得较大的制动力，因此常被用作紧急制动时的一种补充制动手段。这种制动方式由于不受轮轨间黏着系数的限制，能在保证旅客舒适性条件下有效地缩短制动距离。但存在磨耗板与轨道摩擦产生的热量很多，热负荷高，钢轨的磨损情况也很严重等缺点。但因为其制动距离短，且结构又简单可靠，所以这种制动方式在有轨电车和轻轨车辆中使用较多。由于磁轨制动能获得较大的制动力，且与轮轨间黏着系数无关，所以在高速动车组上通常也安装有磁轨制动，但一般仅在紧急制动时才使用，常用制动时不用。

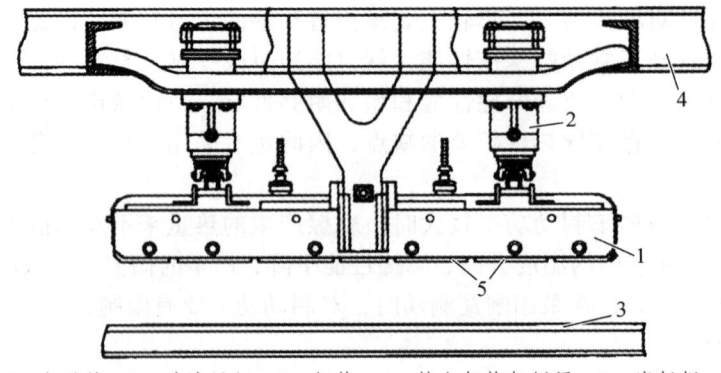

1—电磁铁；2—升降风缸；3—钢轨；4—转向架构架侧梁；5—磨耗板。

图 7-3　磁轨制动

2）电制动

从能量的观点来看，制动过程的本质是将列车的动能转移成其他形式的能量。制动系统转移动能的能力称为制动功率。在一定的安全制动距离下，列车的制动功率是其速度的三次函数。通常现代轨道交通车辆的速度高，同时列车质量也大，其制动功率如果只采用一种机械的方式（摩擦制动）实现能量转移是很难达到列车安全停车的要求。

现在通常采用的机械摩擦制动方式是前面介绍的闸瓦制动和盘形制动。摩擦制动时将列车动能通过摩擦变成热能，逸散于空气中。但是动能转化热能的速度高于热能散发的速度，这样会导致热量在闸瓦和车轮踏面间积聚，部件温度急剧升高，严重时高温可熔化闸瓦，或者由于高温会导致基础制动装置的机械性能变差。因此，采用摩擦制动方式时制动功率需要限制。同时，制动过程中因磨耗产生的粉尘和热量对环境也会造成严重污染，特别是通风条件差的隧道内，产生的粉尘和热量会对乘客和设备产生不利影响。此外，频繁使用摩擦制动，基础制动部件磨损量大，部件需要频繁更换，不仅维修成本高，车辆维修时间也长，会降低车辆的使用率。

为了减少机械摩擦，列车应尽量采用环保无污染的制动方式，目前普遍采用电制动方式来避免摩擦制动的缺点。电制动根据制动原理的不同又可分为动力制动和电磁涡流制动。

（1）动力制动

由于现代城市轨道交通车辆基本采用电力牵引的电动车组，牵引动力使用直流或交流电动机，动力分散式布置。因此以动力制动作为列车主要制动方式已成为城市轨道交通车辆的发展趋势。电动车组中有动车和拖车，拖车没有电动机，只能使用摩擦制动，动车都可以利用电机的可逆性采用动力制动，还可以承担部分拖车的制动力。

城轨车辆上采用的动力制动形式主要有电阻制动、再生制动、电容储能和飞轮储能，都是非接触式制动方式。其中，再生制动和电阻制动的原理如图 7-4 和图 7-5 所示。当列车常用制动时，电动机 M 转为发电机工况运行，从而将车辆的动能转变为电能，经 VVVF 逆变器整流成直流电反馈于接触网，反馈能量供列车所在接触网供电区段上的其他车辆牵引使用或供给本车的其他用电系统（如辅助供电系统等），此即再生制动过程。再生制动工作状态和接触网的接收能力有关，即取决于接触网网压高低和负载利用能力。如果制动列车所在的接触网供电区段内无其他列车能吸收该制动列车反馈的电能，VVVF 则将能量反馈在线路电容上，使线路电容电压 U_d 迅速上升，当 U_d 达到线网最大电压设定值 1 800 V 时，牵引控制单元（DCU）启动能耗斩波器模块 A14 上的门极可关断晶闸管 GTO，VT7、GTO 打开制动电阻 R7 回路，制动电阻 R7 与电容并联，从而将电机的反馈电能通过电阻回路转变成热能消耗，此即电阻制动过程（也称能耗制动过程），电阻制动也能单独满足常用制动的要求。

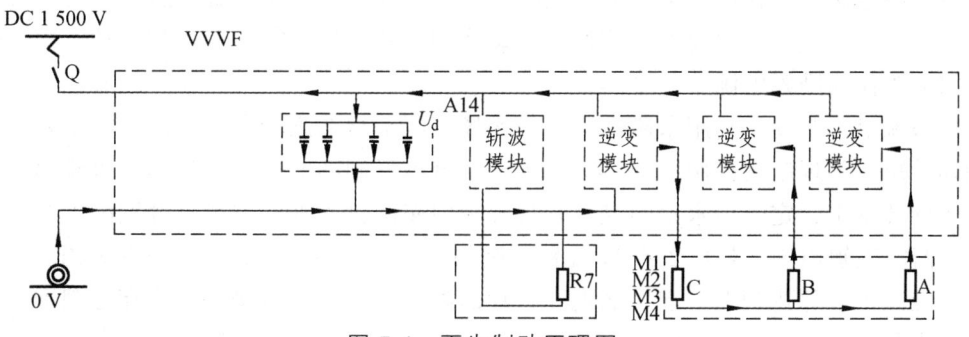

图 7-4 再生制动原理图

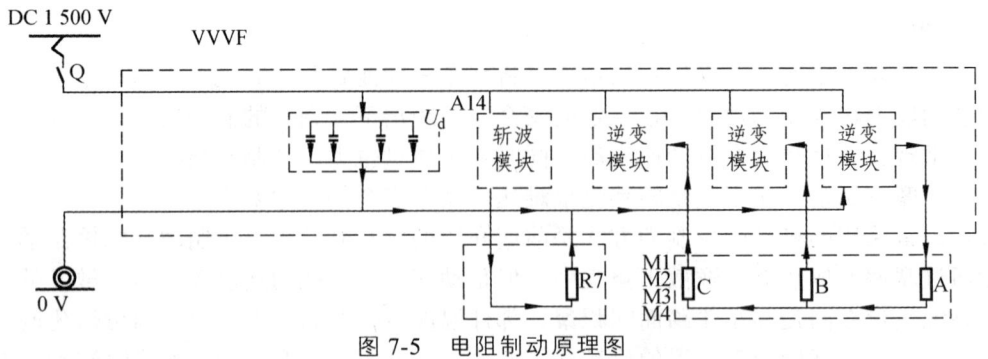

图 7-5 电阻制动原理图

① 电阻制动。制动时将发电机发出的电能加于电阻器中，使电阻器发热，把电能转变为热能。电阻器上的热能可靠风扇强迫通风增强冷却使之逸散到大气中。电阻制动可提供较稳定的制动力，但需安装体积较大的电阻箱，电阻箱可安装在车辆底架，也可安装在反馈线路等其他地方。

② 再生制动。在以上介绍的各种制动方式中，列车具有的动能几乎都转化为热能而消散于大气中。再生制动则是把列车的动能通过电机转化为电能后，再将电能反馈回电网供给其他列车使用。显然这种制动方式既能节约能源，又能减少制动时对环境的污染，同时制动过程基本上无磨耗。因此这是一种符合可持续发展理念的制动方式。

（2）电磁涡流制动

前面提到的磁轨制动，其优点是制动力大且不受轮轨间黏着系数的限制，但其缺点在于钢轨的热负荷和磨耗量很大。为了充分发挥磁轨制动方式的优点，又规避其不足，因此设计出电磁涡流制动。

电磁涡流制动的基本原理是利用电磁涡流在磁场下产生洛伦兹力，利用洛伦兹力的作用方向与物体运动的方向相反的物理原理来设计，这种制动方式具有无摩擦、无噪声、体积小、制动力大的优点。目前，轨道交通车辆利用电磁涡流制动的方式主要有盘形涡流制动和轨道直线涡流制动。

① 盘形涡流制动。

盘形涡流制动利用拖车安装在车轴上的制动盘切割磁力线产生涡流和洛伦兹力，根据产生磁场的机理不同可分为电磁涡流盘形制动和永磁涡流盘形制动。

日本新干线的高速动车组采用的是电磁涡流盘形制动原理，如图 7-6 所示。该图中 I_F 为励磁电流，使电磁铁心在制动工况下产生所需要的磁场；n 为轮对旋转速度；切割磁场产生制动力 T_B。电磁涡流盘形制动装置安装于电动车组的拖车上，需要利用相邻动车的牵引电机的主电路电源作为励磁电源。

永磁涡流盘形制动是利用永磁铁产生电磁场，制动盘在磁场中产生涡流阻止磁场增加，产生制动转矩，实现制动作用。图 7-7 为永磁涡流盘形制动的作用原理图，永磁涡流制动圆盘安装于旋转轴上，定子为永磁圆盘，并且分为内圈圆盘和外圈圆盘，分别配置有内、外两圈磁轭，两圈磁轭内均交替放置有 N 极和 S 极的永磁铁。在车辆正常运行时，内、外圈的永磁铁为异性磁极相邻排列在一起，磁轭和磁片的磁通均构成闭合磁路，不穿透制动圆盘，因此也不产生制动转矩。

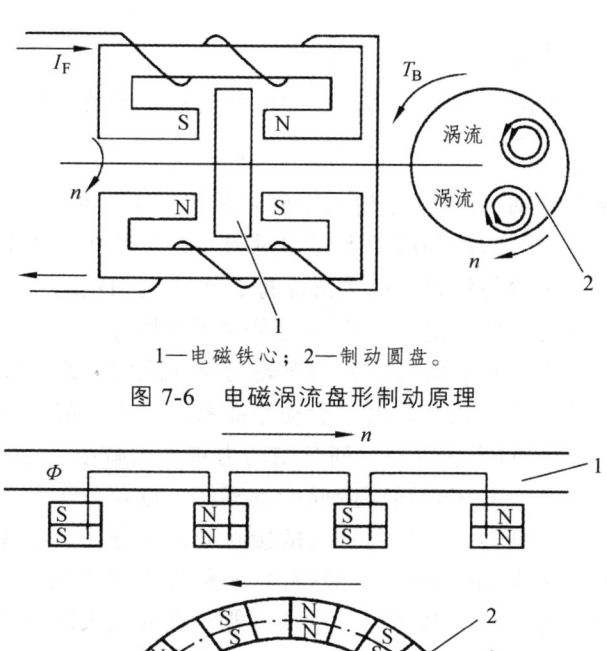

1—电磁铁心；2—制动圆盘。

图 7-6 电磁涡流盘形制动原理

1—制动圆盘；2—外圈磁极；3—内圈磁极。

图 7-7 永磁涡流盘形制动原理

② 轨道直线涡流制动。

轨道直线涡流制动通过对安装于转向架两侧车轮之间的条形磁铁励磁，列车制动时在钢轨上产生涡流使车辆减速停车，具有无摩擦、制动迅速等优点。同时，该制动装置可增加车辆轴重，提高车辆黏着力，其原理如图 7-8 所示。当列车处于制动工况时，由于电磁铁的 N 极和 S 极相对于钢轨运动，在钢轨内产生交变的磁场，使钢轨头部产生涡流，涡流与电磁铁相互作用，产生一个垂直于钢轨面的吸引力和一个与车辆运行方向相反的制动力。垂直于轨面的力可增加车辆的黏着力，与车辆运行方向相反的力就是电磁涡流制动力。但轨道涡流制动如果要得到很大的涡流制动力，则需要很庞大的制动装置，一般列车无法安装。这种轨道涡流制动装置主要应用在上海磁浮列车的制动控制系统中。

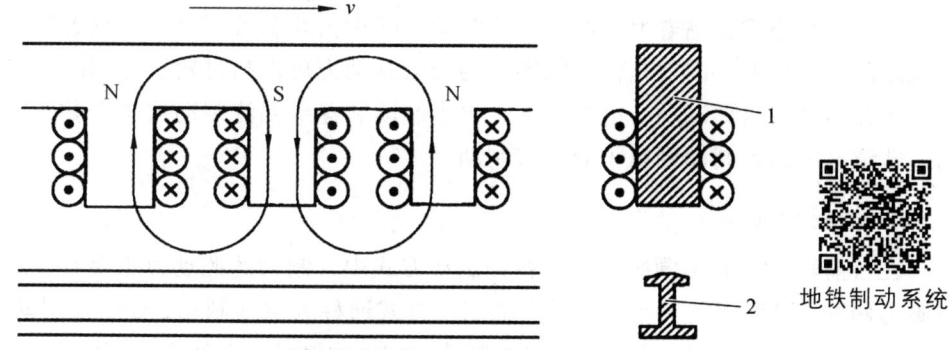

1—车辆制动部件；2—钢轨。

图 7-8 轨道直线涡流制动原理

2. 按制动力获取方式分类

根据列车制动力的获取方式不同，制动方式可分为黏着制动与非黏着制动。

1）黏着制动

列车制动时（以闸瓦制动为例），车轮与钢轨之间有以下三种可能的状态。

（1）纯滚动状态。车轮与钢轨的接触点无相对滑动，车轮在钢轨上做纯滚动。这时，车轮与闸瓦之间为动摩擦，车轮与钢轨之间为静摩擦，车轮与钢轨之间可能实现的最大制动力是轮轨之间的最大静摩擦力。但这是一种难以实现的理想状态。

（2）滑行状态。车轮在钢轨上滑行，此时车轮与钢轨之间的滑动摩擦力为列车制动力。这是列车制动时必须避免的事故状态，由于滑动摩擦系数远小于静摩擦系数（滑动摩擦力远小于最大静摩擦力），因此一旦发生滑行，列车制动力将大大减小，制动距离会延长；同时车轮在钢轨上长距离滑行，还会对车轮踏面造成严重擦伤，危及行车安全。

（3）黏着状态。列车制动时，车轮与钢轨的接触处既非静止，也非纯滑行状态，车轮在钢轨上滚动的同时又有微量滑动的趋势，把这种状态称为黏着状态。黏着状态下车轮与钢轨间的最大水平作用力称为黏着力。制动时，车辆可能实现的最大制动力不会超过黏着力。黏着力与轮轨间垂直载荷的比值，称为黏着系数。依靠黏着滚动的车轮与钢轨黏着点之间的黏着力来实现车辆的制动称为黏着制动。黏着制动方式制动力大小不会超过黏着力大小。黏着制动时，为了获得较大的制动力，需要具有较高的黏着系数。然而黏着系数受列车运行速度、气候条件、轮轨表面状态以及列车是否采取增黏措施等诸多因素的影响，是一个有很大离散性的参数。因此目前尚未有黏着系数的理论公式。世界各国普遍采用大量的试验来获得黏着系数的经验公式，例如，日本东海道新干线的黏着系数经验计算公式为

$$\mu = \frac{27.3}{v+85} \text{（干燥表面）}$$

$$\mu = \frac{13.6}{v+85} \text{（潮湿表面）}$$

式中，v 为列车运行速度（km/h）。

2）非黏着制动

列车制动时，制动力的提供不再依靠轮轨之间的黏着力，而由其他方式提供制动力，列车制动力的大小不受黏着力限制，这些制动方式称为非黏着制动。非黏着制动的制动力不从轮轨之间黏着获取，因而车辆可能实现的最大制动力可以超过轮轨之间的黏着力。

闸瓦制动、盘形制动、电阻制动、再生制动和盘形涡流制动均属于黏着制动；而磁轨制动、轨道直线涡流制动则属于非黏着制动。

3. 按制动源动力分类

在目前轨道交通车辆所采用的各种制动方式中，制动的源动力主要有压缩空气的压力和电磁力两种。以压缩空气作为源动力的制动方式通称为空气制动，如闸瓦制动、盘形制动等；以电磁力为源动力的制动方式称为电磁制动，如动力制动、磁轨制动等均为电磁制动。此外，部分列车采用其他源动力，如有机械制动、液压制动等。

4. 按制动机的形式分类

城轨车辆制动机是列车制动系统的控制核心，它可以在司机或其他控制装置（如 ATP、ATC 等）的控制下，产生各种制动作用。城轨车辆用的制动机，一般均选用电空制动机，如我国自行研制的 DK 型电空制动机、SD 数字式电空制动机以及目前在国内外大量使用的数字式和模拟式电空制动机等。

第二节　KBGM 电空制动机

我国城市轨道交通车辆多采用德国克诺尔（KNORR）制动机公司生产的 KBGM 模拟式电空制动装置。以上海地铁 DC01 型列车为例，它通过列车总线贯通整个列车，形成连续回路。该模拟制动装置的操作是采用电控制空气、空气再控制空气的控制方式。制动的电指令采用脉冲宽度调制（PWM）原理，可实现制动无级控制。该列车的制动方式有三种，即再生制动、电阻制动和空气（摩擦）制动，制动过程中具有不同的优先等级，分别为第一、第二和第三优先制动。

该列车早期编组为 6 节，即 A-B-C-B-C-A，其中 A 为带司机室的拖车，B 为动车，C 为带空气压缩机组的动车；后期编组为 8 节，即 A-B-C-B-C-B-C-A。当列车开始制动时，首先使用动力制动，即再生制动和电阻制动。电阻制动是承担不能再生利用的那部分反馈电能。如果再生制动反馈的电能不能利用，则由制动电阻将其全部消耗掉。当列车速度降低到 10 km/h 以下时，动力制动将被全部切除，改为空气（摩擦）制动提供制动力。

地铁列车的构造速度为 80 km/h，平均（旅行）速度约为 35 km/h。列车的平均制动功率应保证在整个速度范围内的制动平均减速度达到 $1.15\ m/s^2$。当制动初速为 80 km/h、60 km/h、40 km/h 和 20 km/h 时，列车应达到停车的时间分别为 $19.3 \times (1 \pm 15\%)$ s、$14.5 \times (1 \pm 15\%)$ s、$11.1 \times (1 \pm 15\%)$ s 和 $5.6 \times (1 \pm 15\%)$ s（反应时间除外）。列车紧急制动时要求平均减速度应达到 $1.3\ m/s^2$。当制动初速为 80 km/h、60 km/h、40 km/h 和 20 km/h 时，达到紧急停车的时间分别为 $17.1 \times (1 \pm 15\%)$ s、$13.7 \times (1 \pm 15\%)$ s、$8.6 \times (1 \pm 15\%)$ s 和 $5.6 \times (1 \pm 5\%)$ s（反应时间除外）。

KBGM 模拟式电气指令制动系统由供气单元、制动控制单元（BCU）、微机制动控制系统（MBCU）、防滑系统和单元制动机五部分组成，其中控制系统是制动装置的核心。

一、供气单元

供气单元主要由 VV230/180-2 型活塞式空气压缩机组 A2.1、单塔空气干燥器 A2.3 和多个风缸组成。只有 C 车配置空气压缩机组和空气干燥器设备，即一列 6 节编组车辆有 2 套供气机组，而一列 8 节编组车辆则有 3 套供气机组。其他每节车，无论拖车还是动车，都安装 4 个风缸，分别为 250 L 的总风缸、100 L 的空气悬挂系统（空气弹簧）风缸、50 L 的制动储风缸和 50 L 的客室风动门风缸。在每个 C 车上另外单独设有一个 50 L 的再生风缸,用于空气干燥器清洁再生。

由图 7-9 可见,空气压缩机组 A2.2 要为每个车组(A-B-C 或 B-C)提供足够干燥的压缩空气,在供气过程中由安全阀 A2.6 和压力继电器(气电开关)A13 对空气压力进行监控。安全阀的锁定值为 1 000 kPa;压力继电器是空气压缩机组电动机启停的控制元件,它的开启压力设定为 700 kPa,切断压力设定为 850 kPa。整个供气系统主要为空气制动供气,同时提供给受电弓升降、客室气动门、空气悬挂系统和刮雨器等设备所需的压缩空气。

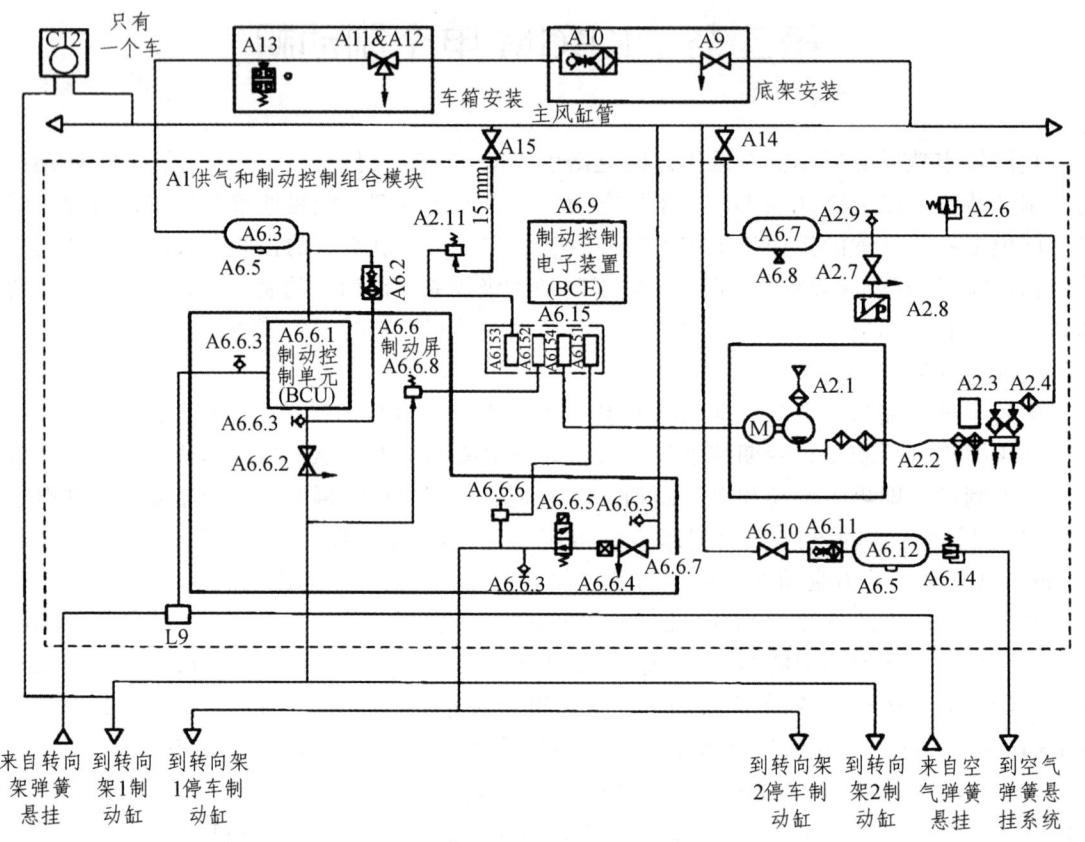

图 7-9 模拟空气制动及供气系统

单塔空气干燥器 2.3 输出的压力空气通过单向阀 A14 和总风管到达每节车的总风缸 A9、制动储风缸 A6.3、空气弹簧风缸和客室车门风缸。司机室驾驶台上的双针压力表用红色和黑色指针分别显示总风管压力和制动缸压力。

在空气制动系统中,由制动储风缸进入制动控制单元(BCU)的压力空气,在微处理机和制动控制单元(BCU)的控制下,根据制动工况把所需压缩空气送到转向架上的各单元制动机,中间经过数个截断塞门和防滑阀 A6.6.5 等设备。防滑阀 A6.6.5 仅受微处理机的防滑系统控制,用于车辆防滑控制,减少车辆滑行。在制动和缓解过程中,不产生防滑控制时,防滑阀 A6.6.5 仅作为进出制动缸的压力空气的通道,不产生任何动作。

此外,总风管还通过截断塞门、减压阀、电磁阀及双向阀通向具有弹簧(停车)制动器的单元制动机(图 7-9 中未标出)。这条通路可由司机在驾驶室内操纵停放制动电磁阀来自动控制列车停放制动的施加或缓解，弹簧（停车）制动器也可手动缓解。双向阀的另一端与单元制动缸相连，制动施加时只允许一条通路连通，避免常用制动与停放制动同时施加而造成制动力过大。

1. 活塞式空气压缩机

空气压缩机为列车各用风设备提供所需的压缩空气，目前在城市轨道交通车辆上使用的空气压缩机主要有活塞式、螺杆式两种。下面以活塞式空气压缩机为例，介绍其工作原理。

1）VV120 型空气压缩机

活塞式空气压缩机一般均由固定机构、运动机构、进排气机构、中间冷却装置和润滑装置等组成。其中，固定机构包括机体、气缸、气缸盖，运动机构包括曲轴、连杆、活塞，进排气机构包括空气滤清器、气阀，中间冷却装置包括中间冷却器（简称中冷器）、冷却风扇，润滑装置包括润滑油泵、润滑油路等。VV120 型空气压缩机单元由 3 个活塞缸、中间冷却器、后冷却器和电动机组成，它采用空气冷却并且提供公称压力 1 MPa 的冷却压缩空气，以约 950 L/min 的供风量供给车辆制动系统。

VV120 型空气压缩机的结构如图 7-10 所示。

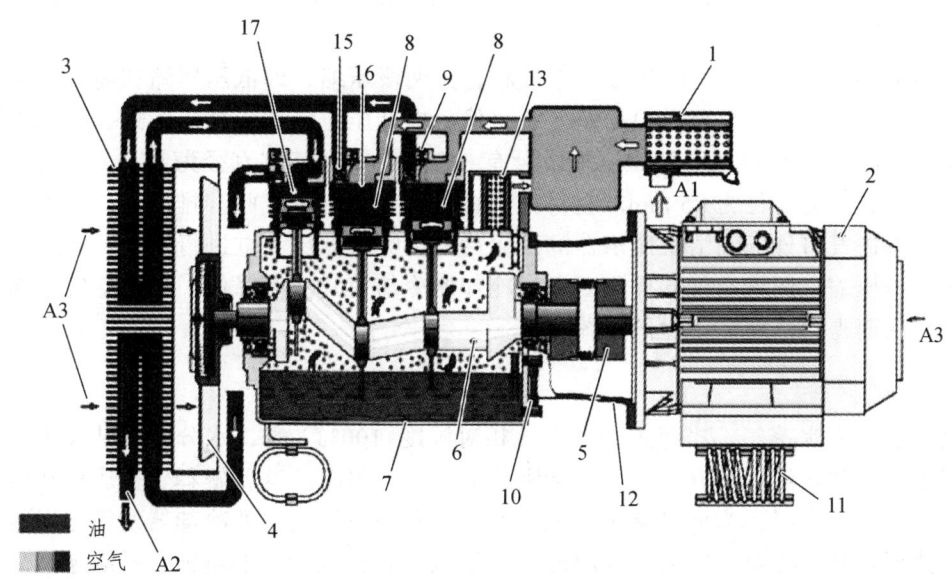

1—空气过滤器；2—电机；3—冷却器；4—风轮+联轴节；5—联轴节；6—曲轴；7—曲轴箱；8—低压气缸；
9—安全阀；10—油表管；11—弹簧；12—中间法兰；13—油杯；15—供给阀；16—吸气阀；
17—高压气缸；A1—空气入口；A2—空气出口；A3—冷却空气。

图 7-10　VV120 型空气压缩机结构

空气压缩机的两个低压气缸 8 和一个高压气缸 17 安装在同一个曲轴上，呈 W 形布置，由额定压力为 400 V 的三相交流电机 2 来驱动。交流电机 2 和压缩机曲轴 6 通过自动找正的中间联轴节 5 来连接，以保证驱动力矩的传输。曲轴 6 通过连杆带动具有弹性载荷的活塞金属盘在空气冷却的铸铁气缸中运动。

空气压缩机在压缩低压空气时，空气首先经过空气过滤器 1 进入空气压缩机的两个低压气缸 8，经过活塞运动第一次压缩后低压空气送到中间冷却器 3 将压缩过程中产生的热能逸散，散热后的低压空气送到高压气缸 17 再一次压缩，再次提高压缩空气的压力，产生的高压空气送到后冷却器进行冷却，冷却过后的高压空气从 A2 出口经过空气干燥器处理后进入用风系统。

为了防止空气压缩机中的压缩空气压力过高，在空压机中安装有两个安全保护阀，一个呈线性安装在两个低压气缸 8 和中间冷却器 3 之间（压力设置为 0.5 MPa）；另一个呈线性安装在高压气缸 17 和后冷却器之间（压力设置为 1.4 MPa）。

空气压缩机的润滑采用飞溅的方式，即润滑油液通过曲轴 6 在曲轴箱 7 中旋转产生离心力进行飞溅润滑。这些油将通过油槽回流到曲轴箱的油槽中，油表管 10 可指示曲轴箱中的润滑油量，油量太少会导致冷却不良，机体温度过高或停机，油量过高又容易导致阀体碳化。

两个桶状的空气过滤器 1 安装在空压机的入口处，起空气初次过滤的作用，避免空气压缩机因送入空气杂质而损坏。它的工作原理是利用旋转离心力的原理来分离空气灰尘中大的颗粒以及除去潮湿空气中的水分，水分和灰尘的颗粒将先收集到空气压缩机舱中一个小的容器中，当空气压缩机停止运转时可利用重力将其排除。

2）VV230/180-2 型活塞式空气压缩机

VV230/180-2 型空气压缩机排气量为 1 500L/min，输出压力为 1 100 kPa，转速为 1 520 r/min，用 1 500 V 直流电动机通过弹性万向节直接驱动。工作原理基本上与 VV120 型空气压缩机相同。

VV230/180-2 型空气压缩机共有 4 个气缸，分两段压缩，即低压压缩和高压压缩。低压压缩阶段是将外界大气压缩至 260 kPa 左右，然后把低压空气送入高压气缸，高压压缩段可将空气压力提高至 1 000 kPa。低压压缩段设有 3 个气缸，其气缸直径为 95 mm；高压压缩段有 1 个气缸，其气缸直径为 85 mm。在每个气缸顶部都设有进气阀和排气阀，外界空气经设在空气压缩机进气口处的油浴式滤清器的净化后，被吸入低压气缸进行压缩，然后再送至高压气缸进一步压缩。压缩空气同样需要经过冷却器冷却使其温度降低，以便空气干燥器进行油水分离，从而得到洁净、干燥的压缩空气。

2. 空气干燥器

大气中总含有水蒸气，当超过饱和点（相对湿度 100%）时，水分将凝结成水滴、雾或雪。一般来说，随着温度的升高，空气能吸收的水分会更多。这就解释了空压机在压缩过程中，当空气温度上升时，为何没有水分凝结，而只有当空压机中的冷却器发挥作用时才发生凝结。气路要求是在相对湿度低于 35%时，才能减少管路及设备的腐蚀，系统才能高效正常地工作。因此，为除去压缩空气中多余的水分和油分，保证相对温度低于 35%，同时供风系统还应装设干燥过滤器装置。

列车所用的空气干燥过滤器一般采用塔式结构，根据结构特点可分为单塔和双塔两种形式。上海地铁车辆中 DC01 型电动列车使用的是单塔式空气干燥过滤器，而 AC01/02 型电动列车使用的则是双塔式干燥过滤器。

单塔式和双塔式干燥过滤器的工作原理基本相同，下面以 AC01/02 型电动列车的双塔式空气干燥装置介绍其工作原理。

双塔式空气干燥器的构造如图 7-11 所示，由干燥筒 19、干燥器座 25、双活塞 34、电磁阀 43 四个主要部分组成。两个干燥筒 19 除了装有干燥空气用的吸附剂 19.7 外，在其下部均装有油水分离器 19.11。干燥器座 25 上设置有再生节流孔 50、2 个止回阀 24、1 个旁通阀 71

和 1 个预控制阀 55。电磁阀 43 和电子循环控制器相配合，可控制干燥器的干燥和再生工况循环进行。另外，每一个干燥筒还有一个压力指示器，用来指示干燥筒的工作状态。压力指示器红针显示压力为干燥工况；相反，红针复位则为再生工况。进气口 P_1 可选择为前面或右侧，排气口 P_2 可选择为左侧或右侧。

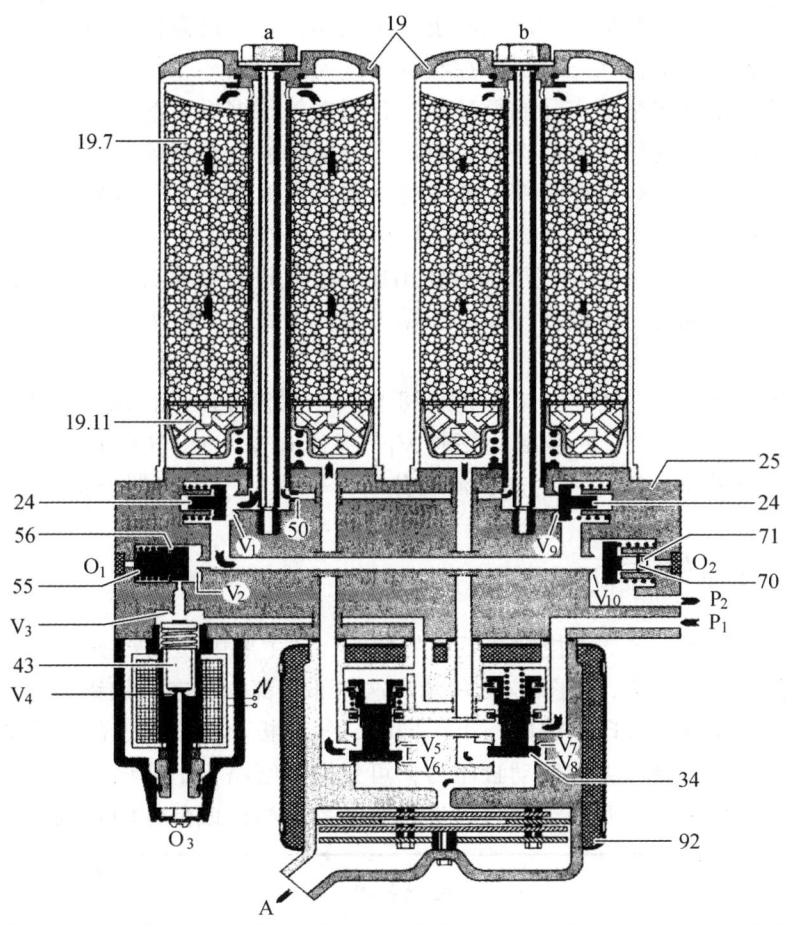

（干燥筒 19a 为干燥工况，干燥筒 19b 为再生工况）19—干燥筒；19.7—吸附剂；19.11—油水分离器；24—止回阀；25—干燥器座；34—双活塞阀；43—电磁阀；50—再生节流孔；55—预控制阀；56、70—K 形环；71—旁通阀；92—隔热材；A—排泄口；$O_1 \sim O_3$—排气口；P_1—进气口；P_2—出气口；$V_1 \sim V_{10}$—阀座。

图 7-11 双筒式空气干燥器的作用原理

双筒干燥器工作为干燥与再生两个工况同时进行，压力空气在一个筒中流过并干燥时，另外一筒中的吸附剂即为再生工况。从空气压缩机输出的压力空气首先经过装有"拉希格"圈的油水分离器 19.11，除去压缩空气中的液态油、水及尘埃等。然后，压力空气再流过干燥筒中的吸附剂 19.7，吸附剂 19.7 吸附压力空气中含有的水分。

经过干燥的压缩空气被分流一部分（13%～18%）出来，经过再生节流通路后，进入另一个干燥塔对已吸水饱和的吸附剂进行脱水再生，再生工作后的压力空气经过油水分离器时，再把积聚在"拉希格"圈上的油、水及机械杂质等从排泄通路排出。

为了保证干燥器工作的准确性，干燥器内部要求达到一定的"移动压力"时，预控制阀 55 才开启，双活塞阀 34 才能够移动到位。旁通阀 71 保证"移动压力"迅速建立，当压缩空气压力超过这个"移动压力"之后,才能打开旁通阀71,使压力空气流向总风缸。这种设置也可防止干燥筒19b出现干燥时间的延长(不能迅速转换工作状态),而使其中的吸附剂产生过饱和。

两个止回阀24的作用是防止当空气压缩机不工作时压力空气逆流。

循环控制器在空气压缩机启动的同时也开始工作,它通过微机控制电磁阀43的开关时间,每两分钟转换一次工作状态,从而控制双干燥筒进行循环工作。当空气压缩机停止工作或空转时,循环控制器记忆下实际的循环状态,当空气压缩机重新启动后,循环控制器从原有的状态上执行控制,这样就可以保证吸附剂充分地再生,并保证吸附剂不会因工作循环的重新设置而产生过饱和。如果循环控制器或电磁阀出现故障,空气压缩机输出的压力空气仍可以通过干燥器中的一个干燥筒干燥,保证压力空气的供给。

图7-11中,干燥筒19a对空气压缩机输出压力空气进行油水分离和干燥,干燥筒19b则对吸附剂再生及排除油污。干燥筒19a为干燥工况,干燥筒19b为再生工况时,空气具体流动过程如下:

空气压缩机输出压力空气→进气口P_1→阀V_5→干燥筒19a中油水分离器、吸附剂→干燥筒19a中心管,由此分两路:一路到止回阀V_1→旁通阀V_{10}→出气口P_2→总风缸;另一路至再生节流孔50→干燥筒19b中吸附剂、油水分离器→阀V_8→消声器→排泄口→大气。

二、制动控制单元

制动控制单元(BCU)是电控制动系统的核心,它主要由模拟转换阀(EP阀)、紧急阀、称重阀和中继阀等部件组成,如图7-12所示。这些部件都安装在一块铝合金的气路板上,类似电子分立元件安装在一块印刷线路板上。同时,气路板上还设置了部分测试接口,如果要测量制动管路中各个控制压力和制动缸压力,可只需在气路板上测试,操作简便。此气路板被安装在车底的箱体里,打开箱盖便可以进行制动系统整机或部件的测试、检修。

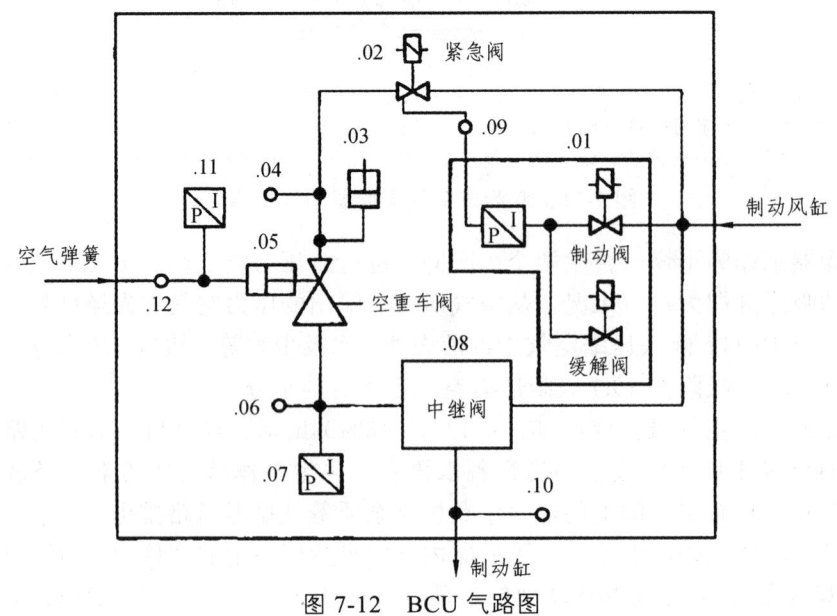

图7-12 BCU气路图

1. 模拟转换阀

模拟转换阀又称为电气转换阀或 EP 阀，它由一个电磁进气阀 2（类似控导阀）、一个电磁排气阀 3 和一个气电转换器 1 组成，如图 7-13 所示。当电磁进气阀 2 的励磁线圈接收到微处理机要求提供摩擦制动的电指令时，吸开阀芯，使 R 口引入的制动储风缸的压力空气通过该进气阀转变成与电指令要求相符的压力，即预控制压力 C_{v1}，并送往紧急阀（通过它的旁路）。与此同时，具有 C_{v1} 的压力空气也送往气电转换器和电磁排气阀。气电转换器将压力信号转换成相对应的电信号，立即反馈送回微处理器，通过微处理器将此信号与制动指令要求比较。如果反馈信号大于制动指令要求，控制 EP 阀关小进气阀并开启排气阀；如果反馈信号小于制动指令要求，则继续打开进气阀，直到预控制压力 C_{v1} 与制动电指令的要求压力相符为止。从模拟转换阀出来的预控制压力 C_{v1} 通过制动控制单元气路板内的气路送到紧急阀的 A2 口。

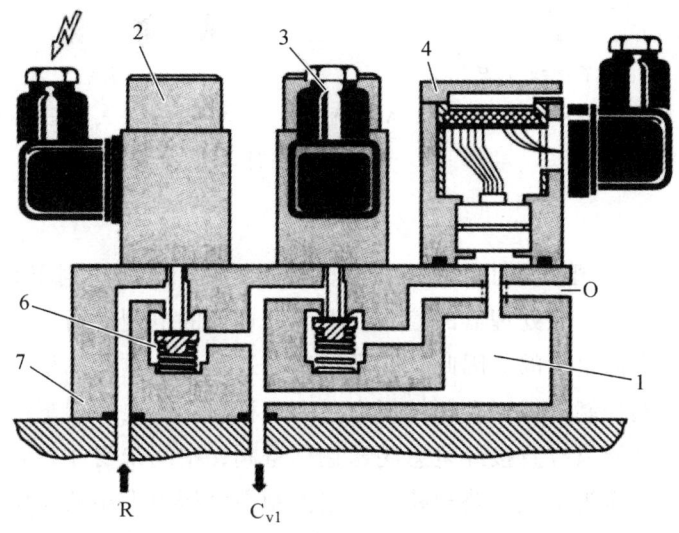

1—气电转换器；2—电磁进气阀（图示线圈处于励磁状态）；3—电磁排气阀；4—压力传感器；6—弹簧；7—阀体；R—由制动储风缸引入压力空气；C_{v1}—预控制压力空气引出；O—排气口。

图 7-13 模拟转换阀

2. 紧急阀

紧急阀采用一个二位三通电磁阀，它有三个通路：A1 与制动储风缸相连接，A2 与模拟转换阀输出口相连接，A3 与称重阀的进口相连接，如图 7-14 所示。在紧急制动时，紧急阀处于不励磁工况，滑动阀受弹簧压力滑向右侧，制动储风缸与称重阀气路直接相通，而模拟转换阀与称重阀的气路通路切断，这样制动储风缸的压力空气直接送入称重阀作用在单元制动机上，如图 7-14（a）所示。在常用制动时，紧急阀励磁，滑动阀受控制空气压力滑向左侧，模拟转换阀与称重阀气路相通，而制动储风缸与称重阀的气路通路被切断，这时预控制压力 C_{v1} 通过紧急阀气路通路而直接进入称重阀。当预控制压力 C_{v1} 经过紧急阀时，由于阀的通道阻力使预控制压力 C_{v1} 略有下降，从紧急阀输出的预控制压力称为 C_{v2}。同样，C_{v2} 压力空气通过气路进入称重阀，如图 7-14（b）所示。

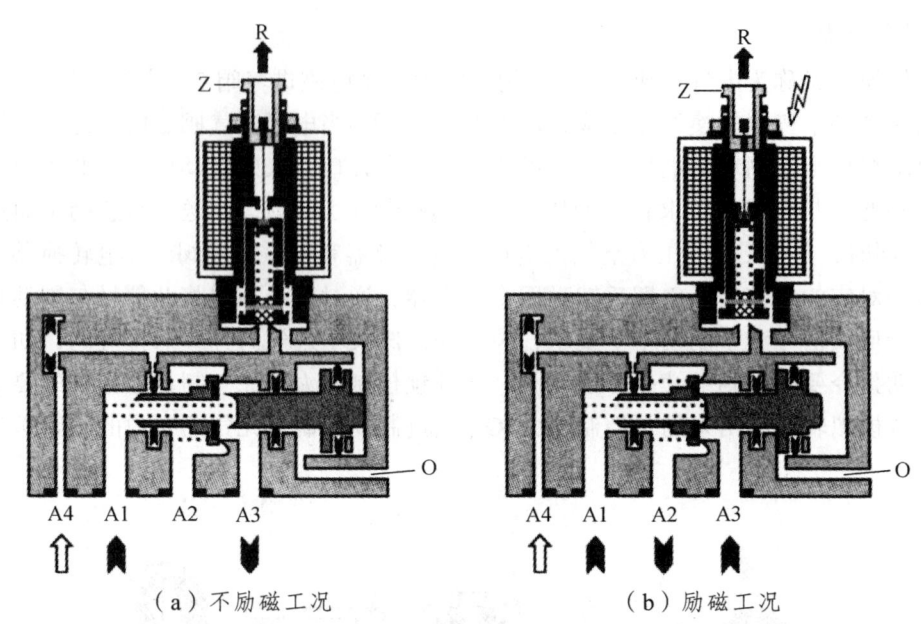

（a）不励磁工况　　　　　　　（b）励磁工况

A1—通制动储风缸；A2—通模拟转换阀；A3—通称重阀；A4—控制空气的通路；O—排气口。

图 7-14　紧急阀的两种工况

3. 称重阀

称重阀即空重车调整阀，为杠杆膜板式。称重阀主要用来防止列车制动力过大。由 EP 阀输出的预控制压力 C_{v1} 受微处理器的控制，而微处理器的电制动指令本身又是根据车辆的负载、车速和制动要求而给出的。因此，在常用制动过程中称重阀几乎不起调节作用，仅起预防作用，预防 EP 阀控制失灵以致预控压力过大。称重阀主要在列车产生紧急制动时起作用，压力空气是从制动储风缸直接经紧急阀送达称重阀，中间未受 EP 阀的控制调节空气压力，同时紧急阀也仅仅作为空气管路通路，不起控制空气压力大小的作用。因此，在紧急制动状态时，预控制压力大小只受称重阀的限制，即为最大的预控制压力。称重阀结构示意图如图 7-15 所示。

称重阀由左侧的负载指令部、右侧的压力调整部和下方的杠杆部三大部分组成。

由转向架上的空气弹簧输出具有一定压力的空气，空气压力大小与车辆负载（车重）成正比，送入称重阀管座的接口 T，经阀内通路到达活塞 6 和膜板 5 的上腔，在活塞 6 和膜板 5 上形成向下的力，该力通过与活塞连接的作用杆作用在杠杆 9 的左端。

杠杆的支点滚轮 8 的位置可通过调整螺钉 7 进行调整，从而改变杠杆 9 力臂 a、b 的大小。由于杠杆左端受力，受力大小与空气弹簧空气压力大小（车辆负载）相关，通过杠杆 9 右端及空心杆 13 的上移，使橡胶夹心阀 16 离开其充气阀座而被顶开。这时，具有预控制压力 C_{v2} 的压力空气经开启的夹心阀阀口 17 充入活塞 14 和膜板 15 的上腔。当作用在活塞 14 和膜板 15 上的向下作用力达到预设值时，杠杆 9 处于平衡状态，夹心阀阀口 17 关闭，活塞 14 和膜板 15 上的空气压力为预控制压力 C_{v3}。预控制压力 C_{v3} 经管座的接口及气路板内的通路引入中继阀，预控制压力 C_{v3} 作为中继阀动作的控制压力。

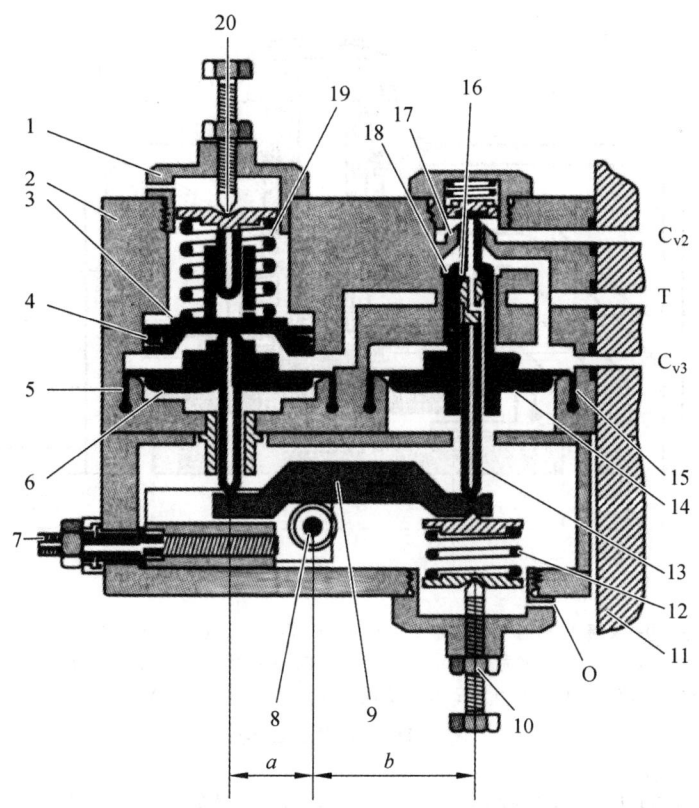

1—螺盖；2—阀体；3—从动活塞；4—K形密封圈；5，15—膜板；6，14—活塞；7，10，20—调整螺钉；
8—支点滚轮；9—杠杆；11—管座；12，19—弹簧；13—空心杆；16—橡胶夹心阀；
17—充气阀座；18—排气阀座；O—排气口。

图 7-15 称重阀

4. 中继阀

中继阀结构如图 7-16 所示。从称重阀经节流孔的预控制压力 C_{v3} 进入中继阀活塞 6 下方 C_v 空腔，推动具有膜板的活塞 6 上移，首先关闭了通向制动缸的排气阀口（下方的橡胶阀面与排气阀座紧密贴合），然后进一步打开吸气阀（上方的橡胶阀面离开进气阀座），使制动储风缸内的压缩空气经接口 R 从中继阀开启的吸气阀口进入接口 C 和中继阀活塞 6 上方的空腔 C，压缩空气通过接口 C 充入各单元制动缸，从而产生制动作用。从中继阀工作过程介绍可以看出，接口 C 压缩空气压力大小受中继阀活塞 6 下方的预控制压力 C_v 大小控制，通过中继阀能迅速进行大流量的充、排气。大流量压力空气的压力变化是随预控制压力 C_v 的变化，压力传递比为 1:1，即制动缸压力与预控制压力 C_v 相等。因此，可以把中继阀看作是一个气流放大器，相当于电子电路中的一个电流放大器。当经过节流孔反馈到膜板活塞上腔 C 的制动缸压力与膜板活塞下腔的 C_v 压力相等时，吸气阀口关闭。

如果预控制压力 C_v 降低，中继阀活塞 6 在其上方的制动缸空气压力 C 的作用下向下移动，于是空心导向杆的下橡胶阀面离开排气阀座，排气阀口被开启。这时各单元制动缸中的压力空气 C 经开启的排气阀口、空心导向杆中空通路及排气口 O 排入大气，列车得到缓解。

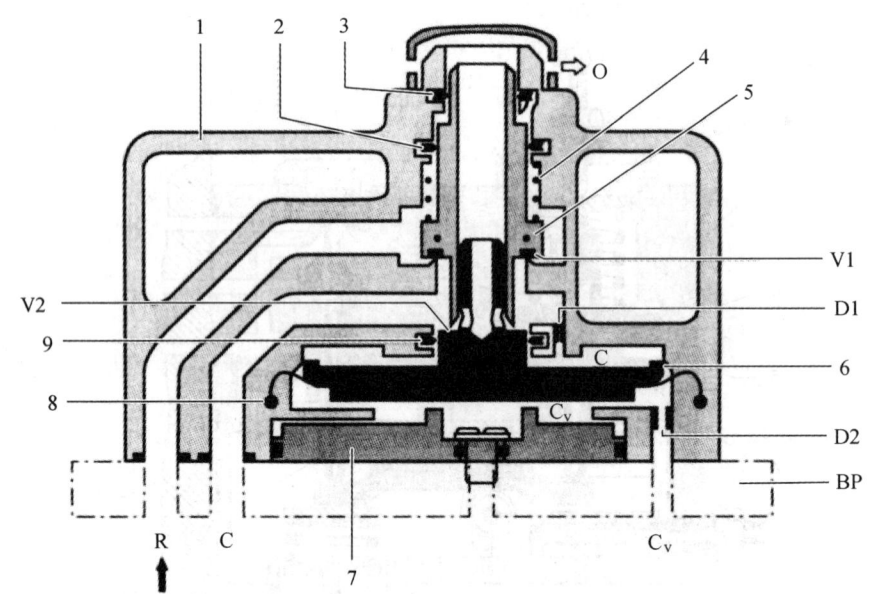

1—阀体；2，3，9—K形密封圈；4—弹簧；5—空心导向杆；6—活塞；7—阀底座；8—膜板；
BP—安装座；C—接口，通向各个单元制动缸；C_v—来自称重阀的预控制压力（空气）；
D1，D2—节流孔；O—排气口；R—接口，通向制动储风缸；V1，V2—橡胶阀面。

图 7-16 中继阀结构

制动控制单元（BCU）各部件在气路板上的安装位置如图 7-17 所示。

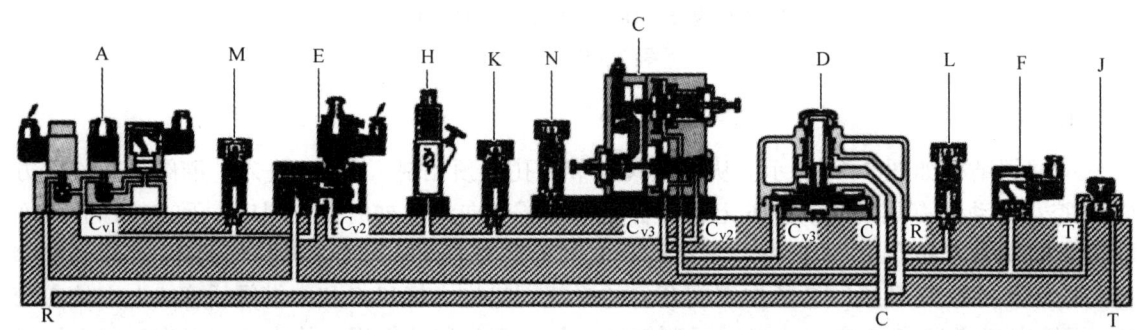

A—模拟转换阀；E—紧急阀；C—称重阀；D—中继阀；
E，H，K，N，L，F，J—测试接口及压力传感器等其他辅件。

图 7-17 BCU 各部件在气路板上的安装位置（展开）图

5. 停放脉冲阀

停放脉冲阀是先导控制的二位五通阀（R、A、P、B、S），用于气电控制回路中，如果电脉冲被触发，则控制腔充气或排气，或按照顺序交替进行。其作用原理是：当阀磁铁 1 和阀磁铁 2 失电时，城轨车辆处在缓解位，即电磁铁断电，活塞总是处于一个端部位置（如图 7-18 所示，活塞处于左端），进气口 P 和排气口 A 形成通路。

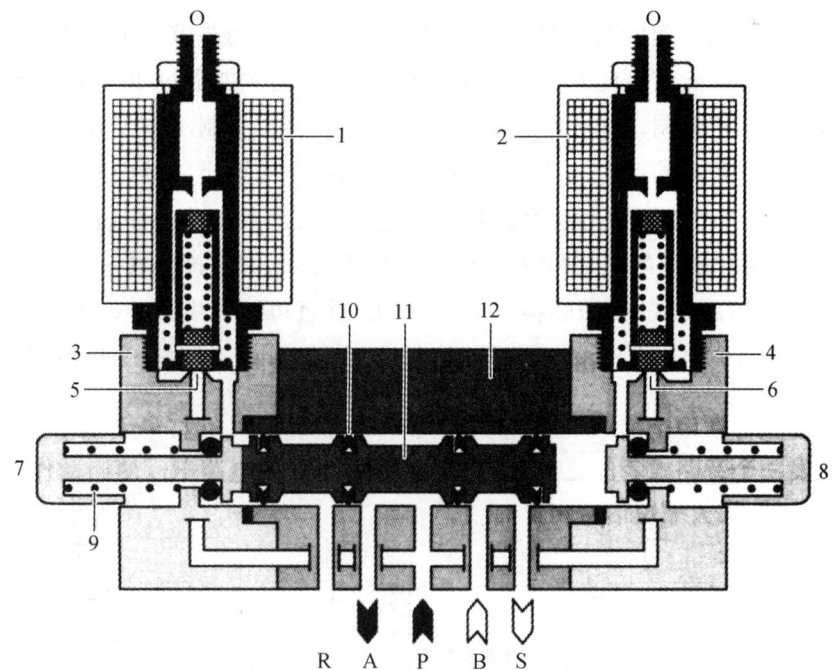

1，2—阀磁铁；3，4—阀盖；5，6—阀座；7，8—手动操作按钮；9—弹簧；
10—K形密封环；11—活塞；12—底阀；A，B—用气设备接口；
O—排气口；P—压缩空气接口；R，S—排气口。

图 7-18　脉冲电磁阀结构

当阀磁铁 1 得电时，控制空气经阀座 5 到活塞左端，产生向右的推动力使活塞 11 移到右端位。当电脉冲终止时，衔铁同其底座被弹簧压在阀座 5 上，流进活塞左端的控制空气被切断，活塞则留在原处（右端位）。控制气流 A 通过排气口 R 排入大气。当阀磁铁 2 得电时，压力空气驱动活塞向左移动到左端位。

在断电情况下，也可以手动操作脉冲电磁阀，按下按钮到停止位，使活塞移到左右两端中的一端，松开手后，按钮复原，活塞停留在原处。

三、微机制动控制单元

制动控制系统通过一个微处理机控制电空制动和防止车轮滑行，一般称其为微机制动控制单元（BECU 或 BCE）。当列车运行时需要实施制动时，将所有与制动有关的参数信号送入该微处理机中，微处理机根据输入参数立即计算出所需制动力大小的电制动指令，这个电制动指令由模拟转换阀（EP 阀）转换成一定比例的预控制空气压力，然后再由预控制空气压力控制中继阀动作，中继阀动作使制动储风缸向制动缸充入压力空气，并使充入制动缸的压力与预控制空气压力大小相对应。制动控制系统对每一辆车的控制都是独立的。

此外，微机制动控制单元还具有整个制动控制系统的故障自诊断和故障储存等功能。

电空制动电子控制原理如图 7-19 所示。当 ECU 根据制动要求发出制动指令时，伴随着指令也出现制动信号。此信号使开关线路 R_1 导通，制动指令能通过 R_1、R_2 也到达冲动限制器，通过冲动限制器检验制动指令减速度的变化率是否过大。制动指令到达负载补偿器，负载补偿器可以根据信号存储器中的负载大小检测制动指令的大小，将调整好的制动指令送至开关线路 R_3 及 R_4（为防止制动力过大，R_3 只有电制动关闭触发才能导通），再送至制动力作用器。从制动力作用器出来的电信号送至电气转换器，将电信号转换成一定大小的控制电流，通过控制电流控制 BCU 中的模拟转换阀（EP 阀），并且可接收模拟转换阀（EP 阀）反馈回来的电信号，用来调整控制电流。当列车速度低于 4 km/h 时，制动指令将被保持制动的指令所代替。

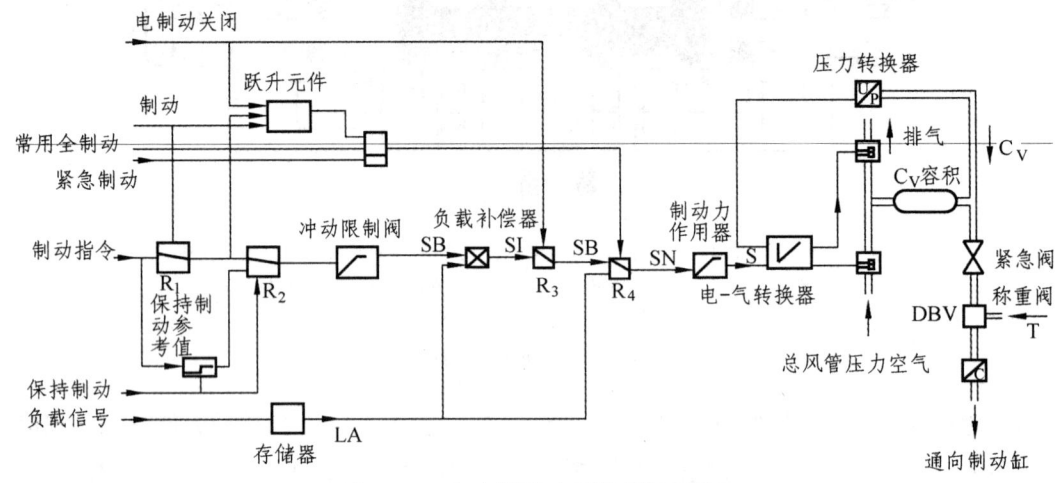

图 7-19 电空制动电子控制原理图

当列车需要施行常用全制动（100%制动指令）或者紧急制动时，最大制动信号或紧急制动信号可以触发一个旁路或门电路，输出高电平直接驱动开关电路。这时制动力作用器直接接收负载存储器的信号，这样可以大大缩短信号的传输时间，以提高制动系统的反应灵敏度。

四、防滑系统

防滑系统是制动控制系统的一部分，它可独立于常用制动控制而工作。在每根车轴上都设有一个对应的排气阀，排气阀由防滑控制系统所控制。当某一轮对上的车轮制动力过大而导致车轮滑行时，防滑系统所控制的与该轮对应的排气阀能迅速反应动作，打开制动缸与大气的排气通路，使制动缸迅速排气，减小该车轮上的制动力，从而防止该轮滑行。防滑系统通过车轮测速装置始终监视同一车辆上 4 个轮对的转速，并控制着 4 个对应的排气阀根据防滑需要动作。

五、单元制动机

上海地铁车辆选用两种单元制动机,即 PC7Y 型和 PC7YF 型。该踏面单元制动器具有以下特点:①有弹簧停车制动及手动辅助缓解装置(PC7YF 型);②有闸瓦间隙调整器,自动调节闸瓦和车轮之间的间隙值;③基础制动装置传动效率高,均为 95%;④结构占用空间小,安装简单;⑤性能稳定,作用可靠,检修方便。每个转向架安装两个 PC7Y 型单元制动机和两个具有停车制动功能的 PC7YF 型单元制动机。同一类型的单元制动机成对角线安装,即每个轮对各有一个 PC7Y 型和 PC7YF 型单元制动机。

PC7Y 型踏面单元制动器主要由制动缸 1、活塞 2、活塞杆 3、制动杠杆 4、单向闸瓦间隙调整器 5、闸瓦托 6、闸瓦托吊 7、缓解弹簧 8、闸瓦托复位弹簧 10 和用于更换闸瓦的推杆复位机构等组成,如图 7-20 所示。

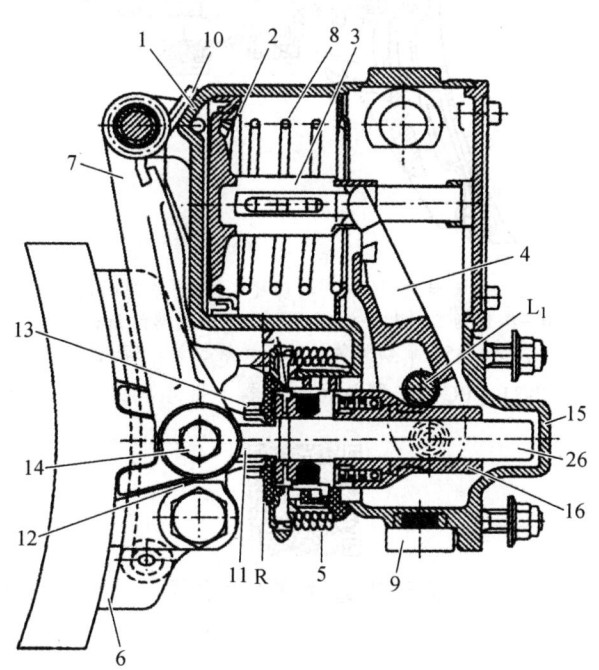

1—制动缸;2—制动活塞;3—制动活塞杆;4—制动杠杆;5—单向闸瓦间隙调整器;6—闸瓦托;
7—闸瓦托吊;8—缓解弹簧;9—透气滤清器;10—闸瓦托复位弹簧;11—推杆头;
12—弹簧垫圈;13—调整螺母;14—螺栓;15—外体;16—闸瓦间隙调整器体;
26—螺杆;L_1—制动杠杆转动中心;R—齿轮啮合面;
Z_1—啮合锥面。

图 7-20 PC7Y 型踏面单元制动器(不带停车制动器)

PC7YF 型踏面单元制动器是在 PC7Y 型的基础上增加了一个用于停车制动的弹簧制动器,增加的部件主要包括停车缓解风缸 31、缓解活塞 32、活塞杆 33、螺纹套筒 34、制动弹簧 35、手动辅助缓解机构等,如图 7-21 所示。

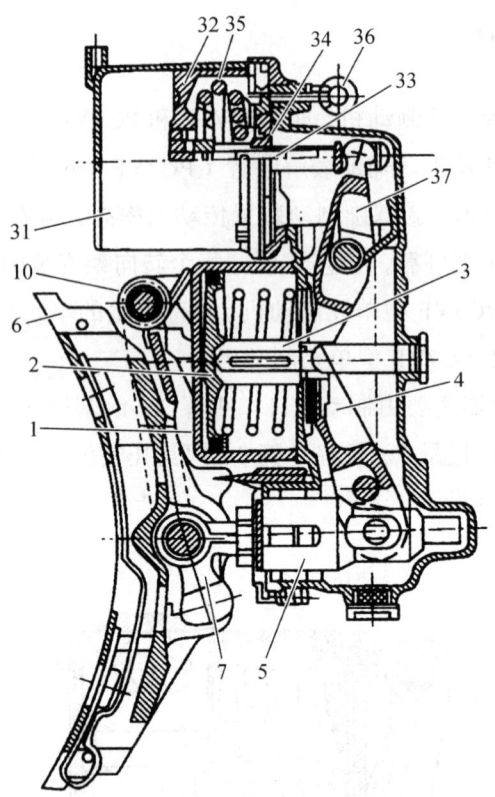

1—制动缸；2—制动活塞；3—制动活塞杆；4—制动杠杆；5—单向闸瓦间隙调整器；6—闸瓦托；7—闸瓦托吊；10—缓解活塞；31—缓解风缸；32—缓解活塞；33—缓解活塞杆；34—螺纹套筒；35—制动弹簧；36—缓解拉簧；37—制动杠杆。

图 7-21 PC7YF 型单元制动器（带停车制动器）

空气制动系统的作用原理

实践操作

实训项目 电动空气压缩机测试

1. 实训目的

（1）了解电动空气压缩机的结构及原理。

（2）掌握电动空气压缩机的工作原理及检测方法。

2. 实训设备

活塞式空气压缩机或螺杆式空气压缩机，空气干燥器实验设备，秒表、压力表、万用表等工具。

3. 实训内容

（1）检查排污电磁阀动作状态：启动并确保空压机稳定在_____kPa 的工作压力下运行，记录此时排污电磁阀的开启及关闭状态。

① 空压机启动运行时，排污电磁阀正常工作顺序应为：关闭_____s，开启_____s。

② 空压机停止运行时，排污电磁阀应保持_____状态。

（2）测试最小压力阀的工作状态：检查并确认最小压力阀在_____kPa 正常开启、关闭，关闭压力低于开启压力。

（3）泄漏测试：启动空压机至工作压力，稳定在_____kPa，用_____检查各管路接头无气泡现象。

（4）额定工况下的测试：当空压机工作压力稳定在_____kPa 时（确保空压机在此工作压力下稳定运行 1 min 后进行读数）：

① 测量三相电压 U_i（V）并记录读数，各相电压_____。

② 测量三相电流强度 I_i（A）并记录读数，各相电流_____。

整车制动试验

习　题

7-1　BCU 的主要作用是将 EBCU 发出的制动指令电信号通过（　　）转换成与之成比例的预控制压力 C_v。

  A. 称重阀　　　　　　　　B. 紧急电磁阀
  C. 模拟转换阀　　　　　　D. 均衡阀

7-2　模拟转换阀的组成不包括（　　）。

  A. 均衡活塞　　　　　　　B. 电磁进气阀
  C. 电磁排气阀　　　　　　D. 气-电转换器

7-3　KBGM 制动系统的制动力分配原则是（　　）。

  A. 拖车空气制动优先补足　　B. 拖车空气制动滞后补足
  C. 均匀补足控制

7-4　从模拟转换阀出来的预控压力空气来自（　　）。

  A. 主风缸　　　　　　　　B. 制动储风缸
  C. 副风缸　　　　　　　　D. 空气弹簧气缸

7-5　克诺尔单元制动缸是哪两种类型？（　　）

  ① PC7Y　　② PC7YF　　③ PEC7　　④ PEC7F
  A. ①②　　B. ①③　　C. ③④　　D. ②③

7-6　KBGM 模拟式电气指令制动系统的主要组成有哪些？

7-7　KBGM 模拟式电气指令制动系统中制动控制单元由哪些部分组成？

7-8 简要说明 KBGM 模拟式电气指令制动系统的空气制动系统的作用原理。
7-9 KBGM 模拟式电气指令制动系统的供气单元由哪些主要部件组成？
7-10 KBGM 模拟式电气指令制动系统是如何进行防滑控制的？
7-11 KBGM 模拟式电气指令制动系统是如何进行紧急制动的？
7-12 KBGM 模拟式电气指令制动系统有哪几种制动方式？
7-13 KBGM 模拟式电气指令制动系统的动力制动和空气制动是如何协调进行制动的？
7-14 KBGM 模拟式电气指令制动系统的模拟转换阀有何作用？
7-15 KBGM 模拟式电气指令制动系统的紧急阀有何作用？

第八章 列控系统

城市轨道交通信号系统通常由包括三个子系统的列车自动控制系统（Automatic Train Control，ATC）组成。

（1）列车自动监控子系统（Automatic Train Supervision，ATS），用于对正线列车全部运行情况进行监控和控制，对全线列车运行情况进行辅助行车人员管理，统一指挥调度。

（2）列车自动防护子系统（Automatic Train Protection，ATP），提供列车间隔保护和超速保护，是保证列车运行安全的系统。

（3）列车自动运行子系统（Automatic Train Operation，ATO），ATP/ATO 系统从硬件上来看是一个整体，没有明显的硬件划分，以自动驾驶列车为主要功能。

三个子系统构成一个以安全装备为基础，集行车指挥、运行调整和列车行车自动化等功能于一体的列车自动控制系统，通过信息交换网络构成闭环系统，实现地面控制与车上控制相结合，现地控制与中央控制相结合。

第一节 列车自动控制（ATC）系统分类

按闭塞布点方式分类的列车自动控制系统有多种分类，可分为固定式和移动式两种；按控制方式，可分为速度码方式（阶梯式）和目标距离码方式（曲线式）两种；按机车信号传递方式，可分为连续式和点式两种；按各系统设备所处的区域，可分为控制中心子系统、车站及轨旁子系统、车载设备子系统、车场子系统。

一、固定闭塞 ATC 系统

固定闭塞 ATC 系统是指在传统轨道电路的自动闭塞方式上，闭塞分区按线路条件经牵引计算来确定。列车以闭塞分区作为最小行车间隔，行车指挥和列车运行的自动控制都是 ATC 系统根据这一特点来实现的。固定闭塞 ATC 系统又可分为速度码方式和目标距离码方式。

1. 速度码方式（台阶式）

如北京地铁和上海地铁 1 号线均属此类 ATC 系统，虽然技术成熟、成本较低，但受最不利的线路条件和最低的列车性能限制，设计的闭塞分区长度受到影响，不利于提高线路的运输效率。固定闭塞速度码方式 ATC 以普通音频轨道电路为基础，轨道电路传输信息量少，对应每个闭塞分区只能传输一个信息码。该方式从控制方式上可分为入口控制和出口控制两种，从轨道电路类型又可分为有绝缘和无绝缘轨道电路两种。

以出站保护方式为例，当列车运行的出站速度大于区段出站速度时，为了保证列车运行的安全，轨道电路传输的信息即区段规定的出站速度命令码。由于列车监控采用出口检查的方式，这就限制了线路通过能力的进一步提高和发挥，因此需要一个完整的闭塞分区作为列车的安全防护距离，以保证列车的安全追踪运行。

2. 目标距离码方式（曲线式）

目标距离码方式一般采用音频数字轨道电路或音频轨道电路加电缆环线或音频轨道电路加应答器，具有较大的信息传输量和较强的抗干扰能力。通过音频数字轨道电路发送设备或应答器向车载设备提供目标速度、目标距离、线路状态（曲线半径、坡道等数据）等信息，车载设备结合固定的车辆性能数据计算出适合于列车运行的目标距离速度模式曲线（最终形成一段曲线控制方式），保证列车在目标距离速度模式曲线下有序运行。该方式不仅增强了列车运行的舒适度，而且列车追踪运行的最小安全间隔缩短为安全保护距离，有利于提高线路的通过能力。如上海地铁 2 号线、明珠线和广州地铁 1、2 号线均属此类。

二、移动闭塞 ATC 系统

采用移动闭塞方式的 ATC 系统，一般都是利用无线通信、地面十字感应环、波导等介质，将信息传递给列控的车载装置。根据最大允许速度、当前停车点位置、线路等信息计算出列车的安全间隔距离，并循环更新信息，确保不间断地收到列车的即时信息。

移动闭塞 ATC 系统是利用列车与地面之间的双向数据通信设备，使地面信号设备能够得到各列车连续的位置信息，并据此计算出各列车的运行权限，动态更新发送给列车。列车上相关设备计算出列车运行的速度曲线，并根据接收到的运行权限和自身的运行状态，实现精确定点停靠，实现对列车双向运行模式的完全保护，更有利于充分发挥线路的通过能力。

第二节 列车自动监控（ATS）子系统

列车自动监控子系统简称 ATS 子系统，用于对正线上所有列车运行情况进行监控和控制，辅助行车人员管理全线列车的运行情况，统一指挥调度。

它可以为行车指挥人员提供全线列车的运行状态指示，监督和记录运行图的执行情况，在列车运行偏离运行图时自动调整，保证列车按时刻表正点运行，还可以将列车实时运行信息通过系统接口发送给 PAS（广播系统）和 PIS（旅客信息系统），从而将列车到站时间、发车时间、运行方向、停靠站点名称、各线路旅客流量状况等运行信息实时提供给旅客。

1. 控制级别

对于正线车站，ATS 子系统包括两个等级：集中式管制和站场管制。在正常运行状态下，中央 ATS 工位对全线进路进行控制，对全线列车按列车运行时刻表进行集中监控，授权的行调人员也可在控制中心相应的 ATS 调度工作站上人工设置控制命令到相应的子系统，对运营实施控制；在车站控制状态下，车站操作员可向相应的子系统发送控制命令，通过设备集中站 ATS 工作站控制运行。在设备集中站和 ATS 控制中心通信正常的情况下，由车站操作员和中心调度员办理授权手续后完成集中控制和车站控制的转换。在紧急情况下车站操作员可不经授权，立即将控制转移至车站控制，对联结区范围内的道路、信号进行控制，无须授权，可对导向接驳进行处理。控制权的转换过程中及转换后，信号元素的状态不受控制权交接的影响。在车站级控制情况下，控制中心不能强制收回控制权。对于车辆段，控制中心只显示不控制。

2. 人工进路

当信号设备集中在遥控模式下，只能在控制中心调度工作站上进行人工排列进路、取消进路和信号重开的操作。在站控模式下，只能在设备集中站联锁现地控制工作站上进行进路办理/取消、信号重开操作。

当进行人工取消进路操作时，如果进路使用了 ATS 自动进路模式，ATS 先自动发送命令禁止该进路被 ATS 自动触发，然后再发送进路取消命令，避免被取消的进路又被自动办理。

3. 自动通过进路

若设置自动通过进路，则在列车驶过始端信号机后即会关闭；当列车驶出相关区间时，进路不解锁，按条件重新启用信号机。

ATS 提供设置自动通过进路的操作命令。站控时，自动通过进路的设置和取消由车站值班员操作，控制中心工作站将显示自动通过进路的设置状态；遥控时，由中心调度员操作，设置自动通过和取消进路。

4. 自动折返进路

自动折返进路一般用在线路的折返点。一个自动折返模式关联两条进路，一条为出折返线进路，另一条为进折返线进路。设置自动折返后，一旦满足设置的联锁条件进入折返线设置的通道，该通道将由联锁自动处理；当折返线被占用后，若折返线的出线路径的联锁条件符合，则折返线的进线路径由联锁自动处理。

站控时，自动折返进路的设置和取消由车站值班员操作，控制中心工作站将显示自动折返进路的设置状态；遥控时，由中心调度员操作设置和取消自动折返进路。

5. 进路操作

操作人员任何时候都可对进路进行人工设置，人工操作模式优先级最高。不过，ATS 子系统为了提升系统的自动化程度，提供仅适用于正向列车行驶的自动路径设定功能。自动通过进路、自动折返进路由联锁实现的自动进路功能为固定模式，设置进路与车次号无关，自动通过进路、自动折返进路由 ATS 提供操作指令。自动进路功能是 ATS 根据运行图或目的地来设定的。对同一条进路只能使用自动通过进路、自动折返进路和按运行图或目的地设置的自动进路功能中的一种。

6. 列车追踪

列车追踪功能通过处理线路上运行的所有列车位置和标识号数据，由 ATP/ATO 子系统和计算机联锁子系统发送的数据汇总而成。通过车载 ATC 系统发送的列车位置信息，在移动闭塞方式下追踪列车识别码。在非 CBTC 模式下，是以计算机联锁子系统发出的计轴占用资讯来追踪列车识别号。该功能以图形化的方式显示列车运行信息，动态刷新站场模拟图。在 ATS 工作站的彩色显示屏上实时显示站场模拟图，并在全线显示屏上显示站场模拟图。

7. 临时限速

中心调度员或车站值班员可以设置、取消同一设备集中站 CBTC 区域内任一区段的临时限速。临时限速功能将在设计联络阶段根据运营管理需求进一步确定。

8. 车站发车指示

在各车站每个站台与正向运营相关车头侧的适当位置，设置发车指示器。发车指示器采用发光二极管 LED 作为光源全屏显示，为列车运行提供列车发车指示，提示列车按计划时刻表运行。

① 显示站停时间：当车站 ATS 分机（LATS）得到列车进站停稳信息后，将站停时间发送给发车指示器，发车指示器将该时间值显示在计时器显示区上并开始倒计时，告知司机在该站的站停时间。

② 发车指示：当站停时间值减到零时，提醒司机关闭车门和起动列车。

③ 显示晚点时间：当发车指示器倒计时显示至零后，计时器正向计数，显示列车晚点时间，直到接到列车离开站台信息为止；当列车未能按时发车时，正向计数可使列车司机知道当前晚点时间具体实现方法在设计联络阶段确定。

④ 扣车指示：根据 ATS 子系统或操作员的操作发送的命令，发车指示器组合显示扣车表示标志；具体实现方法在设计联络阶段确定。

⑤ 跳停指示：按控制中心值班员操作发出的指令，将跳停标志显示在起动指示灯的组合上；设计联络阶段确定具体实施方法。

前列车出发后至下列车到达并停稳前，站台发车指示器处于熄灭（无显示）状态，扣车显示在站台设置扣车之后就会出现，与列车出发到达无关。

在未办理扣车作业的情况下，允许办理提前发车，办理了提前发车作业，相应的发车指示器的显示立即置零。在后备模式下，发车指示器也具有相应提示。

9. 后备模式下 ATS 的主要功能

当系统处于点式后备模式下或联锁控制模式下时，因不具备车地通信，列车识别号的追踪将根据计轴占用状态来实现。同时，因 ATS 子系统的调整信息无法直接发送到指定的列车上，相关的列车调整功能将不能使用。此时，对列车的运营调整将主要通过控制各站的发车指示器，调节列车的停站时间来实现。

点式后备模式下，若区间设置了后备临时限速，则该闭塞分区的始端信号机将为接近的非 CBTC 列车关闭进路，信号机显示禁止信号（红灯），司机在与调度人员人工确认后，调度人员再人工开放该信号机（开放引导信号），司机按该信号机显示及规定限速行车，非 CBTC 列车只能以人工限制模式（RM）通过设置了临时限速的闭塞分区。

ATS 子系统的其他功能（与 CC 通信无关的），在后备模式下与在 CBTC 模式下相同。

10. ATS 子系统与时钟系统的接口

ATS 子系统通过串行通信口与通信时钟子系统相连，时钟基准信息由通信时钟子系统获得。时钟系统实时提供标准时间信息，供 ATS 子系统使用。ATS 子系统接收时间信号，并依此校准信号系统时钟，将系统内部各装置的时钟以标准的 NTP 时钟同步协议在信号系统内部同步。ATS 子系统具备屏蔽错误时间信号的功能。双方的接口界面在控制中心通信设备室综合配线架外线侧。信号系统与时钟系统接口特性具体内容及显示内容在设计联络阶段由信号供货商与时钟系统供货商共同商定。

第三节　列车自动防护（ATP）子系统

列车自动防护（ATP）子系统包括轨道旁的 ATP 装置和车载的 ATP 装置，安全整体性等级为 SIL4。任何一台 ATP 计算机系统与相邻有关系统间的通信通道都具有故障-安全功能并有热备和冗余。ATP 子系统是一种提供列车间隔保护和超速保护的保证列车运行安全的系统。

安装在设备室内的轨旁 ATP 设备主要包括：
① ZC：区域控制器；
② LC：线路控制器；
③ LEU：欧式编码器。

安装在轨道上的轨旁 ATP 设备主要为信标。

安装在列车上的车载 ATP 设备主要包括车载控制器（CC）、司机显示单元（DMI）、编码里程计，如图 8-1 所示。

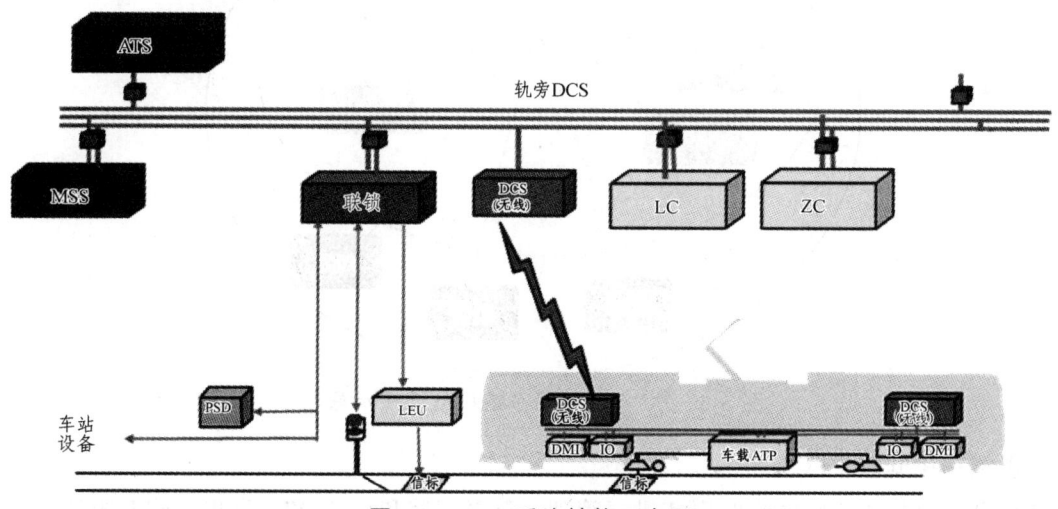

图 8-1　ATC 系统结构示意图

1. 轨旁 ATP 设备

轨旁 ATP 设备包括线路控制器（LC）、区域控制器（ZC）和点式后备系统所需的地面电子单元（LEU），这些设备设置于集中站信号设备室中，信标设置于轨旁，其结构如图 8-2 所示。

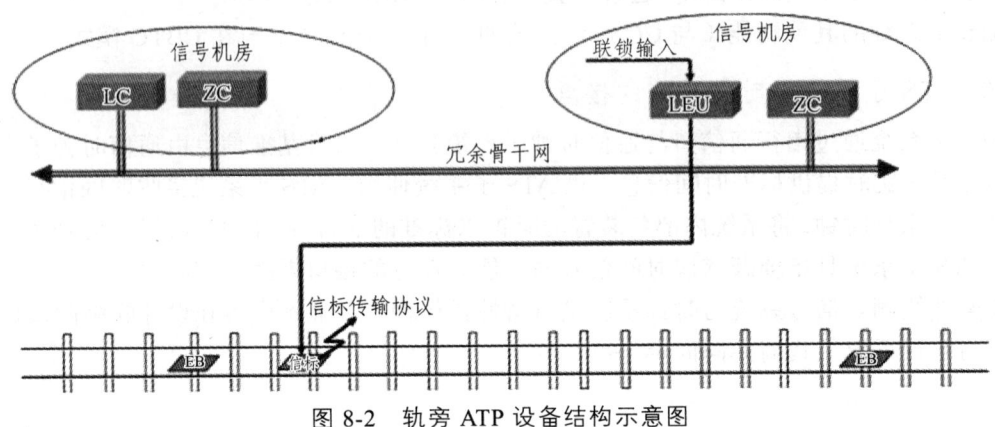

图 8-2　轨旁 ATP 设备结构示意图

1）区域控制器（ZC）

ZC 设备对占用线路信息、自动保护及进路等信息进行处理。根据 CC 设备发送的列车精确位置信息，ZC 设备主要为每列列车计算保护区域，即 ATP（自动防护），通过无线传输的方式将其授权端点（EOA）发送给每辆列车，授权终点的有效期为 5 s。

正线每台 ZC 可配备一个数据存储单元作为调试工具，存储 ZC 的内部状态与数据，可供离线查看，该设备调试阶段由卖方自行提供。

ZC 设备通过 DCS 子系统同其他子系统（内部和外部）设备的连接方式如图 8-3 所示。

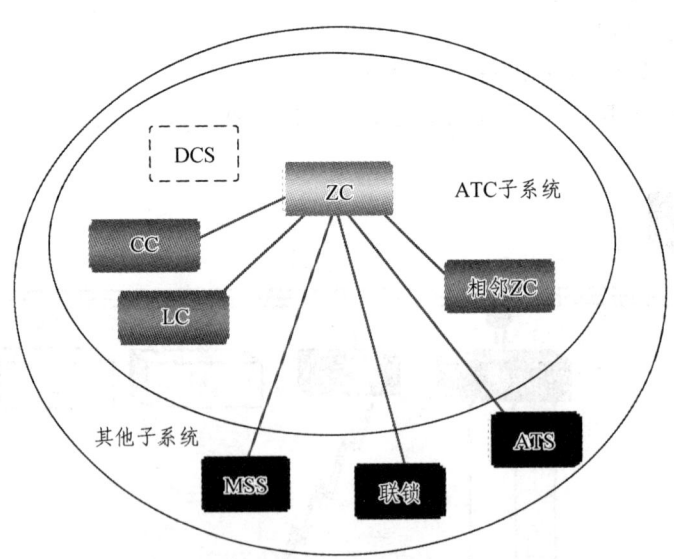

图 8-3　ZC 与其他子系统设备连接示意图

2）线路控制器（LC）

LC 设备对整条线路的临时限速进行管理，负责存储和更新 ATS 发出的临时限速（TSR）

请求。LC 还对 ZC 和 CC 的应用软件进行控制，并对数据版本的校核进行配置。同时，LC 还在通信过程中提供内部时钟同步给 ZC 和 CC。

LC 设备通过 DCS 子系统同其他子系统（内部和外部）设备的连接方式如图 8-4 所示。

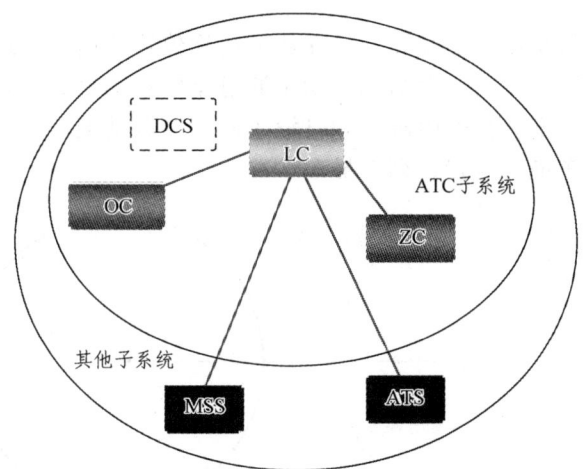

图 8-4　LC 与其他子系统设备连接示意图

2. 信　标

信标设备与其他子系统（内部和外部）设备的交互方式如图 8-5 所示。

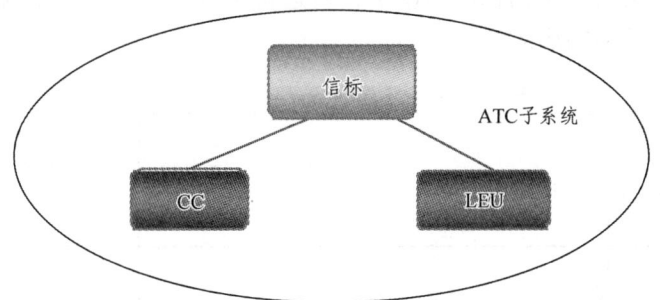

图 8-5　信标与其他子系统设备连接示意图

按功能划分，欧式信标分为以下类型：
① RB：重定位信标；
② MTIB：轮径校准信标；
③ PSBa：精确停车预告信标；
④ 有源信标。

四种信标具体介绍

3. 车载 ATP 设备

车载 ATP/ATO 设备包括车载控制器（CC）、信标天线、编码里程计、车载显示单元（DMI）。

车载 ATP/ATO 设备实现与车辆制动装置的可靠接口，保证安全、连续地对列车实施有效控制。

4．列车定位

通过编码里程计测量车轮的旋转和安装在轨旁精确位置的信标，连续、自动地对列车位置进行检测，如图 8-6 所示。由于牵引和制动是通过车轮和钢轨的接触实现的，信号系统必须考虑可能出现的空转（安装在牵引轴）和打滑（安装在制动轴）现象。因此，信号系统管理列车的安全位置：列车最大位置、列车最小位置。

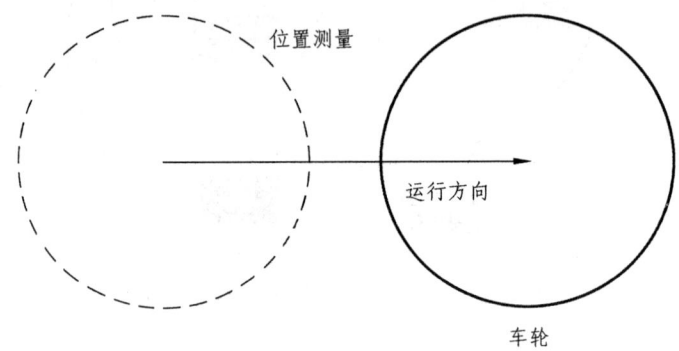

图 8-6 通过车轮旋转角测量位移图

系统设计允许在丢失一个信标的情况下，对运营没有影响，3 个重新定位信标之间的最大距离为 400 m，如图 8-7 所示。

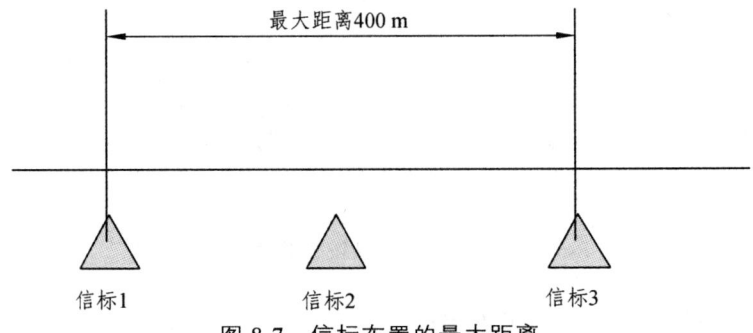

图 8-7 信标布置的最大距离

信标的精确位置已存储在车载 CC 中的静态地图（SGD）中。

当 CC 通过一个信标时，CC 接收到信标对其在线路上的位置进行识别和线路配置数据对比，然后向 ZC 报告这个位置的信息。

CC 在安全位置的计算上是有周期的。CC 在每一次重新定位之间，其最大和最小的可能位置都是根据上一个信标后估计的位移而计算出来的。

列车的实际位置总是处于这两个位置之间。最大和最小的可能位置之间的距离称为定位误差。随着列车的运行，该误差将由于车轮的空转/打滑效应而增加。此原理保证了列车的实际位置总是处于 ATP 最大定位报告和 ATP 最小定位报告之间。列车非正常移动导致失位时，将实施紧急制动。

在站台区域将通过 PSBa 实现更精确的定位，以满足精确停车的性能。

5. 列车位移和速度测量

列车速度检测采用两套独立的速度测量系统，符合故障-安全原则。

编码里程计是故障导向安全的，特殊的内部结构可检测到所有电气故障，可以对编码里程计的故障进行检测；未检测到故障的概率小于 1×10^{-12}。

编码里程计的结构可以探测到旋转方向，可侦测的位移最小约为 3 cm。

位移测量误差会受到车轮直径精确度的影响。当列车经过轮径校准信标（MTIB）时，为了补偿轮径变化，ATP 会对编码里程计进行自动校准。此类信标由两个相隔一定距离的重定位信标组成。校准编码里程计采用的是 2 个重定位信标间的预设距离。

6. 计算授权终点

ZC 根据轨道的行进方向、道岔位置、线路上各列车连续的 AP 位置、保护区段的建立状态、计轴的占用情况等为每列车计算授权终点。

授权终点作为 CC 位置报告的回复发送给列车。

ZC 按照列车的运行方向，从列车车头的最小位置开始，向前搜索该列车的 EOA（行车许可终点），并且有最大 EOA 搜索距离的限制。EOA 可能为以下类型：

① 最大的 EOA 搜索距离；
② AP 端点；
③ 非受控道岔；
④ 轨道终点（车挡）；
⑤ ATC 系统的边界；
⑥ ZC 边界；
⑦ 保护区段的终点。

7. 超速防护和防护点防护

ATP 子系统利用无线数据传输通道，在列车超速行驶时，提供列车间隔保护和超速保护，提供紧急制动，确保列车运行安全，从而实现车与地之间关于速度、距离、线路状况、信号设备状态等信息的双向交换。

此功能旨在监督列车速度，必须一直低于授权的速度限制标准。

在完全 ATP 防护的模式（ATP 或 ATO 模式）下，速度限制是所有限制速度中的最低速度。

列车行驶在永久限速（PSR）的线路范围内，这些限速都是由弯道、岔道和桥洞等原因造成的。

在线路的临时限速（TSR）区域，RMF 模式下，列车速度将被限制。

超速防护和防护点防护介绍

8. 运行方向和倒溜的监督

ATP 子系统可根据联锁设备提供的区间运行方向，确定相应的列车运行方向，确保前行列车与后行列车的安全间隔，满足正向运行时设计的运行间隔和折返间隔，并可提供 ATP 防护，使列车反向运行。

CC 设备连续监督列车的运行方向，一旦发生倒溜，则实施紧急制动。

9. 退行监督

在 RMR 模式下，允许列车在一定距离上逆向行驶，速度低于预定速度。该数值为安全参数，可根据项目情况进行修改。当退行达到指定距离时，紧急制动就会被触发。若列车停靠位置超出运行停车点，需采取人工退行的方式，将列车停靠位置退到合适的位置。

10. 停稳监督

通过编码里程计对列车停车时的零速信息进行检查。

只有当前编码里程计零检测到速度信息时，该零速度信息与另一端冗余的编码里程计零及车辆提供的零速度信息进行比较。如果这两个信息中有一个与当前信息一致，那么 ATP 认为列车已停稳。假如都不一致，则认为列车出现机械故障（轮轴损坏或抱死）。

11. 车门监督及释放

车头停在站台的端部为列车在车站的停车位置，只有列车停在站台区域，并满足站台安全门对停车精度要求的情况下，ATP 子系统才会允许 ATO 子系统向列车发送开车门和向站台安全门控制系统发送站台安全门的开门命令，并确保车-地站台安全门信息的安全传输。当站台车门和站台安全门都已经关闭，此时才能起动列车。列车开左门或右门符合站台的位置和运行方向。

只有在误差不大于±0.5 m 时，ATP 子系统才会对列车在车站站台停车，否则不会释放允许开车门的命令。如果停车误差大于±0.5 m，则要求能人工驾驶列车后退以校正停车精度，后退速度不得大于规定速度，最大后退距离不得大于规定距离（设计联络阶段确定）。当列车的停车位置超过了运营停车点位置，且距离大于最大后退距离时，列车只能运行至下一站。若列车停站未到位，系统允许列车继续运行至该站运营停车点停车。

如果列车在运行时检测到车门在未锁闭状态，ATP 将实施紧急制动。

12. 紧急制动激活

当以下事件之一发生时，车载设备会在生成信息报告给控制中心调度员的同时实施紧急制动，系统会对跟踪列车进行安全保护，以确保跟踪列车的运行安全。

（1）CC 设备出现严重故障，以致不能正常执行安全功能（对于任何驾驶模式）。

（2）在 ATP 或 ATO 驾驶模式下，按压紧急停车按钮，ESA 已经被激活且列车已非常接近该区域或在该区域内运行（如果制动距离足够，限制性的 ESA 将被当作普通的限速点来考虑）。

（3）列车进站时（若列车仍在站外且制动距离足够，站台入口将按普通限制点考虑），监控屏蔽门未关锁。

（4）当列车速度达到紧急制动并且触发了曲线（ATP 防护速度）时（RM、ATP 或 ATO 驾驶模式）。

（5）当列车运行时，如驾驶模式切换至未授权的驾驶模式，或司机室激活信息丢失（任何驾驶模式）。

（6）最新描述轨道状态（信号机、道岔）的变量信息失效（ATP 或 ATO 驾驶模式）。

（7）列车位置完全丢失。

（8）连续控制级（CBTC 模式）车-地通信中断或轨道旁 ZC/LC 装置故障严重。
（9）收到紧急停车命令。
（10）列车非正常移动。
（11）列车运行过程中车门处于不锁闭状态。
（12）列车完整性丢失。

13. 站台屏蔽门

只有在确定列车停在规定的停车位置内（±0.5 m），车载 ATP 才允许 ATO 开车门和屏蔽门。开门、闭门指令通过室内信号设备，由安全继电器接点传送到屏蔽门控制系统。

信号系统提供对应屏蔽门的开、关控制信号，屏蔽门系统向信号系统提供所有车门关闭且锁闭状态信息和旁路信息。

当 CC 提供车门开启授权后，向车门和屏蔽门系统发送车门开启和关闭指令（见车门监督和放行）。CC 和安全门系统的接口为屏蔽门开/关操作信息，该信息为故障-安全信息，且通过 CBI 子系统发送。在 CBTC 模式下，由于 CC 不断监测屏蔽门关闭且锁闭状态，当未收到站台屏蔽门关闭且锁闭状态的信号时，实施封锁站台区轨道，ATP 禁止列车驶入站台区域和自站台区域起动离站，已驶入站台区域还未停车和已起动但还未离开站台区域的列车立即实施紧急制动。

站台屏蔽门在"故障"状态时，列车可以采用特定的方式进/出车站。

点式后备模式下，当屏蔽门未关闭且锁闭时，防护该站台的相关信号机被关闭，防止列车进入站台。

14. 列车完整性监督

对列车的整体性进行不间断监控，一旦列车完整性信息丢失、列车完整性检查电路中断，则立即实施紧急制动。

15. 救　　援

后续列车可在正线运行列车发生故障时，以接近故障列车的人工驾驶方式进行限制救援。对于救援列车连接故障列车后的编组列车，在非限制的人工驾驶方式下，只能运行。ATP 子系统可以对跟踪的列车进行安全运营保护。

16. 非 ATC 监控区与 ATC 监控区

车载 ATP 设备可自动识别 ATC 监控区，当列车自非 ATC 监控区（如车辆段）进入 ATC 监控区（如正线）时，ATP 子系统保证车载设备建立并完成初始化、定位、短车筛选等列车进入 ATC 监控区的过程，以正常的控制方式投入工作，并立即进入工作状态。

17. 列车追踪间隔控制原理

URBALIS 系统采用"目标距离"的追踪间隔控制模型。

目标距离追踪间隔控制的原理：车载 ATC 对列车位置进行不间断监控，计算列车安全速度，使列车在最远可到达的目标点前安全停车，这一目标点也被称为流动授权终点站，由 ATC 对车辆进行速度控制。ATC 对列车运行速度曲线进行严格计算，确保列车安全运行后才能停靠在目标点前，如图 8-8 所示。

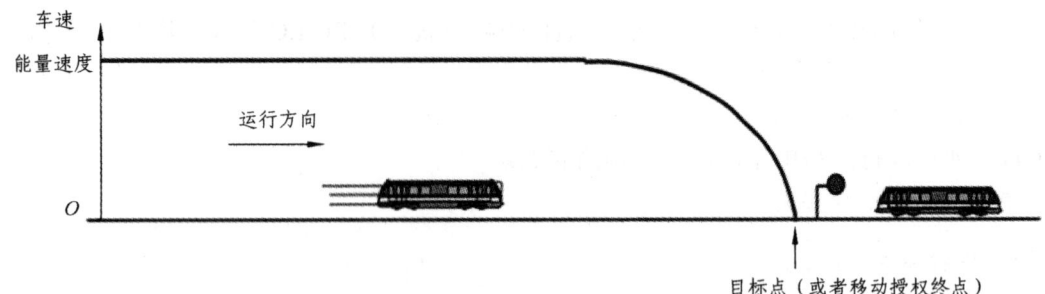

图 8-8　目标距离追踪间隔控制原理示意图

目标距离追踪间隔控制的原理：在点式后备模式下，根据计轴点的位置（闭塞区段）来确定目标距离的计算，如图 8-9 所示。

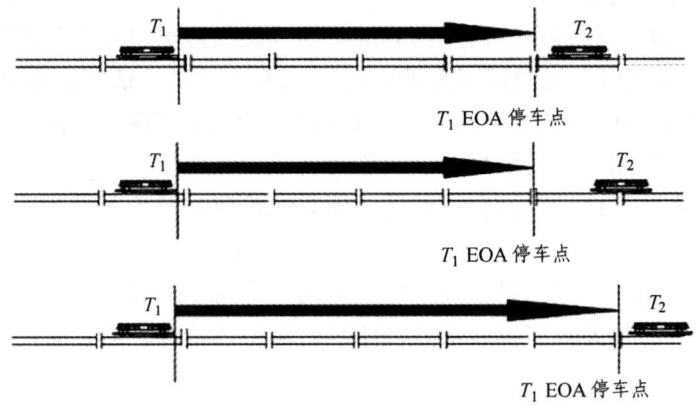

图 8-9　点式 ATP/ATO 防护下的移动授权点

在 CBTC 运行模式下的目标距离的计算是根据前车防护末端作为移动授权点的参考，如图 8-10 所示。

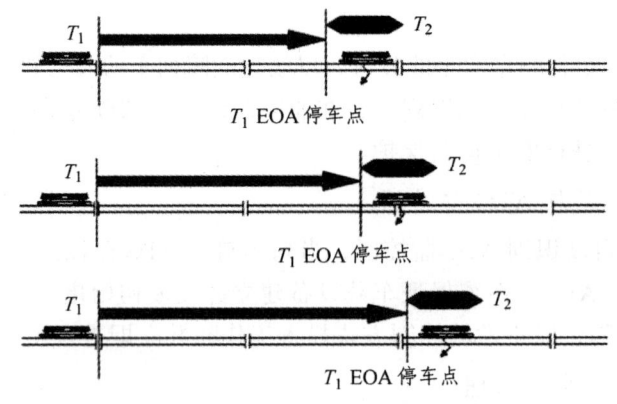

图 8-10　CBTC 的移动授权点

18. 列车速度防护原理

列车速度防护采用连续的速度-距离控制模式，基于下列原则：

① 每列车都有基于列车位置（通信列车）或轨道占用（非通信列车）进行保护的安全包络，又称自动保护（AP）。

② 由前车的 AP 和后车的安全余量决定两车间的最小距离。
③ 计算各列车的紧急制动曲线，保证列车能按照安全停靠点的界限行驶。
下面描述了 3 种主要的情况：
① 防护点为前方列车，如图 8-11 所示。

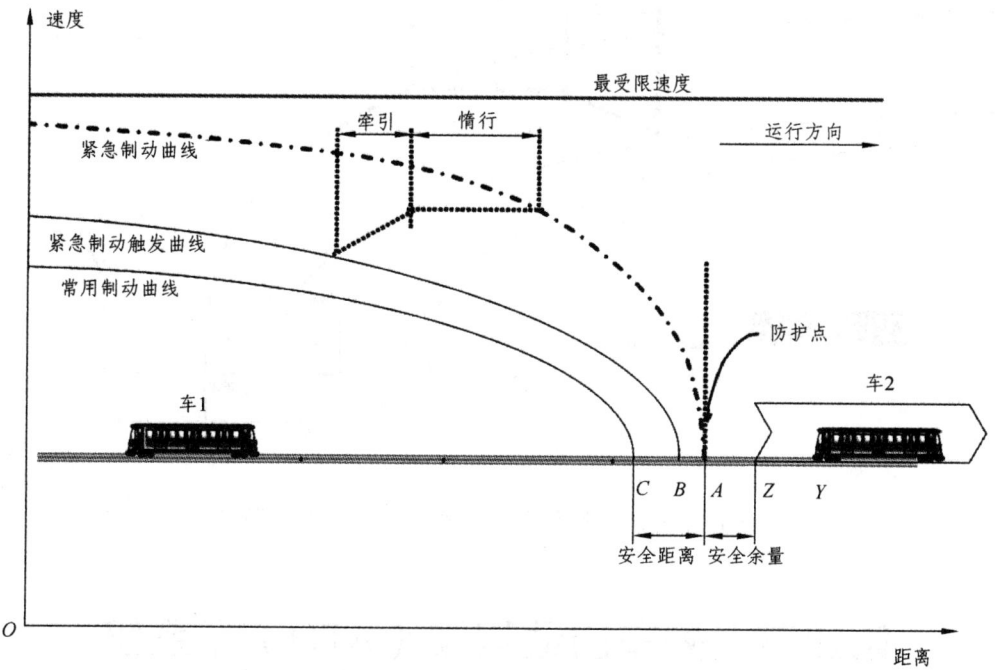

图 8-11 防护点为前车的列车防护

② 对信号机列车防护（无防护区段）进行限制，如图 8-12 所示。

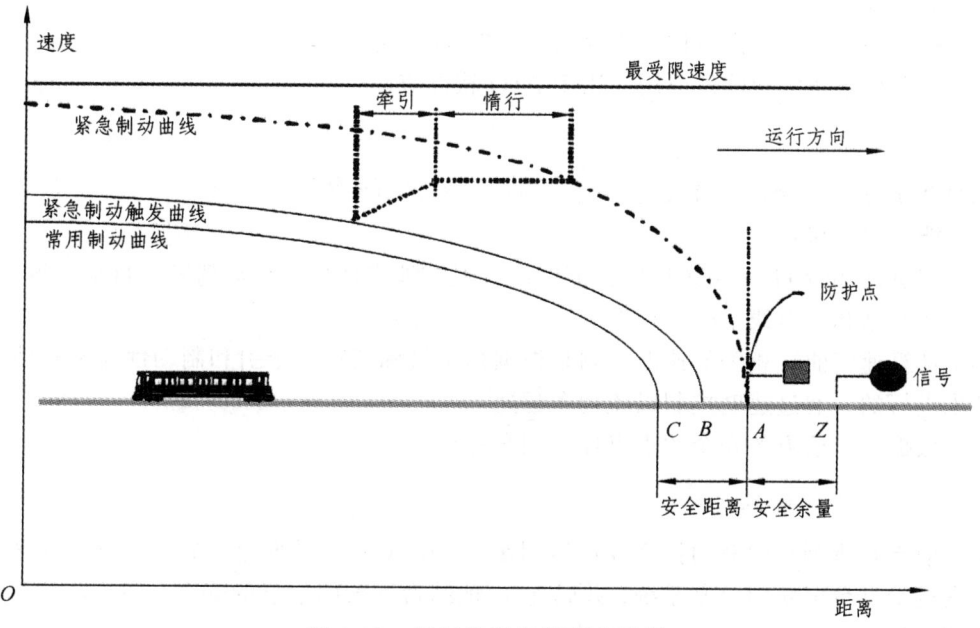

图 8-12 限制信号机的列车防护

③ 对有安全保护区段的限制信号机的列车防护，如图 8-13 所示。

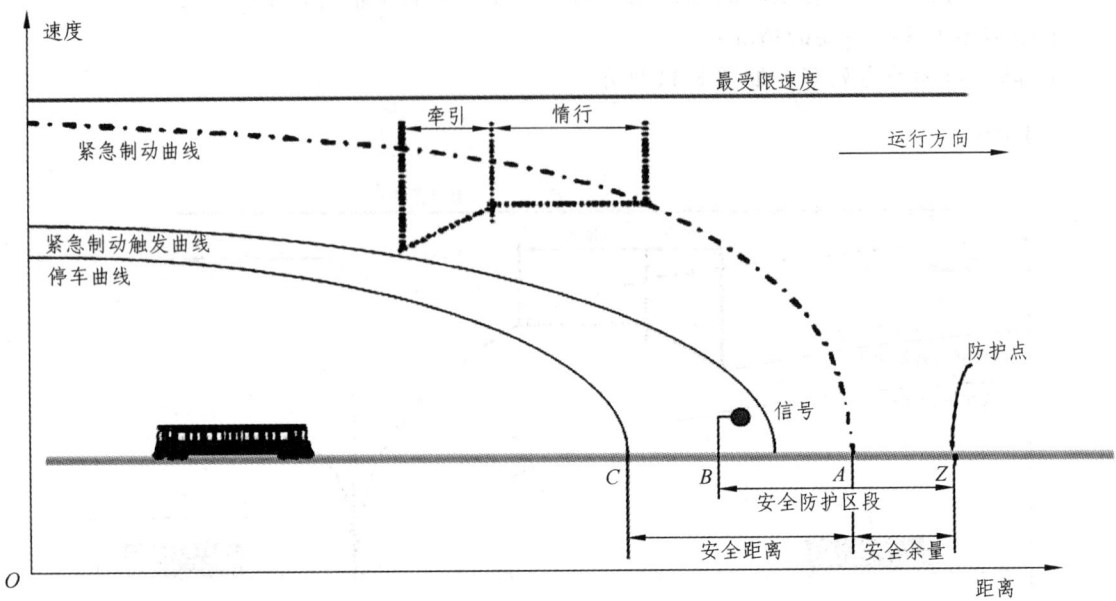

图 8-13 没有安全保护区的限制信号机的列车防护

第四节　列车自动驾驶（ATO）子系统

从硬件上来看，ATP/ATO 系统是一个整体，在硬件上并没有明显的区别。CMP 板上有两个不同的 CPU：

（1）一个用于安全软件应用，主要用于 ATP 软件应用；
（2）一个用于非安全软件应用，用于 ATO 软件应用。

1. 自动驾驶

ATO 生成速度控制命令并发送到列车的牵引和制动系统。
此功能可以确保：
（1）与 ATS 和 ATP 子系统结合，能够高效经济地实现列车自动驾驶、自动折返。
（2）在车站和折返线精确平稳停车。
（3）计算速度曲线相关的速度控制是根据列车目标请求、牵引和制动性能及其他相关列车特性来进行的，通过速度控制以免列车超速。
（4）根据列车前方的安全约束点控制列车运行。

2. 车门/屏蔽门管理

该功能旨在将列车的开门指令发送给列车，并在 ATP 子系统允许的情况下将屏蔽门的开门指令发送给站台屏蔽门控制系统，并确保车-地站台屏蔽门信息的安全传输。在站台车门和站台屏蔽门均已关闭后，才允许起动列车。

ATO 在车站进行车门管理。其原理是，当 ATP 检测到列车已停稳且位置正确后，授权 ATO 将站台侧的车门打开。ATO 随后将指令发送给车辆，然后打开站台侧的车门。

当列车以自动驾驶模式在车站停车时，如果门模式开关（DMS）没有在"人工"位置上，开门由 ATO 在 ATP 的监控下自动控制。

一旦检测到列车停靠正确，且满足所有其他安全条件，ATP 子系统将向 ATO 子系统发出车门开门操作的授权。根据"门模式开关"的位置，有以下 3 种开关门方式：

（1）当门模式开关在"自动"位，ATO 向车辆发送车门开门命令并在 DMI 上向司机显示"车门开门"信息，停站时间结束后，ATO 向车辆发送关门命令，并在 DMI 上向司机显示"车门关门"信息。当检测到车门关闭并锁定，则 ATP 授权列车可以发车（在授权任何列车运行之前对车门状态的安全进行控制），司机按压"发车"按钮后发车。

（2）当门模式开关在"半自动"位，ATO 向车辆发送车门开门命令，停站时间结束后，ATO 通过 DMI 显示指示司机关闭车门。司机则按压"车门关门"按钮，向车辆发送车门关门命令。当检测到车门关闭并锁定，则 ATP 授权列车可以发车（在授权任何列车运行之前对车门状态的安全进行控制），司机按压"发车"按钮后发车。

（3）当门模式开关在"手动"位，司机手动打开车门，停站时间结束后，ATO 通过 DMI 显示指示司机关闭车门。司机按压"关门"按钮，向车辆发送车门关门命令。当检测到车门关闭并锁定，则 ATP 授权列车可以发车（在授权任何列车运行之前对车门状态的安全进行控制），司机按压"发车"按钮后发车。

车载 ATO 自动或人工操作关门，关闭车门和站台安全门的命令同时输出。ATO 或司机负责向车辆发送关闭车门命令。当 ATP 确认所有车门均已关闭并锁定后，可授权列车发车。如果列车在 ATP 模式下，司机则可以起动列车（由 DMI 提示）；如果列车在 ATO 模式下，司机可按压 ATO 启动按钮，ATO 控制列车发车。

3. 发　车

停靠在车站的列车 ATO 子系统通过连续车地通信接收其发车时间。

对于发车，由司机在 ATP 模式下起动列车；或在 ATO 模式下按压 ATO 启动按钮。停站时间到（或如果要求立即发车，并在收到发车时间）后，在 DMI 上 ATO 系统显示"列车发车"信息以提示司机。这在收到自 ATP 系统发送的所有车门关闭并锁闭的安全信息后才具备条件，即 ATP 授权发车。

如果 ATO 子系统没有收到发车调整时间指令，驾驶员仍然可以在 ATO 模式下起动列车，也可以在 ATO 模式下按下 ATO 启动按钮，在得到 ATP 授权的情况下在站内发车。

当列车在站内时，ATO 模式的发车必须由驾驶员按压 ATO 启动按钮，直到列车起动为止，以防止自动在站内起动列车。

当列车在站间，由于前方的防护点为限制状态，ATO 控制列车停车，当前方防护点变为允许状态时，ATO 能自动起动列车继续运行。

4. 扣　车

当 ATS 发出扣车指令时，ATP 子系统会将对应的列车控制命令信息通过车地通信装置发送到列车上，ATO 子系统应能确保列车在此站停车，并在收到 ATS 发出的发车指令前保持制动。在扣车期间，由于暂时不发车，故车门保持敞开。

扣车解除将自动触发关闭车门操作（由 DMI 显示提醒司机人工关闭车门，或由 ATO 控制自动关闭车门）。

在点式后援模式下，扣车是通过将出站信号机关闭的方式来实现的。

5. 跳　停

跳停功能能够阻止 ATO 在下一车站停车。接收到 ATS 的请求之后，系统在 DMI 屏幕上显示以通知司机。

6. ATO 精确停车原理

车辆与 ATO 子系统共同实现定点、精确停靠车站的列车。ATO 子系统实现定位停车在回车线、存车线。

列车不停地校正列车的运行速度和加速度，以实现列车在停靠点的精确停靠，根据自身定位，并与其及停靠点之间的距离进行比较。所以，ATO 精准停车，列车自身定位误差起重要作用。

车站的精确停车通过位移测量功能实现，通过轨旁参考点进行定期更新（重定位信标）以确保其精确度。

进站时，ATO 尽可能使用一次性制动曲线，采用恒定的减速度将列车精确地停在开门区域。ATO 将通过对操控车型的设定，对列车进行平滑控制，使减速度达到设定的恒定状态，使乘客不会产生强烈的冲击感。一旦列车的减速度和速度"追踪"上了 ATO 的制动曲线，控制模型就能让列车沿着 ATO 设定的制动曲线稳稳地停下来。

第五节　正线计算机联锁（CI）子系统

正线计算机联锁（CI）子系统是基于微处理器为基础的计算机联锁信号控制系统。根据要求，CI 子系统结合 ATC 系统的特点采用了分布式联锁控制方式。其中，设备集中站 7 个和非设备集中站 9 个，通过安装在 7 座集中站的设备，CI 子系统实现对正线信号、道岔、进路等的控制，对本联锁区域的监控由非集中站的设备负责。

1. 联锁功能

联锁设备的基本联锁功能保证了列车运行的安全性，使轨道区段、道岔和信号机之间正确的联锁关系在列车进路上得以实现。

2. 进路建立

根据运算可以选择符合运算意图的路径；不得同时选出敌对进路。敌对进路包括对向列车的进路（含保护区段）在同一轨道或不分岔区段，对向或顺向重合列车在同一喉区（含保护区段）的路径。

3. 进路锁闭

进路锁闭按时机分为预先锁闭和接近锁闭。在道路选择、相关联锁条件满足的情况下，预先锁闭；信号开启后在接近路段有车占用的情况下才构成接近锁闭；未接近路段的情况下，在信号开启的瞬间即构成接近锁闭。

4. 引导进路

当信号机出现故障或轨道段出现故障时，可采取锁路的方式对导入道进行锁路处理。

当道岔失去表示时，可以采用引导总锁闭方式锁闭全站道岔（在用引导进路或者引导总锁闭方式引导接车时，列车运行安全由车站值班员人工保证）。

5. 保护区段

保护区段主要包括：

（1）无岔保护区段：不锁闭道岔。

（2）有岔保护区段：保护区段建立时，需锁闭相应的道岔，当列车占用保护区段时，保护区段可根据已办理进路的锁闭方向进行设置，即：

① 进路将道岔锁在定位时，保护区段设置在道岔定位；

② 进路将道岔锁在反位时，保护区段设置在道岔反位；

③ 根据运营性能的需要，保护区段可设置在道岔固定位置。

6. 信号控制

办理进路时，应当检查其入户道路上的超限段空闲情况，道岔位置正确、入户道路已锁止、未实施人工开锁、未建立敌对入户道路，具备正确的入户保护条件后，才能开启保护入户道路的信号机。

防护道岔的信号机关闭后，未经再次办理，不得重复开放。然而，当主线处理自动路径后，保持路径锁止，随列车运行自动转换显示信号。

屏蔽门状态信息、紧急停车按钮、扣车按钮等都要检查信号的开启情况。已设置好的进路保护信号机，在上述信息丢失的情况下，立即关机。

当屏蔽门关闭且锁紧的状态信息丢失时，切断相关信号机的开放电路。列车在车站停车时，由于屏蔽门的正常开启导致出站信号机的关闭，在检查相关联锁条件满足后自动开放。

联锁系统会在车站紧急停车按钮按下后，立即关闭相关入口已开启的信号，需要人工处理重新开启信号操作，才能在检查相关联锁条件满足时，重新开启信号。

联锁系统在处理扣车作业时，会立即关闭已开启车站正向出站信号（当信号内方有道路进入时，所保护的道路继续维持道路的闭锁），并在满足联锁条件，处理取消扣车作业后，可自动开启对应信号。

联锁设备能够根据 ATP 设备提供的列车信息自动控制相应信号机的显示。

信号机开检，红灯灯丝完好无故障。信号机具有对灯丝的监督作用，对灯丝的良好状态进行不间断地检查，使灯丝开放后的状态保持良好。如果某一设定的临界值出现灯丝断丝，信号机就会自动关闭。信号灯光在正常转换过程中，不会产生错误的灯丝报警信息，不允许乱显示信号（即不按规定显示信号）。在组合灯开合的情况下，点灯或灭灯是同时进行的。

7. 道岔控制

道岔能通过人工单独操纵，也能通过进路选动和带动。人工单独操纵优先于进路选动和带动；联锁道岔会因为进路锁闭、区段锁闭和人工单独锁闭的影响而发生变化。一旦锁闭道岔，就不能启动；当选择以进路控制方式操纵道岔时，进路上的道岔顺序选出，动作电流错开启动峰值；当道岔转辙机的电机电路发生故障不能正常工作时，就会自动切断道岔启动电路；道岔转换完毕时，自动切断道岔动作电源。当因故被阻，在规定时间内不能转换到规定位置时，自动切断道岔启动电路，并有音响和图像报警，道岔经操纵能转回原位；开向安全线和不同线路间的隔离道岔，具有解锁后延时自动转向线路安全线并锁闭的功能。解锁后延时自动转换时间在设计联络阶段确定。当道岔转换完毕后，道岔动作电源将被自动切断。道岔设置位置表示，并保证：只有联动道岔中各组道岔均在规定位置时，才能构成位置表示；只有当多点牵引转辙器的每个点都在规定位置上，才能构成位置表示的位置；启动道岔时，应先切断位置表示；发生挤岔时，有挤岔表示；人工单独锁闭时，不影响道岔的位置表示，当道岔失去表示时，联锁设备不会自动解锁进路。

8. 联锁设备进路控制

通过与ATS系统相结合的联锁设备，能实现站内、站外两级控制。

根据运营要求，以自动或人工控制模式办理进路。其中，人工控制分为中央ATS人工和车站人工两类，自动控制分为ATS中央自动和车站进路自动。人工控制的进路优先级高于自动控制的进路。

正常情况下，在ATS子系统设备出现故障时，可由车站值班员直接设置列车进路，由正线联锁设备接收ATS指令，实现进路控制。

9. 自动进路

只有在列车到达某个特定的"触发点"时，才会调用自动列车进路，并输出命令，确认联锁系统返回的信息，通过车次号中的目的地编码确定列车进路，检查进路的可用性。在设置自动进路之前，如果已经存在进路，则保持不变的进路状态；原进路状态在自动进路命令取消的情况下不作改变，由列车占用或取消运行而解锁该进路。在车站联锁自动进路模式下，值班员可在车站的车站操作员工作站上将部分或全部信号机置于自动状态，而其他联锁操作则由值班员人工操作。当ATS设备发生故障时，车站现地工作站可根据列车所处位置，或由车站值班员直接设置列车进路，通过联锁设备预设的条件自动处理进路。

10. 自动折返进路

车站设置自动折返模式，在设置自动折返模式时，必须执行自动折返进路的设置；任何人工处理进路的作业，在某一进路已设置为自动折返模式时一律禁止；当设置自动折返模式后，自动办理初始进路时，当联锁机检查联锁条件（敌对进路未设置、信号封锁、区段封锁等）满足后，自动办理；自动开锁，随列车行进触发自动折返进路；行车调度员或车站值班员在折返过程中，只需一次模式设置信号机即可。

实践操作

实训项目　列车标准出入场作业

1. 实训目的

（1）了解地铁车辆驾驶的操纵程序、方法及注意事项。

（2）熟悉列车驾驶模式，车辆 ATC 子系统的作用、工作原理、要求及注意事项。

（3）掌握车辆驾驶出退勤、交接班、车辆平稳操纵有关注意事项。

2. 实训设备

列车驾驶仿真培训系统。

3. 实训内容

（1）操作前检查。

① 按规程对列车进行检查，确认列车编组正确，受电弓降下，列车处于整备状态，各部分的状态良好、无故障。

② 将司机室侧门钥匙插入钥匙孔，打开司机室侧门锁，进入非操纵端司机室。

③ 确认司机室各设备及灭火器齐全、良好。

④ 确认总风压力。

⑤ 确认各按键开关、切换开关、按钮的状态位于定位。

⑥ 确认司控器主手柄处在"0"位，方向手柄处在"0"位，主控钥匙在"OFF"位。

⑦ 返回司机室，锁闭司机室门，进入客车车厢，关闭司机室后端门。由客车车厢进入操纵端司机室。

⑧ 另一端按照上述③~⑥步骤检查操纵端司机室。

（2）蓄电池投入操作。

确认车下蓄电池控制箱内的断路器[KNF]和司机室继电器柜中断路器[QFXD]已经闭合，将司机室继电器柜中转换开关[蓄电池]（SC1）转换到"投入"位，蓄电池即可自行投入。闭合司机室继电器柜中断路器[QFPV]，便可以在司机室继电器柜中蓄电池电压表观察到 DC 110 V 蓄电池电压。

（3）观察 TMS 显示屏。

闭合车上电器柜内控制及负载电源用断路器后，列车监视系统即可投入。通过司机操纵台上 TMS 显示屏（DDU）观察有无故障显示，确认 BLB 闭合、制动塞门未切除、停放制动施加、蓄电池参数在正常范围，无故障显示后即可进行后续操作。

（4）头车激活操作。

根据实际走行方向，将两个司机室的司机控制器[MC]钥匙开关一端转换到"ON"位，另一端保持在"OFF"位，通过司机操纵台上 TMS 显示屏（DDU）观察列车有方向显示。同时，确认各显示灯显示正常（包括电气设备灯亮）。

（5）受电弓控制操作。

观察操纵台上的风压表，如果总风压力高于 500 kPa，按下司机室操纵台上绿色按钮[升弓] (PUS) 1 s 左右松开，Mp 车上受电弓 6 s 左右升弓到位，通过司机操纵台上 TMS 显示屏 (DDU) 观察 Mp 车受电弓有升弓显示。

如果总风风压低于 500 kPa，到 Mp 车客室二位端一位侧座椅下，关闭主控端 Mp 车受电弓供风单元到受电弓之间的球阀，拿出受电弓脚踏泵，脚踩脚踏泵升弓。

（6）启动辅助电源。

如果网压正常（TMS 显示器的辅助电源界面有正常网压显示），将司机室操纵台上的扳键开关[SIV 启动]（SA2）置于"投入"位，SIV 即可自行启动。此时通过 TMS 显示器可以观察到 SIV 输出的 AC 380 V 电压是否正常，正常范围为 AC 380 V × (1 ± 5%)。

（7）启动空气压缩机。

待 SIV 输出的 AC 380 V 电压和频率正常后，将司机室操纵台上扳键开关[空压机启动]（SA3）置于"自动"位，此时如果列车总风压力低于 800 kPa，Mp 车（2 辆/列）车下空压机即可自行启动。此时观察司机操纵台 TMS 显示屏（DDU），空压机启动一栏应有指示，同时操纵台仪表盘上双针压力表[PP]也有指示。

（8）司机控制器[MC]。

司机控制器用来完成整个列车的牵引、制动功能，以及列车前进方向的控制和司机警惕等功能。

每个司机室设有一个司机控制器，在每个司机控制器上有司机钥匙、方向手柄及牵引/制动控制手柄（带警惕按钮），如图 8-14 所示。

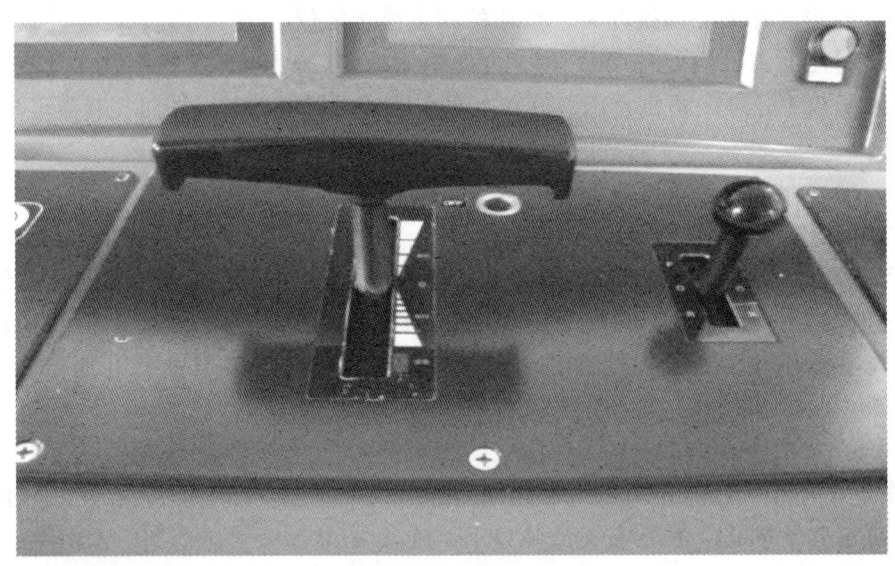

图 8-14 司控器

其中，司机钥匙有两个位置：ON、OFF。

方向手柄有三个位置：F、0、R。

牵引/制动控制手柄有四个位置：牵引、0、常用制动、EB。

司机控制器的司机钥匙、方向手柄、牵引/制动控制手柄为机械互锁结构，其逻辑如下：

当司机钥匙在"OFF"位置时，方向手柄和牵引/制动控制手柄都无法动作；

当司机钥匙在"ON"位置时，方向手柄可以离开零位切换到"向前"或"向后"位置；当方向手柄在"0"位时，牵引/制动控制手柄无法动作；

当方向手柄在"F"或者"R"位置时，牵引/制动控制手柄可离开零位（惰行位）切换到牵引、制动以及紧急制动位。

反之，当司机控制器不在零位（惰行位）时，方向手柄无法动作；当方向手柄不在零位时，司机钥匙无法动作。

司机控制器的牵引、制动和紧急制动状态指令通过模式选择继电器送到执行机构；牵引、制动力大小信号为 0~10 V 模拟信号，通过模式选择继电器送入 PWM 发生器中，经过 PWM 发生器转换为 500 Hz、DC 24 V 的 PWM 信号送到执行机构中。在非 ATO 模式下，司机应按下控制器上的警惕按钮，否则列车将实施紧急制动。

（9）动车操作。

列车动车前，应确认 TMS 显示器上以下信息：

① 无制动塞门关闭显示。如有制动塞门关闭显示，则需要将相应制动塞门打开。

② 无停放制动显示。如有停放制动显示（此时没有按停放按钮），则需要按下停放制动缓解按钮。

列车动车前，应操作司机控制器主手柄到相应级位试验列车的紧急制动、常用制动、缓解功能正常。

列车在每次上高压后，需要先按动[复位]按钮，投入高速断路器 HB，并使 VVVF 与 SIV 复位。复位前，仅司机室继电器柜中网压表[PHV]有网压显示；复位后，司机室操纵台上 TMS 显示屏上也显示网压。

当信号系统正常工作时，首先操作[信号模式开关 1]（MSS1）和[信号模式开关 2]（MSS2），选择相应的操作模式，列车将在选定的模式下工作。详细说明请参考信号系统供应上提供的操作说明。列车的限速等安全保护由信号系统负责执行。

当信号系统不工作时，由司机负责遵守信号和其他规章，实现列车的安全保护。

根据实际走行方向，将两个司机室的司机控制器[MC]钥匙开关一端转换到"ON"位，方向手柄置于"F"位，另一端保持在"OFF"位，通过司机操纵台上 TMS 显示屏（DDU）观察列车有方向显示。

将司机操纵台上的扳键开关[电制动]（SA1）置于"启动"位。

将司机操纵台上[门选向]开关转换到"0"位。

按司机操纵台上按钮[鸣笛]（SB3），电笛鸣响。

司机推动司机控制器主手柄到"EB"位，一直抓按司机控制器上的警惕按钮（DMS），然后推动主手柄到相应牵引位，车辆即可动车。

列车在运行过程中，根据实际需要，推动司机控制器手柄到相应牵引级位或制动级位，实现列车牵引加速与制动减速。

（10）停车操作。

列车运行中需要制动停车，推动司机控制器手柄到相应制动级位，实现列车的制动减速直至停车。

列车运行中遇到需要紧急制动停车的情况，首车司机推动司机控制器手柄到"EB"位，实现列车的紧急制动减速直至停车，不能缓解，待紧急情况解除后方可进行缓解。

列车运行中遇到需要紧急制动停车的情况，拍司机操纵台上的红色蘑菇头按钮[紧急制动]，实现列车的紧急制动减速直至停车，不能缓解，待紧急情况解除后方可进行缓解。实施紧急制动后如果要解除紧急制动，必须旋转紧急按钮使其复位。

列车不停机而停车时，司机控制器主手柄应放在制动 4/7 级位及以上制动级位。

列车停车后，需要长时间停放时，司机控制器主手柄应放在制动位，按下司机操纵台上的按钮[停放制动/缓解]（PBS），列车的停放制动功能即可靠起作用（当总风压力低于约 540 kPa 时，列车停放制动开始自动施加）。

列车施加停放制动后需要重新动车时，司机控制器主手柄应放在制动位，应松开[停放制动/缓解]按钮（此时列车的总风压力应大于 685 kPa，否则需要在车下逐个拉动操作手动缓解拉环使每辆车缓解），确认列车完全缓解后才能进行动车操作。

习 题

8-1 进路将道岔锁在定位时，保护区段设置在道岔（　　）。
　　A. 定位　　　　B. 反位　　　　C. 固定位置
8-2 在 RMR 模式下，列车允许以（　　）预定的速度反向运行一定的距离。
　　A. 高于　　　　B. 低于　　　　C. 等于
8-3 列车施加停放制动后需要重新动车时，列车的总风压力应大于（　　）。
　　A. 685 kPa　　　B. 685 MPa　　　C. 700 kPa　　　D. 700 MPa
8-4 ATO 功能主要有什么作用？
8-5 列车速度防护采用连续的速度-距离控制模式有什么原则？
8-6 列控系统的主要作用是什么？
8-7 列车施加停放制动后需要重新动车时，司机控制器需要采用哪种方式进行控制？
8-8 列车速度防护的原理是什么？
8-9 ATO 模式下的开门方式具体有哪几种？阐述它们的区别。
8-10 后备模式下 ATS 的主要功能有哪些？

第九章　辅助系统

除了车体、转向架、牵引传动系统和制动系统等主体结构以外，辅助系统也是城市轨道交通车辆必不可少的组成部分。辅助系统主要用于保障车辆运行的安全和效率，以及改善乘客的服务环境，一般包括辅助供电系统、空调通风系统、车辆照明系统和乘客信息系统等部分。

第一节　辅助供电系统

辅助供电系统是指为列车除动力牵引系统以外需要使用电力的负载（如空调、通风、照明等）提供能量的电源系统。系统中的辅助电源、熔断器、继电器与负载设备等构成一条完整的辅助电路回路。正常工作状态下，列车使用的辅助电源由辅助逆变器提供；列车启动时或辅助逆变器无法使用的紧急情况下，由蓄电池充当应急电源。

一、辅助逆变器

辅助逆变器是城市轨道交通车辆辅助供电系统的核心装备之一，通常安装在各节车厢的底部。对于不同类型的车辆，辅助逆变器的数量配置与单台辅助逆变器的输出功率、列车编组形式及冗余状态都有关系。

1. 辅助逆变器的用途

辅助逆变器是城市轨道交通车辆的辅助电源，主要为除牵引动力以外的所有用电设备供电，包括空调装置、取暖装置、列车照明、设备通风冷却、蓄电池、其他各类电器装置等，这些负载能够正常工作并发挥对应的功能对整车安全有效地运行有着重要的意义。在正常运行状态下，辅助逆变器由外部高压接触网供电，供电电压为 DC 1 500 V；在检修工作中，可从车间电源受电。辅助逆变器将 DC 1 500 V 转化为 AC 380 V、AC 220 V 及 DC 110 V，即可提供 3 种电源：①为列车上所有三相负载提供 AC 380 V（50 Hz）的交流电源，如通风机、空压机、空调等；②提供 AC 220 V（50 Hz）的交流电源，如列车照明、插座等；③DC 110 V 低压辅助电源，主要为 110 V 的直流负载供电，并给蓄电池充电。

2. 辅助逆变器的结构

在不同类型的车辆中，辅助逆变器的功能相同，但结构却不尽相同。如图 9-1 所示为某地铁 11 号线车辆采用的辅助逆变器，其中 PWMI（Pulse-Width Modulated Inverter，脉宽调制型逆变器）模块用于将外部高压电源逆变为三相 AC 380 V，蓄电池充电器模块为应急电源蓄电池充电，主风扇负责设备的通风冷却，线路扼流圈用以滤波电路，主变压器实现电路电压的改变。四块维护翻盖可从车辆两侧打开，用于简单快捷地维护辅助逆变器的两侧组件或经底盖从下部打开，对辅助逆变器的中间组件进行检修。

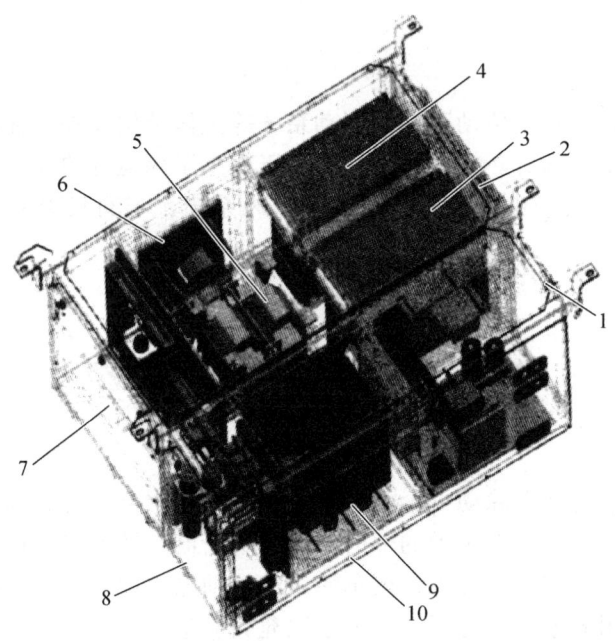

1—输入开关装置维护翻盖；2—电力模块维护翻盖；3—蓄电池充电器；4—PWMI 模块；5—线路扼流圈；
6—主风扇；7—控制开关装置维护翻盖；8—三相开关装置（输出）维护翻盖；
9—主变压器；10—底盖。

图 9-1 辅助逆变器结构示意图

辅助逆变器的技术发展

3. 辅助逆变器的原理

如图 9-2 所示的辅助逆变器的系统原理：来自接触网的 DC 1 500 V 输入电压，经过预充电单元之后，逆变器模块在辅助逆变器（PWMI 和蓄电池充电器）中串联工作，将直流电转变为三相交流电，先后经过主变压器的隔离变压和正弦滤波器的滤波，再提供给负载。SIBCOS 控制器是主控制和模块控制的组合，用于全面系统监控，控制和调节不同类型的功率逆变器（如 PWMI）。SIBCOS 控制器还包括两个接口，一个是负责与所有控制级别进行通信的 MVB（Multifunction Vehicle Bus，车辆多功能总线）接口，另一个是用于诊断维护服务与外部 PC

建立连接的 RS232 接口。EMI（Electromagnetic Interference，电磁干扰）滤波器能够有效提高系统对 EMI 的抗扰度。

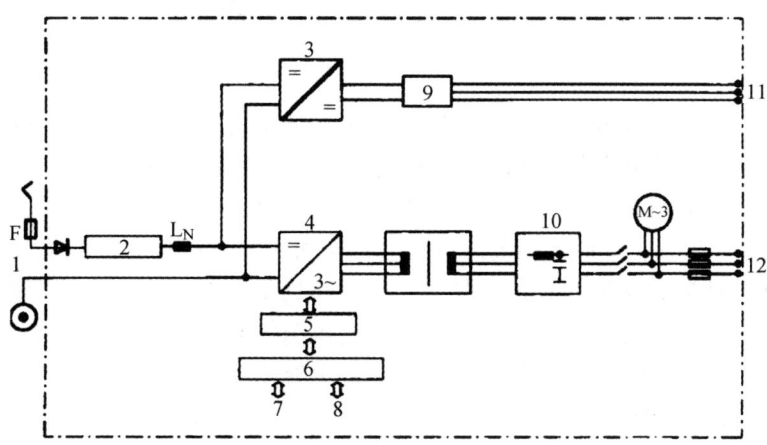

1—输入：DC1 500 V；2—预充电单元；3—蓄电池充电器；4—逆变器；5—IGBT 控制器；6—SIBCOS 控制器；
7—MVB；8—RS232（维护用）；9—EMI 滤波器；10—正弦滤波器；11—输出 2：DC 110 V、20 kW；
12—输出 1：三相 380 V、50 Hz、73 kVA。

图 9-2 辅助逆变器系统原理图

逆变器的工作原理

蓄电池充电器的工作原理

二、蓄电池

蓄电池是一种把电能变成化学能储存起来，需要用电时再把化学能变成电能的装置。蓄电池充电时，正极发生氧化反应，负极发生还原反应；放电时，负极发生氧化反应，正极发生还原反应。正常情况下，轨道列车的蓄电池主要供车辆启动时使用。此外，如果发生辅助逆变器无法输出供电的紧急情况，蓄电池可为相关负载设备（如应急照明、应急通风、控制系统、通信系统等）提供应急电源。目前，城市轨道交通车辆蓄电池一般采用碱性镉镍电池，它具备环保、使用寿命长、抗冲击振动性能好、自放电量小、低温性能好、耐过充能力强等特点。城市轨道交通车辆的蓄电池通常安装在拖车车辆底部，如图 9-3 所示。

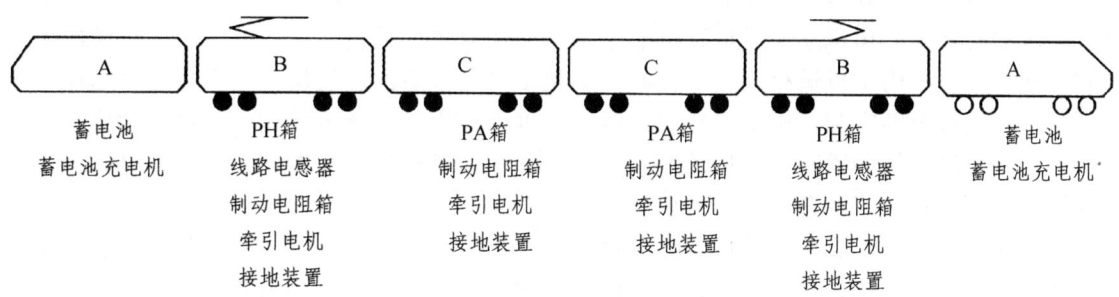

图 9-3 蓄电池布局示意图

第二节 空调通风系统

空调通风系统是保证城市轨道交通车辆良好运营环境的必备装置,其作用是提供充足的、温度和湿度都很适宜的新鲜空气,从而确保车内具备舒适的乘坐环境。不同于一般使用场合,城市轨道交通车辆的空调通风装置在设计时考虑的因素更为复杂,包括车辆承载的乘客数量较多,乘客上、下车频繁,车辆运行的时间段,甚至所在城市的运营环境(如地下环境)等。所以,城市轨道交通车辆空调机组在选取上一般应达到小型轻量化、可靠度高、易于维护、噪声低、风量足等要求。城市轨道交通车辆的空调机组安装在车辆顶部,空调机组安装座处设有减振橡胶衬垫,用于吸收振动和降低噪声。每个客室安装有两台空调机组,位于整个客室的 1/4 和 3/4 位置,如图 9-4 所示。

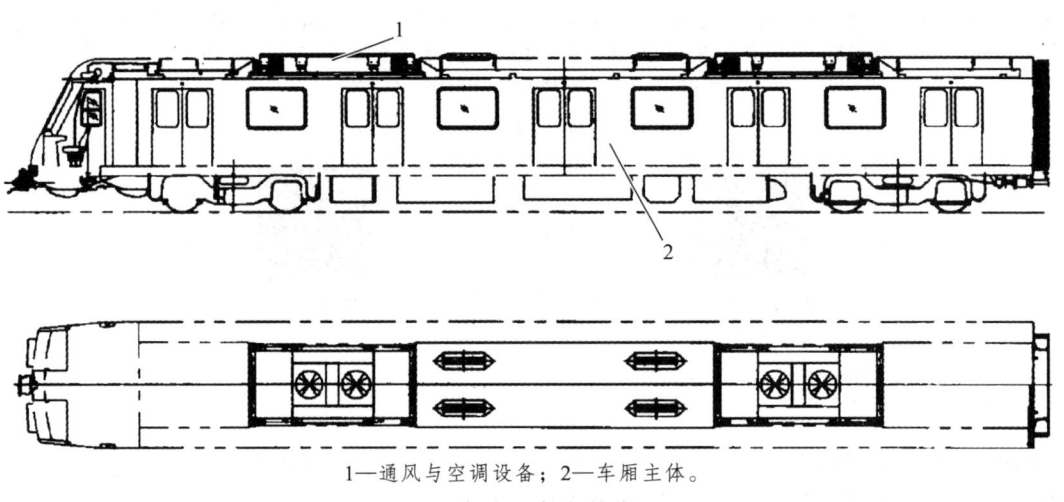

1—通风与空调设备;2—车厢主体。

图 9-4 空调设备安装位置图

一、空调系统的组成

城市轨道列车的每节车厢装有两台独立的车顶单元式空调机组,用于客室和司机室的通风与空气调节,同一节车厢两台空调机组的运行由一个控制板进行控制。Tc 车(带司机室的拖车)还配有独立的司机室通风机,可通过手动旋钮对风量进行多级调节。空调机组的出风口通过软风道与车内主风道相连,工作时空调机组将处理后的空气从车内主风道经送风口送至室内,起到调节客室和司机室内空气温度、湿度的作用。车顶单元式空调机组的优点有:体积小、质量轻、结构紧凑、互换性好;由于采取主体结构集中布置,缩短了连接管道,可减少管道的泄漏;便于在车顶进行检修和维护。

如图 9-5 所示的城市轨道交通车辆空调机组,由压缩机/冷凝器室、空气处理室和蒸发室三大部分组成,并被整合在一个不锈钢制的箱体内,通过 8 个安装座与减振垫一起被固接在车顶上。空气处理单元主要部件有压缩机、蒸发器、冷凝器、送风机、新风调节门、紧急逆变电源（图中未画出）、电磁阀、热力膨胀阀、风压探测器、干燥过滤器、高（低）压开关、新风过滤器（金属材料）、混合空气过滤网（无纺布材料）等。

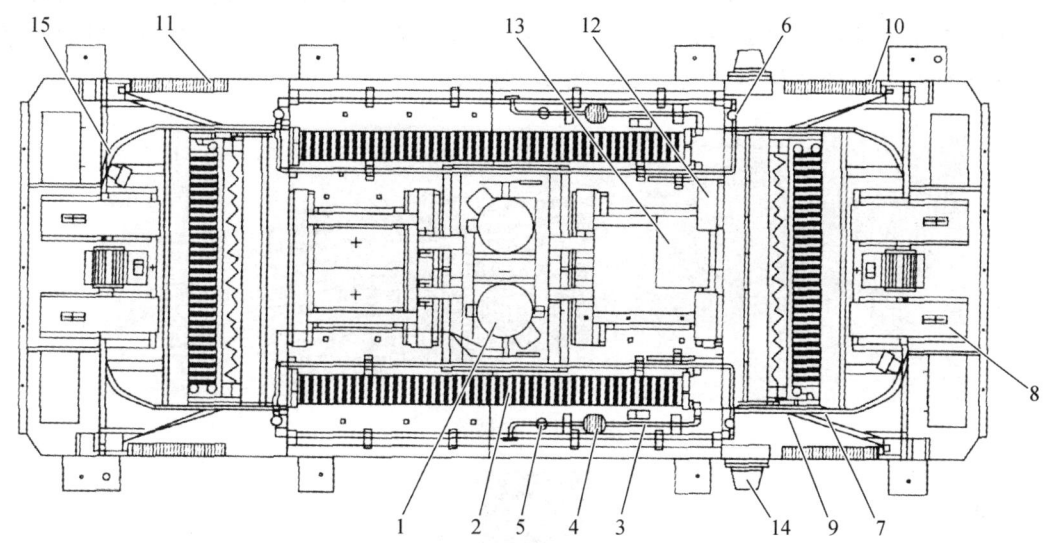

1—压缩机；2—冷凝器；3—电磁阀；4—干燥过滤器；5—窥视镜；6—热力膨胀阀；7—蒸发器；8—送风机；9—混合空气过滤网；10—新风过滤器；11—新风调节门；12—高、低压开关；13—接线盒；14—减振器；15—风压探测器。

图 9-5　空调机组组成示意图

1. 压缩机/冷凝器室

压缩机/冷凝器室主要包括两台涡旋式压缩机、两台冷凝风机、两个冷凝器、四个压力开关、两个电磁阀、两个干燥过滤器、两个窥视镜和一个接线盒等部件。

（1）涡旋式压缩机

空调机组的压缩机采用的是全封闭涡旋式压缩机，其作用是将来自蒸发器的低温、低压气态制冷剂压缩成高温、高压的气体。涡旋式压缩机主要由电动机、气缸、偏心轮、转子、风隔叶片、排气阀、外壳等零部件组成。与往复式制冷压缩机对比，涡旋式制冷压缩机的振动小，并且因为没有往复运动部分，可节省空间，使得整机结构紧凑、质量轻、机械损失小，降低了压缩功的损耗，改善了压缩效果，提高了工作效率。此外，涡旋式压缩机还具有压缩比大、对湿压缩不敏感、平衡性能好等特点，由于分隔叶片具有较好的刚性和强度，且吸、排气口无阀片，故当液体制冷剂通过时，不容易产生"液击"现象，其外观如图 9-6 所示。

（2）冷凝器

冷凝器是制冷系统中主要的热交换设备之一，其作用是将压缩机排出的高温、高压制冷剂过热蒸气，通过其放热面将热

图 9-6　涡旋式压缩机

量传导给低温物质（即空气），让制冷剂冷凝成过冷液体，以使制冷剂在系统中循环使用。城市轨道交通车辆空调装置采用的是空气冷却式冷凝器，制冷剂在管内冷凝，空气在管外流动，并将制冷剂释放的热量带走。为了加强热交换时的空气循环流动，空调机组采用强迫通风的对流冷却，并装有两台轴流式风机，用于强化制冷剂在冷凝器中的凝结放热过程。两台轴流式风机通过引接压缩机出口高压处的压力，由控制器根据压力变化情况来控制风机的启停。冷凝器选用铜管、铜翅片材料，其外观如图9-7所示。

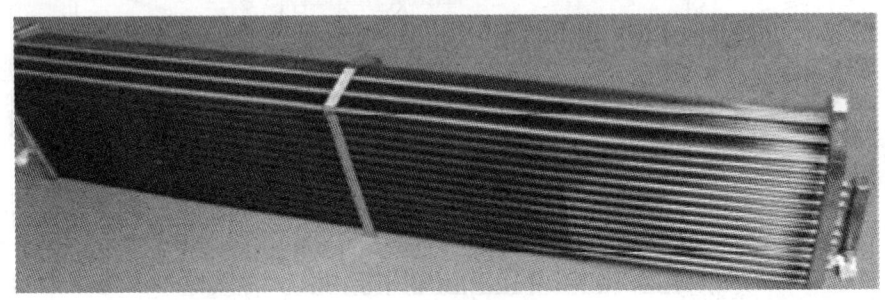

图 9-7 冷凝器

压缩机/冷凝器室的其他部件

2．混合空气室

混合空气室主要包括膨胀阀、混合空气过滤网、新风过滤网、新风温度传感器等部件。

（1）膨胀阀

膨胀阀在制冷系统中位于冷凝器之后，从冷凝器出来的高压制冷剂液体流经节流机构、膨胀阀，在压力被降低后再进入蒸发器。膨胀阀除了起节流作用外，还具备调节进入蒸发器制冷剂流量的功能。膨胀阀的调节，使得制冷剂在离开蒸发器时有一定的过热度，避免液体制冷剂进入压缩机。

（2）混合空气过滤网

混合空气过滤网采用的是无纺布材料，要求满足相关的防火标准，并且定期进行更换。它的主要作用是过滤混合空气，使进入客室的混合空气符合相关的含尘标准。

（3）新风过滤网

新风过滤网为金属网，其主要作用是对进入蒸发器室的新风进行过滤。

3．蒸发器室

蒸发器室主要包括蒸发器、送风机、压力探测器、送风温度传感器等部件。

（1）蒸发器

蒸发器是制冷系统除冷凝器外的另一换热装置，它是产生和输出冷量的关键设备。从膨胀阀出来的制冷剂，通过分配器从管路的一端进入蒸发器，在蒸发器中吸热汽化，并在到达另一端时全部变为蒸气，利用制冷剂的蒸发潜热，吸收管外被冷却介质（即空气）的热量，空气的热量被蒸发器内的制冷剂吸收后温度降低，从而达到制冷的目的。

（2）送风机

送风机为两台离心式风扇，兼具吸风和送风的双重功能。一方面，送风机通过新风格栅吸入新风，并使其与回风混合；另一方面，经过蒸发器冷却、除湿后的空气由送风机输送到客室的送风管道中，并进入客室内，以实现对客室温度和湿度的调节。

蒸发气室的其他部件

二、空调制冷原理

如图 9-8 所示为城市轨道交通车辆空调制冷原理图。空调机组的压缩机工作时，低温、低压的制冷剂蒸气从进气管路进入压缩机；压缩机对其进行压缩，使之成为高温、高压的制冷剂蒸气；高温、高压的制冷剂蒸气从出气管路流出压缩机，流入安装在压缩机/冷凝器室两侧的冷凝器；冷凝器对高温、高压的制冷剂蒸气降温，使其冷凝成中温、高压的制冷剂液体；中温、高压的制冷剂液体流出冷凝器，通过膨胀阀节流降压，重新成为低温、低压的制冷剂液体，再进入蒸发器；在蒸发器中，低温、低压的制冷剂液体蒸发汽化成低温、低压的制冷剂蒸气，在蒸发过程中吸收被冷却物质的热量，使其温度降低。通过蒸发器的空气被低温制冷剂吸收热量，成为低温的空气。与此同时，每台空调机组配置的两台送风机，将冷气通过送风管道送到客室和司机室内，并克服空调机组以及送风管道中的压力损失。

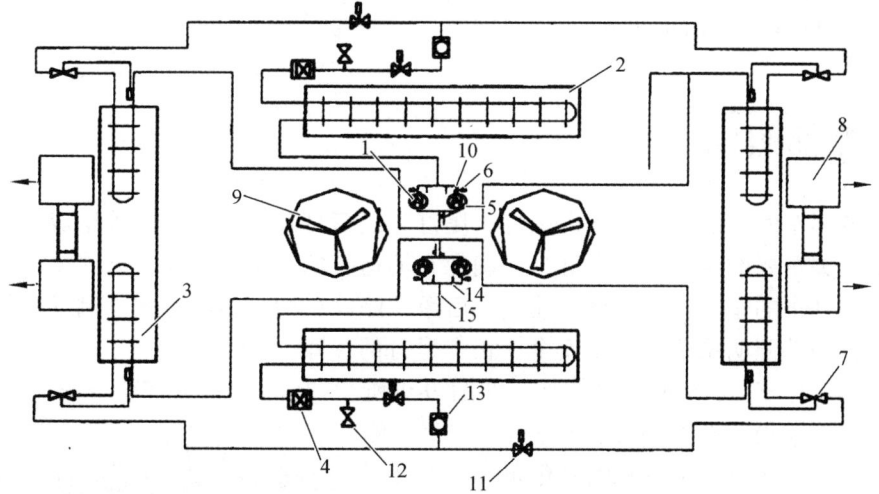

1—压缩机；2—冷凝器；3—蒸发器；4—干燥过滤器；5—低压开关；6—高压开关；
7—膨胀阀；8—送风机；9—冷凝风机；10—针阀；11—电磁阀；12—充注阀；
13—视液镜；14—新风风门；15—新风滤网。

图 9-8　空调制冷循环流程图

空气循环过程　　　　空调制冷工作原理的动画演示

第三节 车辆照明系统

车辆照明系统包括客室照明、外部照明及工作照明等子系统，它能够满足车辆在正常运营过程中的全部照明需求。按照城市轨道交通车辆照明功能的要求，车辆照明分为正常照明及应急照明两类。其中，正常照明是指城市轨道交通车辆在外部受电正常的状态下，由辅助逆变器提供所有照明电源；应急照明是指在辅助逆变器无法正常工作的情况下，由车辆蓄电池提供应急照明电源。

一、客室照明

客室照明是用于列车在运营过程中为乘客提供舒适的视觉照明。客室照明有正常照明和应急照明两种功能。为了保证两种功能要求，相应配备有 AC 220 V 电源和 DC 110 V 电源。在正常情况下，车辆客室照明电源由辅助逆变器供应，在紧急情况下则由蓄电池提供。

目前，城市轨道列车的客室照明大部分是通过位于天花板上的两条纵向光带实现的，混合有普通照明和紧急照明。客室照明系统由普通照明荧光灯和紧急照明荧光灯两部分构成，这些荧光灯型号不同，混合且均匀地分布在客室内。这种设计的目的是在紧急情况下客室至少能够保持部分照明，并且使得客室内照度相对均匀。普通照明荧光灯的电源为 AC 220 V，紧急照明荧光灯的电源为 DC 110 V。

二、外部照明

城市轨道列车的外部照明系统由头灯、尾灯、运营灯及侧墙信息灯等组成，它们是列车正常运行中至关重要的照明或信息灯具，确保车辆运行的安全和有序。某些城市轨道交通车辆还可以显示列车的车次、目的地、前进、后退、停放、ATC 运行方式、制动施加和缓解等信息，因此，外部照明系统是列车安全、正点运行的保障。

头灯和尾灯位于 Tc 车的驾驶室外，如图 9-9 所示。Tc 车的每一端设有两盏头灯和两盏尾灯，每一侧有一盏头灯和一盏尾灯，左右两侧对称布置。头灯用于照亮前方，以便司机能够检查钢轨和掌握的列车运行方向，尾灯则用于确保本列车能被后续列车观察到。有些车型配有侧墙信息灯，每组侧墙信息灯设置有 5 种色灯，自上而下的颜色排列依次为橙、绿、蓝、红、白，其中橙色灯亮表示门未关好，绿色灯亮表示所有制动缓解，蓝色灯亮表示停放制动施加，红色灯亮表示摩擦制动施加，白色灯亮表示 ATC 切除。

图 9-9 地铁车辆的外部照明

三、工作照明

列车配备了供驾驶员及检修人员在作业过程中所需的工作照明系统,包括驾驶室照明、司机阅读灯、设备柜照明及信息照明等。

(1)驾驶室照明位于天花板顶部(见图 9-10),由驾驶台上的开关进行控制。驾驶室照明独立于客室,其设计应避免阴影投射到控制台面上,降低操作者的能见度。在驾驶台上所有的设备都有可读信息(包括监视器,速度指示器、仪表等),信息必须被突出并能被清晰看见。驾驶室照明在列车起动阶段、停车期间、车辆维修等情况下使用。在列车正常运行过程中不得随意开启,以免影响驾驶员的正常瞭望。

(2)司机阅读灯位于司机驾驶台上,是为了考虑驾驶员在列车运行过程中的特别需要(如驾驶室面板的观察、报表填写、阅读等工作)而设置的。该照明独立于驾驶室照明。

(3)设备柜照明位于列车的各个设备柜中(见图 9-11),主要用途是在驾驶员和检修人员打开设备柜进行操作与作业时提供光源。

(4)信息照明位于司机室前上方两侧,主要功能是向乘客和车站工作人员提供列车的车次及目的地等运营信息。

图 9-10　驾驶室照明

图 9-11　设备柜照明

第四节　乘客信息系统

现代城市轨道交通系统的运营管理越来越注重对乘客乘坐体验的优化,以此提高服务质量。乘客信息系统(Passenger Information System,PIS)是依托多媒体传输、计算机网络和图像显示等技术,以车站和车载显示终端为媒介向乘客提供信息服务的综合系统。乘客信息系统通常在地铁出入口、站厅、站台、电梯和扶梯的上下端口、列车车厢内部等乘客可视的空间设有等离子显示器、液晶显示器、单行或多行发光二极管显示器、彩色发光二极管显示器、投影墙、语音广播等现代化的视频显示设备和音频设备，并通过这些设备进行信息交互。

广义的乘客信息系统由列车有线广播系统（Public Address system，PA）和乘客信息显示系统（Passengers Information Display system，PIDs）两大部分组成。其中，乘客信息显示系统又由列车综合图文显示系统和车站地图闪光系统组成。

一、列车有线广播系统

列车有线广播系统由音频控制器、通信网络和音频终端设备组成。音频控制器和司机控制单元集中控制列车所有广播通信功能，实现列车驾驶室间内部通信（IC）、乘客紧急报警通信、人工语音广播（PA）、自动语音广播（DVA）、运营控制中心（OCC）对乘客广播、OCC与司机对讲等功能。

列车有线广播系统具有以下基本功能：

（1）驾驶室对客室的广播（PA 广播，带有提示音）。

（2）OCC 对列车的无线广播，通过车载无线电系统来实现（PA 广播，没有提示音）。

（3）自动触发数字化广播（自动报站）。已激活的旅客信息系统控制器（PISC）自动激活驾驶室的数字化广播，与乘客信息显示系统共同工作。

（4）半自动触发数字化广播。在全自动数字化广播的基础上，司机通过改变广播控制盒的段码进行报站。

（5）人工触发数字化广播（手动报站及紧急广播）。司机通过手动改变广播控制盒上的报站段码结合广播控制盒上的段码和站名对照表进行人工报站。

（6）乘客报警与通信（P-C），司机与乘客紧急通信。

（7）驾驶室之间对讲（C-C），从任一驾驶室到所有其他驾驶室（包括连挂的列车）。

（8）关闭车门提示声音信号。报站机能实现多语言报站，而且可以存储 100 个站名和 20 条信息，每条播报时间为 30 s。

二、乘客信息显示系统

乘客信息显示系统（PIDs）不仅能为乘客实时地显示列车运营信息，还可以通过车载的无线电视设备，接收地面的数字电视信号并进行实时播放，提高了整体服务水平。

乘客信息显示系统具有以下基本功能：

（1）运行区间信息显示。列车头部安装终点 LED 显示器（见图 9-12），按列车运行要求可预置终点站，并实时显示当前的终点站信息。

图 9-12 地铁列车头部 LED 显示器

（2）车体外侧信息显示。每节车厢配有两台车体外侧 LED 显示器，用于向站台乘客指示运行的方向和下一站信息。当列车处于非正常运营时，车体外侧 LED 显示器可以通过设置，来显示当运营状态（如试验、调试、回库等）。

（3）动态电子地图显示与开门侧提示。每节车厢设有八台 LED 动态电子地图，位于每个车门上方，如图 9-13 所示。LED 动态电子地图用于向乘客显示运行信息，并具备对下一站本侧是否开门进行提示的功能。LED 动态电子地图的显示内容包括：①运行方向；②经过的站和未达到的所有站；③下一站；④终点站；⑤下一站的开门提示；⑥换乘站及换乘线路。

图 9-13 车辆门区的电子地图

（4）到站信息显示。在每个车厢配置有多个大尺寸 LCD 显示器，为客室中的乘客提供相关的服务信息，其显示内容包括：①线路名称；②当前时间；③终点站名；④当前站名；⑤下一站名；⑥其他列车运营服务的图文信息。

（5）本地视频播放。播放预先录制好并存储在本地的媒体文件，如广告片、宣传片、动画片等。

（6）无线视频播放。系统有移动电视接口功能，可接收数字移动电视节目，包括实时新闻等。

实践操作

实训项目　城市轨道交通车辆空调机组的认知

1. 实训目的

城市轨道交通车辆空调通风系统是改善乘客服务环境、提高乘坐舒适度的重要保障,为保证其正常工作,需要对系统进行必要的日常维护及保养,以确保其安全可靠。空调机组是空调通风系统最基础、也是最重要的部分,是对室内空气进行制冷(制热)处理的关键设备。因此,准确认知空调机组是对城市轨道交通车辆空调通风系统进行维护保养的首要任务。

2. 实训设备

工具:手电筒、橡胶锤。
设备:城市轨道交通车辆客室空调机组、司机室空调机组。
物品:安全帽、手套、劳保鞋和工作服。

3. 实训内容

本任务在城市轨道交通车辆检修车间(实训基地)进行现场教学,完成下列实训步骤。
(1)按照标准作业要求进行着装(安全帽、手套、劳保鞋和工作服等);
(2)仔细观察城市轨道交通车辆空调系统实训设备;
(3)指出图 9-14 空调机组总成图中 1~14 号部件的名称。

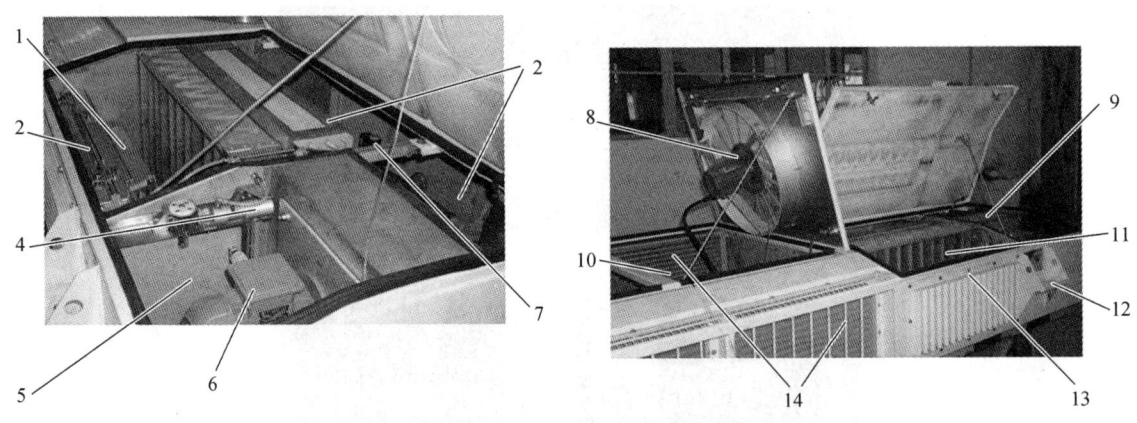

图 9-14　空调机组总成图

1—_____；2—_____；
3—_____；4—_____；
5—_____；6—_____；
7—_____；8—_____；
9—_____；10—_____；
11—_____；12—_____；
13—_____；14—_____。

习　题

9-1　辅助逆变器供电的主要负载有（　　）。
　　　A. 列车空调　　　B. 客室照明　　　C. 蓄电池　　　D. 牵引电动机
9-2　国内某六节编组列车采用-A*B*C=C*B*A-的布局，则蓄电池位于（　　）。
　　　A. A车　　　　　B. B车　　　　　C. C车　　　　D. 无法选择
9-3　空调制冷时，各部件的工作顺序为（　　）。
　　　A. 压缩机、送风机、冷凝风机　　　B. 送风机、冷凝风机、压缩机
　　　C. 压缩机、冷凝风机、送风机　　　D. 冷凝风机、压缩机、送风机
9-4　空调机组各部件中，用以提升制冷剂的压力和温度的是（　　）。
　　　A. 压缩机　　　B. 冷凝器　　　　C. 节流阀　　　D. 蒸发器
9-5　辅助逆变器的作用是什么？
9-6　叙述辅助逆变器的结构与工作原理。
9-7　蓄电池的作用是什么？
9-8　叙述城市轨道交通车辆空调通风系统的结构组成。
9-9　空调系统制冷的原理是什么？
9-10　叙述城市轨道交通车辆的空气循环过程。
9-11　冷凝器、干燥器、蒸发器的功能各是什么？
9-12　车辆照明系统包括哪些子系统？
9-13　什么是乘客信息系统？其作用是什么？
9-14　列车有线广播系统的功能有哪些？
9-15　乘客信息显示系统的功能有哪些？

第十章　城市轨道交通车辆新技术

现代城市轨道交通车辆集诸多现代高新科学技术于一体，涉及机械、计算机技术、电气（强电、弱电）、声学与光学等技术领域。为适应城市轨道交通运输特点，近年来城市轨道交通车辆主要采用了以下新技术：跨座式单轨车辆技术、直线电机车辆技术、有轨电车储能技术。

第一节　跨座式单轨车辆技术

跨座式单轨是一种轨道交通车辆在专用高架轨道上行驶的轨道交通系统，具有噪声低、占用道路少、适应性强等优点。该系统缓和道路拥堵现象效果较好，符合国内中小型城市的交通需求，具有广阔的应用空间。

一、跨座式单轨车辆技术体系

1876年，美国在宾夕法尼亚州的费尔蒙特公园建造了一条长度大约为170 m的蒸汽机车牵引的单轨系统，称为"鞍式铁路"，可视为跨座式单轨交通系统的雏形。经过百余年的发展，跨座式单轨系统不断完善，在数十个国家得到应用。但世界上掌握单轨车辆和相关设备技术的国家屈指可数，其中技术较为成熟且得到应用的更是寥寥无几。主要有：

（1）日本：车辆技术供应商——日立（HITACHI）。

（2）加拿大：车辆技术供应商——庞巴迪（BOMBARDIER）。

（3）中国：车辆技术供应商——中车长客（CRRCGC）、中车浦镇庞巴迪（PBTS）、比亚迪（BYD）、中车特种装备（CRRCTK）。

（4）马来西亚：车辆技术供应商——斯古米（SCOMI）。

（5）其他：单轨车辆供应商还包括在实际工作中应用有限的德国西门子（SIMENS）和供应旅游观光小型单轨车的瑞士英特敏（INTAMIN）。

每个国家都有独特的技术体系，各种技术体系车辆的功能定位也不尽相同，分析每一种技术体系的车辆关键技术，可为车辆选型提供指导。

二、日本日立跨座式单轨车辆技术

1960年，日本因对多制式轨道交通系统的需求，开始引进阿尔威格式、洛克希德式跨座式单轨系统，并在其基础上再创新。

1. 中大型跨座式单轨系统

日本日立大型跨座式单轨车辆结构与一般轨道交通车辆车体的结构基本相同。由于车辆均采用充气轮胎，承载能力有限，一般车体采用铝合金的焊接结构。该单轨车辆采用双轴转向架（见图10-1），每根车轴上装有一对走行轮，转向架设置了一对安全轮；在轨道梁的单侧设置一对导向轮与一个稳定轮；为保证导向轮与稳定轮在故障工况下的安全性，附设钢制辅助车轮。

图 10-1　日本日立单轨车辆采用的双轴转向架

2. 小型跨座式单轨系统

为适应中小型城市的交通需求，日本单轨协会对小型跨座式单轨列车进行研究。其中日立公司作为领头单位，设计的小型跨座式单轨车辆如图10-2所示。该小型跨座式单轨交通车辆与传统跨座式单轨交通车辆的最大区别在于使用铰接式结构，两辆车辆之间共用一个转向架。铰接结构减少了转向架数量，降低了车辆的总质量，减少了车辆的运行阻力，也可为车辆车体下方节约空间，用于安装设备；但同时，由于车轴数减少，造成轴重增加。

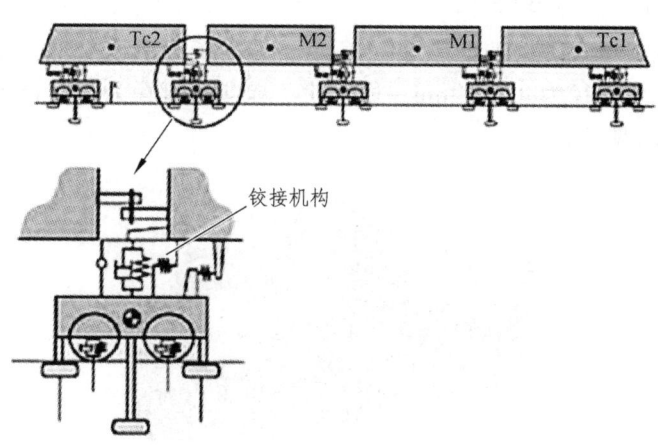

图 10-2　日立公司设计的小型化跨座式单轨车辆

小型跨座式单轨交通车辆由于自身结构尺寸小，使用铰接结构其平均轴重在 8 t 以下。该小型跨座式单轨交通车辆在新加坡圣淘沙公园等地区得到应用。车辆采用铝合金车体，DC 750 V 供电，最高运营速度为 80 km/h，考虑到运量及成本问题，车辆采用两辆编组，车长为 25 m，车宽为 2.7 m，车门宽度为 1.4 m，每列车有 4 个车门、24 个座位。

加拿大庞巴迪跨座式单轨车辆技术

三、中国跨座式单轨车辆技术

1. 中车长客（CRRCGC）

中车长客主要采用的是日立的跨座式单轨技术，并已在重庆广泛应用。

2. 比亚迪（BYD）

比亚迪云轨转向架如图 10-3 所示，每个转向架安装 4 个导向轮与 2 个稳定轮，轨道梁采用矩形结构。

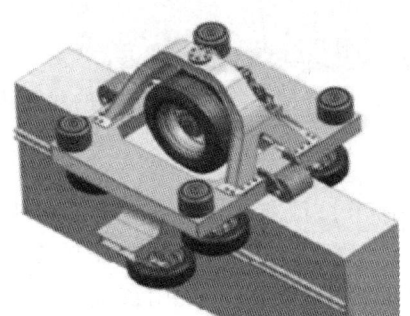

图 10-3　比亚迪云轨转向架

3. 中车浦镇庞巴迪（PBTS）

浦镇庞巴迪跨座式单轨转向架如图 10-4 所示，采用了庞巴迪 INNOVIA Monorail 300 车辆转向架技术。走行轮直径为 1 006 mm，稳定轮、导向轮直径为 537 mm，地板面与走行面高度为 450 mm，采用盘形制动。

图 10-4　浦镇庞巴迪跨座式单轨转向架

4. 中车特种装备

中车特种装备生产的轻量化跨座式单轨车辆如图 10-5 所示，8 节编组，1 节头车和 7 节车厢采用铰接式结构。整车共设置 9 个转向架，其中两端车坐落在非动力转向架上，相邻两节车辆铰接在动力转向架上。为降低两端车的地板面高度，非动力转向架的轮胎直径小于动力转向架轮胎直径。其转向架如图 10-6 所示。

图 10-5　中车特种装备轻量化跨座式单轨车辆

图 10-6　轻量化跨座式转向架

导向轮以轨道梁的侧面为导向面，依靠轮轨间的运动迫使车辆沿轨道运行。安全轮以轨道梁上盖板突出边缘为接触面，起到防侧滚、防脱轨作用，保证车辆在轨道上的安全运行，如图 10-7 所示。

图 10-7　轻量化跨座式安全导向轮

其他跨座式单轨车辆技术

国内首条无人驾驶跨座式单轨列车在安徽芜湖开通运营

四、车辆及系统技术对比

车辆作为跨座式单轨系统的核心部件，对整个单轨系统的技术有较大的影响。当前跨座式单轨系统的主要技术及特点对比如表10-1所示。

表10-1 跨座式单轨系统的主要技术及特点对比

技术体系	技术优点	技术缺点	主要项目案例	造价指标	车辆供应商
日本单轨技术	掌握了车辆、PC轨道梁、道岔等全套核心技术；具有大小运量的跨座式单轨系统，能适用于不同运量的城市轨道交通	单位造价水平高，部分子系统技术更新较慢	日本北九州、大阪市、多摩等8个城市；中国重庆；阿联酋迪拜；新加坡圣淘沙	很高	日立
中国单轨技术	掌握了车辆、PC轨道梁、道岔等全套核心技术；拥有适用于大运量城市轨道交通的车辆以及旅游交通的极小运量的车辆	暂无适用于中小城市及旅游景区的跨座式单轨系统	重庆、芜湖、六盘水、深圳	较低	中车长客、比亚迪、中车浦镇庞巴迪、中车特种装备
加拿大单轨技术	掌握了全套单轨轨道技术；掌握了自动无人驾驶车辆生产技术	车辆体积小、载客能力小，不适用于大运量城市轨道交通	美国华特迪斯尼、坦帕机场、拉斯维加斯、巴西圣保罗	较高	庞巴迪
马来西亚单轨技术	主要掌握了单轨列车关键技术；车辆成本具有一定的竞争力	车辆载客量较小，不适用于大运量城市轨道交通	吉隆坡单轨车辆、印度孟买单轨车辆	较低	斯古米

跨座式单轨系统作为中低运量轨道交通系统之一，特别适用于山地、海滨、地形复杂与建筑集中度高的城区与城郊。随着我国经济的迅速发展，中低运量轨道交通迎来爆发式增长的窗口期，跨座式单轨系统具有广阔的应用空间。

第二节 直线电机车辆技术

随着城市之间、城镇之间相互促进和依存的关系不断加强，以及城市核心区域快速扩张与发展，加强各地快速、安全、舒适的互联互通越来越重要，这也对我国干线轨道交通和城市轨道交通领域提出了有更强的爬坡能力、更小的转弯半径以及全天候的运行性能的要求。

直线电机具有非黏着驱动、结构简单与性能稳定可靠等特点，是高速磁悬浮列车和新型非黏着城轨车辆的核心装备。对于磁悬浮列车而言，由于取消了车轮，直线电机是具有唯一性和不可替代性的选择；对于新型非黏着城轨车辆，直线电机的应用提升了车辆的爬坡和过曲线能力。

一、直线感应电机在城市轨道交通车辆中的应用

直线感应电机主要应用于城市轨道交通，电机类型采用单边型，次级采用铝（铜）板与钢板制成。直线感应电机按初级放置在车上或沿轨道铺设，分为短初级和长初级。

1. 短初级直线感应电机

采用短初级直线感应电机的车型：直线电机轮轨车辆、中低速磁悬浮列车和直线电机单轨车辆。其特点如下：

（1）初级放置在车辆上，车载牵引变流器由受电弓或受流靴通过接触网或接触轨供电；

（2）次级为复合型，铺设在轨道上，结构简单、造价低；

（3）采用接触轨供电时，运行速度受限。

1）直线电机轮轨车辆

直线电机轮轨车辆的直线电机初级悬挂在转向架上，一辆车安装 2 台电机，由一个变压变频型（VVVF）逆变器供电，形成"车控"的形式，如图 10-8 所示。轮轨车辆采用直线电机驱动后，具有以下突出优势：

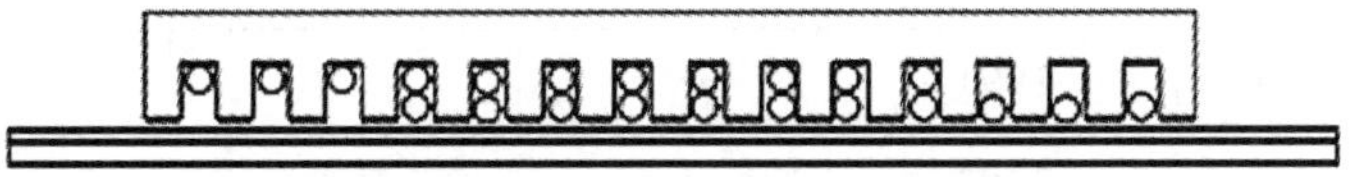

（a）短初级直线感应电机

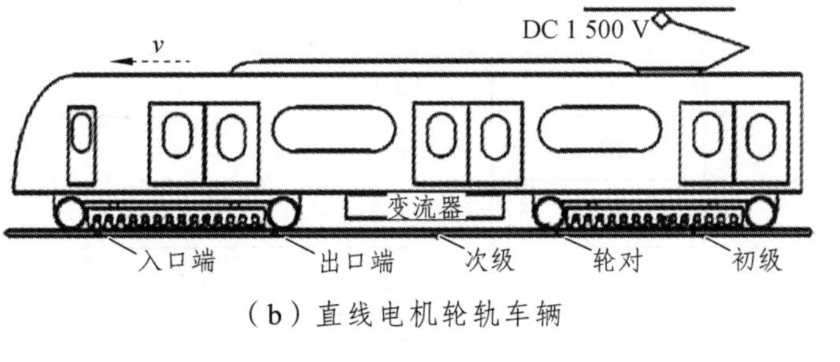

（b）直线电机轮轨车辆

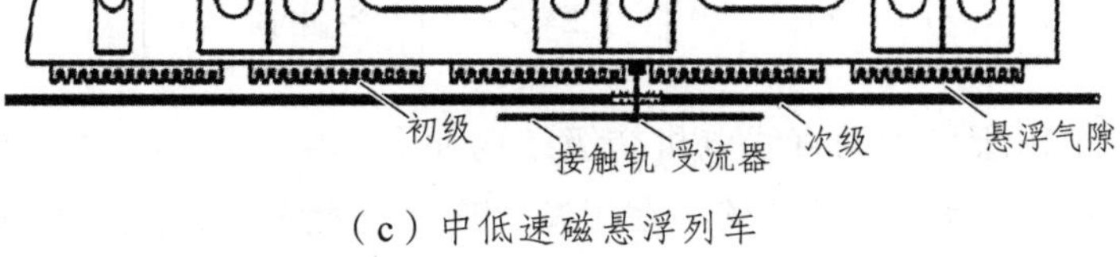

（c）中低速磁悬浮列车

图 10-8 短初级直线感应电机在城市轨道交通车辆中的应用

（1）轴箱定位结构大幅简化，实现柔性定位，车辆最小转弯半径由 250 m 减至 80 m，使选线规划更加容易和灵活。

（2）车辆牵引力的传递不再受到车轮与钢轨之间的黏着限制，车辆性能得到大幅提升，爬坡能力由传统车辆的 30%提升至 80%。

（3）直线电机无须齿轮箱等传动装置，车辆限界对结构的约束放宽，可实施各种小型化方案，因此隧道断面为传统隧道端面的 60%，可以较大程度上降低土建工程造价。

车辆的支撑和导向采用传统轮轨系统，仅牵引采用直线电机驱动，最大限度地利用直线电机的直驱特点，提升了车辆的性能。因此，直线电机轮轨车辆是一个较为经济和实用的方案，应用实例也较多，如表 10-2 所示。

表 10-2 直线电机轮轨车辆应用的线路

线路名称	开通年份	里程/km	开通国家	技术来源
多伦多 ALRT 线	1985	6.4	加拿大	庞巴迪
温哥华 ALRT 线	1986	51	加拿大	庞巴迪
底特律 DPM 系统	1987	4.8	加拿大	庞巴迪
吉隆坡 PUTRA 系统	1998	29.4	马来西亚	庞巴迪
肯尼迪国际机场快线 JFK	2003	13	美国	庞巴迪
龙仁 Ever Line	2013	18.1	韩国	庞巴迪
大阪市营 7 号线	1990	15	日本	川崎重工/近畿车辆
东京大江户线	1991	38.7	日本	日立
神户地铁海岸线	2002	7.9	日本	川崎重工
福冈 3 号线	2005	12.7	日本	日立
大阪 8 号线	2006	12.1	日本	川崎重工/近畿车辆
横滨 4 号线	2008	13.1	日本	川崎重工
东京地铁 7 线 8 线	2015	59.7	日本	川崎重工
仙台东西线	2015	13.9	日本	近畿车辆
广州地铁 4 号线	2005	43.6	中国	中车四方/川崎重工
北京地铁机场线	2008	27.3	中国	中车长客/庞巴迪
广州地铁 5 号线	2009	40.5	中国	中车四方/川崎重工
广州地铁 6 号线	2013	24.5	中国	中车四方

直线电机轮轨车辆所采用的直线电机初级结构如图 10-9（a）所示。次级拓扑结构与变化规律如图 10-9（b）所示，其设计核心在于减少次级损耗及横向边缘效应，提高直线电机的效率。同时，因次级沿线路铺设，需求量大，造价高。

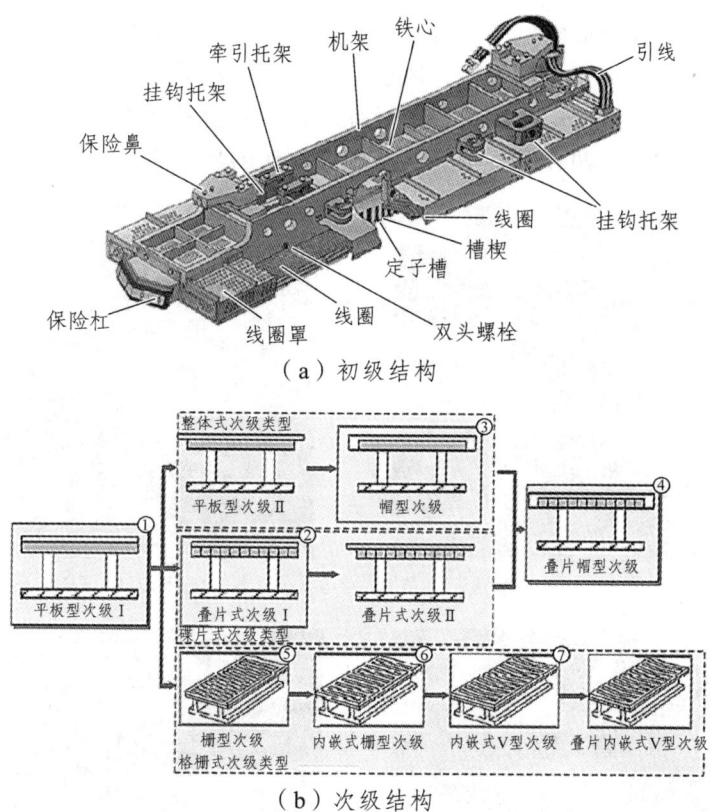

图 10-9 直线轮轨车辆用直线电机的初级和次级

在目前工程实践中,图 10-9(b)所示的①和④两种形式较为常用,即平板型和叠片帽型次级。其中,平板型造价较低,安装方便,但是电机性能稍差;叠片帽型次级损耗较低,性能较好,但造价略高。

根据冷却方式,车辆所用的直线感应电机采用自然风冷和强迫风冷 2 种形式。典型的电机参数如表 10-3 所示。

表 10-3 典型直线电机参数

参数	加拿大 MKⅡ 车辆	东京 12 号线	广州 4、5 号线
相数	3	3	3
极数	6	8	8
额定电压/V	570	1 100	1 100
最大电流/A	550	170	162
功率/kW	200	120	120
推力/kN	18.6	13.2	25
法向力/kN	25	26	29
总重/kg	701	1 400	1 480
冷却方式	强迫风冷	自然风冷	自然风冷

强迫风冷类型的直线感应电机，采用"低电压、大电流"的设计准则，质量和体积较小，具有较大的功率密度。但需要另加风机、风道以及辅助变流器来提供电源。自然风冷类型的直线感应电机，采用"高电压、小电流"的设计准则，质量和体积较大，功率密度略小。但整个系统简单、方便维护。两种类型电机的外观及相应的典型车辆如图 10-10 所示。

（a）广州地铁四号线

（b）吉隆坡 PUTRA 系统

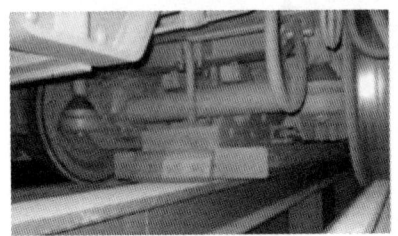
（c）自然风冷的电机

（d）强迫风冷的电机

图 10-10　典型直线电机轮轨车辆以及配备的电机

直线电机轮轨车辆的缺点：直线感应电机较低的效率和功率因数。电机效率在 70%～80%，牵引能耗也比同等水平的旋转感应电机高 10%～20%。这主要是因为直线感应电机气隙较大，通常设置在 9～12 mm，加上纵向边端效应的影响，使得电机性能降低。

控制策略方面：直线电机轮轨车辆牵引控制方式为矢量控制。其特点在于增加前馈和补偿算法，包括气隙变化的补偿、感应板阻抗变化的补偿、感应板缺失时的过流保护与能量反馈控制等。

2）中低速磁悬浮列车

中低速磁悬浮列车采用直线感应电机驱动，取消了轮轨关系的约束，具有转弯半径小、爬坡能力强、振动噪声低等优势，目前开通的运营线路如表 10-4 所示。

表 10-4　中低速磁悬浮应用的线路

线路名称	开通年份	里程/km	开通国家/技术来源
长沙磁浮快线	2016	18.7	中国
北京地铁 S1 线	2017	10.2	中国
东部丘陵线	2001	8.9	日本
仁川机场磁浮线	2016	6.1	韩国

中低速磁悬浮列车悬浮于轨道上方 10 mm 左右，无法使用传统的旋转电机驱动，采用直线电机驱动是唯一的选择。考虑到中低速磁悬浮列车速度在 100 km/h 左右，因此采用短初级的方案。

如图 10-11 所示，直线电机初级安装在转向架上，采用自然风冷方式，占用空间少、容易安装和维护。次级感应板安装于 F 形轨道背部，表面附铝以提供涡流路径。

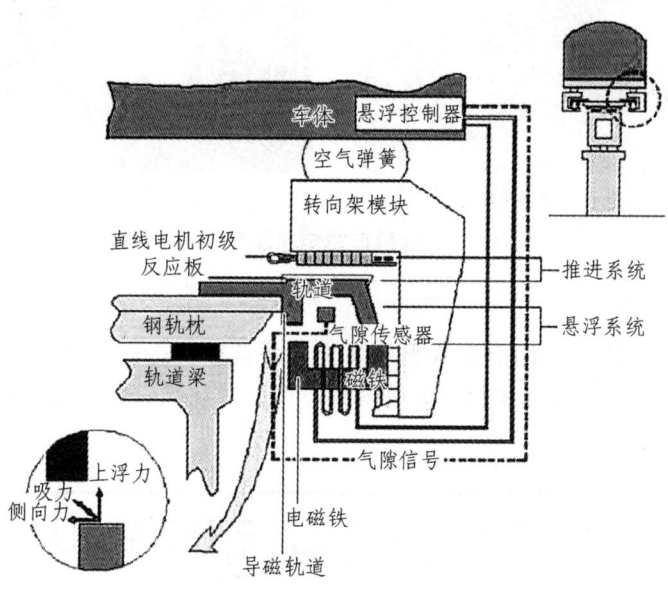

图 10-11 中低速磁悬浮列车用直线电机

F 轨和 U 形悬浮磁铁构成闭合磁路，通过悬浮控制器和气隙传感器构成主动控制，保证稳定悬浮与垂直方向的电磁约束。F 轨和 U 形悬浮磁铁构成的闭合磁路遵循磁力线沿磁阻最小路径闭合的规律，保证了车辆侧向的稳定性。

控制策略方面：如图 10-11 所示的安装结构，转差频率的变化会引起电机法向力大幅波动，并且该法向力会叠加在悬浮磁铁上造成扰动负载，影响悬浮稳定性。所以直线感应电机在中低速磁悬浮环境下，采用的矢量控制要求滑差频率恒定，减少法向力波动，为转子磁场定向的恒滑差频率控制。

3）直线电机单轨车辆

直线感应电机在单轨车辆中运用的典型代表为莫斯科高架单轨线路。2004 年年底开始投入运营，采用 6 节编组形式，总里程为 10.7 km。牵引系统采用短初级直线感应电机，如图 10-12（a）所示。次级为平板型沿线铺设，如图 10-12（b）所示。

莫斯科直线电机单轨列车具有单轨列车橡胶轮与直线电机驱动的双重优点。采用直线电机驱动的主要目的：

（1）利用直线电机的非黏着驱动优势，避免大雪对轮轨关系的影响，以实现全天候运行。

（2）直线电机初级扁平结构的特点，降低了车下垂直高度，增加了转向架灵活性和过曲线能力。

（a）直线电机单轨列车　　　　　　（b）次级、轨道和道岔

图 10-12　莫斯科直线电机驱动单轨列车

2. 长初级直线感应电机

在某些特殊场合无法在车辆上安装驱动系统，并且车辆运行安全要求对接触轨或接触网的供电约束较大，此时长初级直线感应电机得到应用。长初级直线感应电机的结构如图 10-13 所示。

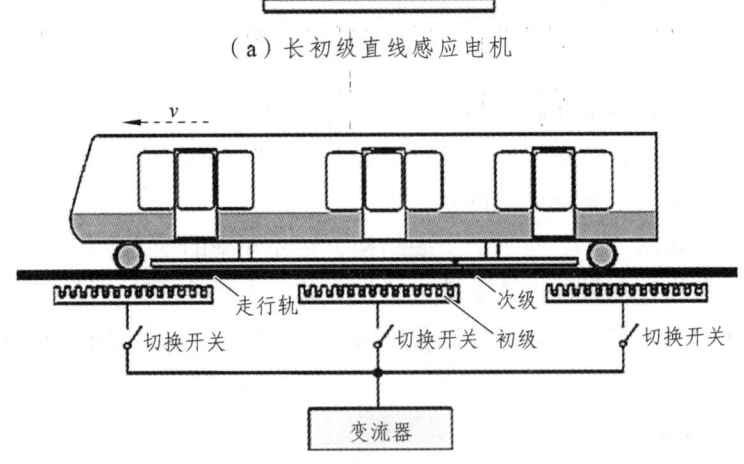

（a）长初级直线感应电机

（b）长初级直线感应电机的轮轨车辆

图 10-13　长初级直线感应电机在城市轨道交通车辆中的应用

采用该电机类型的车辆特点有：

（1）长初级铺设在轨道上，由地面牵引变流器供电，无接触网或接触轨，但初级沿线铺设成本较高。

（2）短次级悬挂于车下，结构简单，车体轻且无源。

（3）出于节省材料与简化供电的考虑，对于要求不太高的场合，长初级可以采用间隔分段设置，用分段分时供电的方式进行长初级之间的切换。

此类应用典型线路见表10-5和图10-14。休斯敦机场客运系统和美国国会地铁客运系统，都属于分段长初级直线感应电机驱动的小型地铁载客系统。

表10-5 长初级直线感应电机应用线路

线路名称	开通年份	里程/km	国家	技术来源
休斯敦机场客运系统	1999	1.1	美国	庞巴迪
美国国会地铁客运系统	1993	0.945	美国	—

（a）美国国会地铁客运系统　　　　　（b）休斯敦机场客运系统

图10-14 长初级直线感应电机的典型运用

美国国会地铁客运系统采用4节编组的全动车，连接美国众议院、美国国会大厦和美国参议院，仅供议员、议会相关人员与职员使用。采用分段长初级直线感应电机，线路共设置了506台初级，间隔1.5~3 m，隐蔽供电，保障安全。车辆底部悬挂无源的平板型次级。

二、电励磁直线同步电机在高速磁浮列车中的应用

直线同步电机因双边励磁，相较于直线感应电机具备较高的效率与功率因数，通常适用于高速运行场合。由于次级励磁功率较小，高速磁浮列车的速度为500 km/h，甚至更高，接触供电方式不再适用。因此，高速磁浮列车通常采用长初级的形式，即初级沿轨道安装于地面，通过地面大功率变流器供电及调速；次级安装在车上，通过直线谐波发电机无接触励磁。高速磁浮列车就是一台长初级、短次级的大型直线同步电机，且调速的控制权由地面承担。

根据初级是否有铁心与次级励磁导体类型，高速磁浮列车的直线同步电机可分为"有铁心初级与常导励磁次级"和"无铁心初级与超导励磁次级"两种初/次级匹配形式，分别对应常导直线同步电机与超导直线同步电机。

1. 常导直线同步电机

在传统列车中，车轨之间的约束关系由轮轨关系决定：车轮支承，轮缘导向，牵引由旋转电机、轮对、齿轮箱三者共同完成。即列车的支承、导向与牵引均采用"机械"方式实现，而磁悬浮列车，均采用"电磁"方式实现。

如图 10-15 所示，长初级安装在 T 形轨两侧的下方，列车与轨道呈"车抱轨"的形式，提高了安全系数。次级的磁极安装在悬浮臂底部，导向磁铁安装在悬浮臂中部，悬浮臂与车体相连。

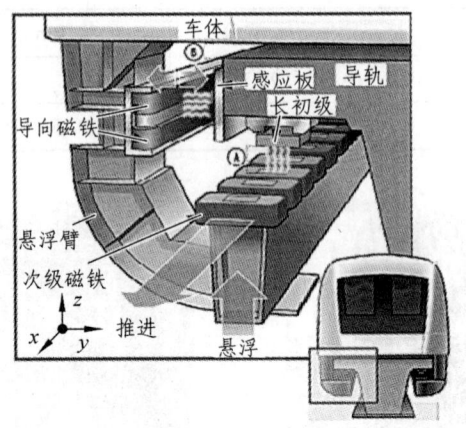

（a）牵引、悬浮与导向示意

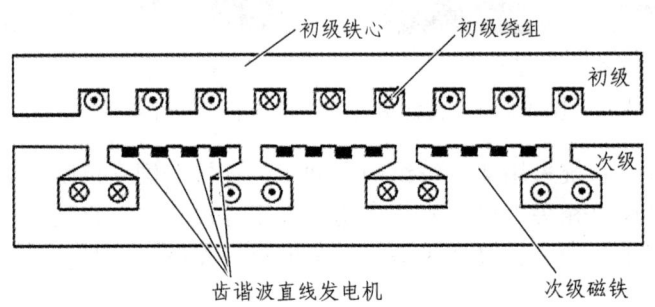

（b）直线同步电机与直线齿谐波发电机

图 10-15　常导型磁浮列车的牵引、悬浮与导向系统

该列车完成三维电磁约束如下：

（1）悬浮臂上的次级与轨道上的长初级之间产生电磁推力，完成车辆牵引功能，即 x 轴方向约束。

（2）初级和次级之间的法向作用力将列车向上抬起，通过负反馈调节次级励磁电流，保证悬浮气隙稳定，完成车辆悬浮功能，即 z 轴方向约束。

（3）导向磁铁与轨道感应板相互作用，使列车与轨道保持一定距离，完成车辆导向功能，即 y 轴方向约束。

其中，次级磁极上的有齿谐波直线发电机，无接触式地为列车提供电能，如图 10-15（b）所示。综上所述，直线同步电机能完成牵引、悬浮与发电三项功能。

（1）运用分数槽的方法削弱齿槽效应，设置的初级极距比次级极距小，设置数值为 0.1 倍的初级槽距。

（2）运用磁场定向的解耦控制，分别控制牵引力与悬浮力，设定初级电流 $i_a = 0$，使气隙磁场和无功功率均由次级磁极的励磁磁场产生，调节初级电流 i_q 与次级磁极的励磁电流分别控制牵引力与悬浮力。

德国 TR 系列与我国 600 km/h 高速磁浮列车均采用该类型电机，典型应用为上海龙阳路至浦东国际机场大约 30 km 的机场线。

上海磁悬浮列车为 5 辆编组，2 个头车、3 个中间车，头车的悬浮架布置如图 10-16 所示。次级磁极分布如下：

（1）头车中间悬浮架按照"10 个主磁极与 2 个末磁极"布置，端部悬浮架按照"12 个主磁极与 2 个末磁极"布置。

（2）中间车悬浮臂次级磁极均按照"10 个主磁极与 2 个末磁极"布置。

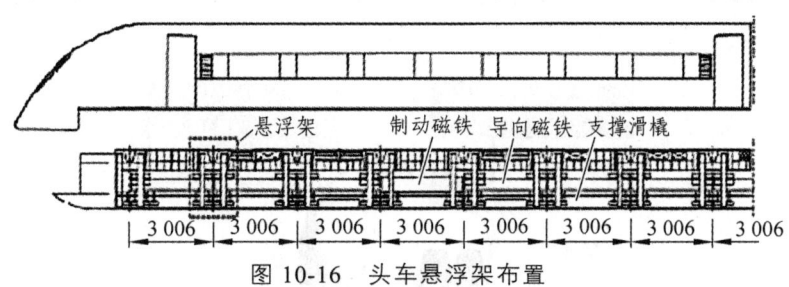

图 10-16　头车悬浮架布置

2. 无铁心超导直线同步电机

超导高速磁浮列车主要采用无铁心超导直线同步电机。如图 10-17 所示，轨道为 U 形，车与轨道采用"轨抱车"的形式。无铁心超导直线同步电机的次级超导磁体安装在车体的两侧，初级安装在 U 形轨道的两侧墙。用于悬浮的 8 字线圈覆盖在初级绕组外侧。

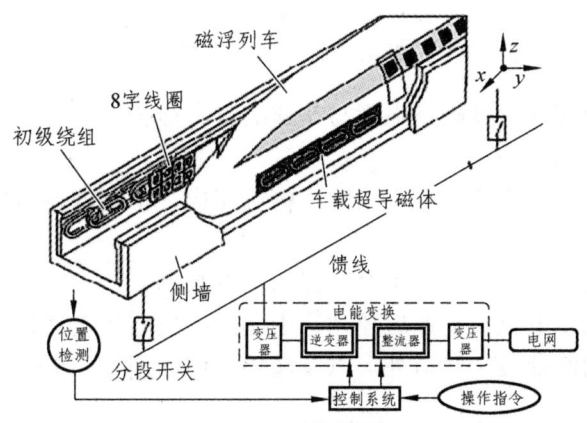

图 10-17　超导高速磁浮列车系统示意图

该列车完成三维空间电磁约束如下：

（1）轨道上的无铁心初级和超导次级磁极之间产生牵引力，完成车辆牵引功能，即 x 轴方向约束。

（2）车载超导磁体经过导轨两侧的 8 字线圈时，感应涡流使 8 字线圈励磁为磁体，分别对列车产生向上的吸引力和向下的排斥力，使列车悬浮，从而完成车辆悬浮功能，即 z 轴方向约束。

（3）如果列车在行驶过程中出现横偏，车体两侧的超导磁体会在远离侧与和接近侧的 8

字线圈分别产生吸引力与排斥力,把列车拉回到中央位置,完成车辆导向功能,即 y 轴方向约束。

由此可见,超导磁悬浮列车和常导磁悬浮列车的技术路线完全不同,主要表现为:

(1)采用无铁心长初级,安装在 U 形轨的两侧墙,分为内侧与外侧的推进绕组,即双层绕组。

(2)次级采用超导体电励磁,同为无铁心设计,能产生强励磁磁场,提升电机的效率。

(3)不能实现静止悬浮,需使用橡胶轮支撑,将列车加速至约 100 km/h 的起升速度后才进入悬浮状态。因此,超导高速磁悬浮列车具有两种状态,即轮轨运行和悬浮运行,如图 10-18 所示。

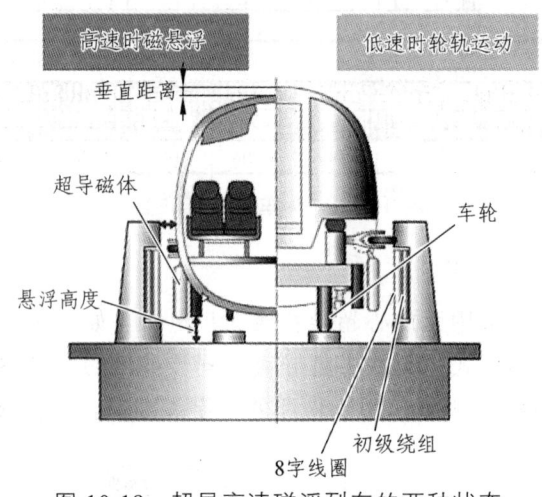

图 10-18 超导高速磁浮列车的两种状态

(4)悬浮力大小由超导磁极磁场强度与车速决定,即长初级停止供电,悬浮力也不会突然消失,列车会慢慢落地而停车。

(5)车辆推进功能由无铁心超导直线同步电机完成,车辆悬浮与导向功能由 8 字线圈与次级超导磁极完成。

(6)初级绕组采用大极距,降低了变流器的供电频率。

超导无铁心直线同步电机在高速磁浮列车中应用的典型代表:日本山梨试验线以及中央新干线。列车头型、初级铺设、轨道外形以及超导磁体如图 10-19 所示。

(a)列车头型　　　　　　　　(b)初级绕组

（c）U形轨道　　　　　　　　　　　（d）超导磁体

图 10-19　日本超导高速磁浮列车、初级绕组以及超导体

超导根据车载超导体材料特性的不同，可分为低温超导与高温超导两大类。典型的低温超导磁体及初级绕组参数如表 10-6 所示。

表 10-6　典型超导无铁心直线同步电机样机参数

名称	物理量	数值	单位
次级超导磁铁	极距	1.35	m
	长度	1.07	m
	宽度	0.5	m
	极数	4	—
初级绕组	长度	1.42	m
	宽度	0.6	m
	极距	0.9	m
	线圈间距	257	mm
	导线截面积	1 800	mm^2

永磁直线同步电机在城市轨道交通中的应用　　　　科技赋能，湖南培育经济增长新动能

第三节　有轨电车储能技术

现代有轨电车是一种中等运能、设计新颖、节约资源、对环境友好的交通运输工具，是在传统有轨电车的基础上全面升级改造的一种较先进的公共交通方式。

一、有轨电车的特点

1. 模块化设计

新型有轨电车车辆一般是 4 节编组，每节配置 1 台转向架，该车共有 3 台动力转向架与 1 台非动力转向架，如图 10-20 所示。

图 10-20　车辆编组

有轨电车的编组形式：=Mc1+Tp+M+Mc2=。其中：Mc 为带司机室的动车；Tp 为带受电装置的拖车；M 为动车；=为车钩；+为单铰接；++为双铰接。

模块化设计是将车辆划分成若干各自独立而又相互联系的模块。模块化设计有利于车辆维修保养，一旦出现故障，只需处理或更换该模块即可，不需要进行整车作业，可大大节约人力、工时与费用。车辆被划分为若干模块，利用增减中间模块与铰接模块，可组成不同编组的列车。在线路开通之初，可采用小编组的车辆运营，待客流逐步上升之后，可灵活增加列车的编组数量。另外，列车可单向或双向运行。

2. 100%低地板

"低地板"是指车辆地板距轨道面小于 400 mm。按车辆低地板区域能够达到客室面积的百分比分，主要有 70%低地板与 100%低地板。新型有轨电车车辆采用 100%低地板车辆，纵向耦合独立车轮转向架，可实现客室全贯通式低地板，客室地板面距离轨面高度 350 mm，更方便乘客上下车及车内的无障碍移动。车辆的主要设备与空调机组都位于车辆顶部，减少对地板下空间的占用。顶部电气设备噪声由电气箱体传出，又由于车辆顶盖的反射作用，噪声能量主要向上部反射，然后经过空气的衰减，达到车外噪声控制的目的。

3. 独立车轮

降低车辆地板高度的障碍不是车轮而是车轴。因此，低地板车辆不能采用常规车轴与轮对，必须将车轴做成下凹的 U 形轴桥，以降低车辆中间通道的地板高度。在 U 形轴桥两端的短轴上安装可独立回转的车轮组成轮对，运行时轴桥不动，两车轮可以以不同的转速转动，这种结构称为独立车轮。

独立车轮转向架的好处是克服传统轮对在直线运行时易产生的蛇行运动，消除轮轨间纵向蠕滑，可以获得较高的速度；同时，横向稳定性较好，易于实现低地板。但其在直线上自动对中性能较差，在曲线上只能依靠轮缘进行导向。因此，轮缘磨耗严重，容易造成脱轨事故，故完全独立车轮转向架一般只用于拖车上。动车转向架则采用横向耦合独立车轮转向架或纵向耦合独立车轮转向架。

纵向耦合独立车轮转向架如图 10-21 所示，同位左右车轮之间没有耦合装置，完全可独立旋转，中间通过轴桥连接，组成独立车轮轮对。转向架同一侧前后 2 个独立车轮可通过牵引驱动机构纵向耦合，使两者具有相同的旋转速度，同一侧前后独立车轮也可通过牵引逆变器电气耦合的方式来保证其同步转动。

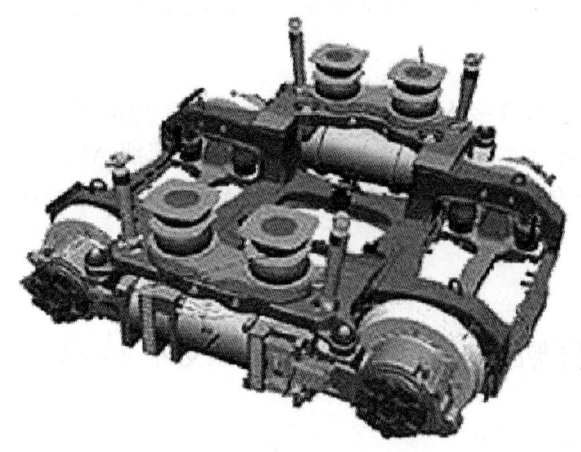

图 10-21 纵向耦合独立车轮

4. 超级电容供电

新型有轨电车采用新的超级电容储能技术，消除传统有轨电车接触网供电所需的线网、立柱等对城市景观的影响。除车站必须设置的充电站外，整条线路上无其他供电设备，系统简单整洁，方便建设。超级电容的容量较大，充电迅速，利用车辆在车站停车上下客时间对其充电，即可行驶到下一站。另外，储能式有轨电车还具有可吸收列车制动时动能的再生能力，整体能量回收率可达到 80%，车辆满载时行驶一个站区间平均仅消耗 4 kW·h 的电。现代有轨电车在运行过程中几乎没有大气污染物的排放（即直接排放），但在其车辆、线路的建造过程中以及作为驱动能源的电力产生阶段，都会产生一定的污染（即间接排放）。在考虑环保性的时候须要考虑这方面的因素。

另外，由于超级电容是电荷聚集的物理反应，并无化学反应，整个单体是稳定的、安全的，在经受挤压、冲击、火烧的情况下都不会有爆炸或燃烧的危险。

5. 防折弯系统

防折弯系统用于防止单个车体模块在车辆行驶在直轨与曲轨上以及驶入和驶出曲线时产生不必要的位移和运动。单铰接相连的 2 个模块各配有 1 套防折弯系统，列车共配置 2 套，具有横向减振的功能，提高了列车行驶的舒适性。

6. 多种制动方式并用

新型有轨电车配置多套制动装置，包括电制动、液压制动、磁轨制动，车辆制动快且平稳。动车上的制动由以下几种方式组成：

（1）电制动：为常用制动、安全制动及紧急制动提供制动力。

（2）被动式弹簧制动（分1级和2级制动模式）：用1级被动式弹簧制动力弥补转向架损失的电制动力，用2级被动式弹簧制动力承担列车的停放制动力。

（3）磁轨制动：为列车提供辅助制动力，满足列车的制动需求。

拖车上的制动由以下几种方式组成：

（1）主动式液压制动（无级）：根据整车对拖车的制动需求，为整车提供无级的液压制动力。

（2）磁轨制动：为列车制动提供辅助的制动力，满足列车的制动需要。

7. 人性化设计

新型有轨电车车辆还有许多人性化设计，为乘客带来更舒适的服务。例如，车载部分在 Mc1 车与 T 车铰接处、Mc2 车与 M 车铰接处分别安 1 台无线 AP，可实现车内无线网络覆盖；客室座椅采用纵横交错的布置方式；在列车中间两节车上设置折叠座椅，在需要时可将折叠座椅收起作为轮椅区等。

二、储能式有轨电车牵引系统的技术特点

1. 车辆参数及性能要求

储能式轻轨车辆是利用储能系统（超级电容组件）储存电能，并将此电能作为牵引动力源的一种轻轨车辆。其原理为在车站内由地面充电系统快速（30 s）完成充电，牵引车辆至下一车站再次充电，实现无弓网运行，节约建设成本，并在电制动过程中，储能系统能回收大部分电制动能量。储能式轻轨车辆是城市轨道交通车辆的一种新形式，也是适用于城市高效节能、低碳环保的大众交通工具。

（1）车辆基本参数（见表 10-7）。

表 10-7 储能式有轨电车车辆的主要参数

转向架形式	B_0-2-B_0
受电方式	车站静止受电
受电电压	DC 900 V
额定电压	DC 750 V
工作电压范围	DC 500～900 V
传动比	6.97
齿轮传动效率	0.98
最大载客量（AW3）	310（270+40）人
自重（空车）	44 500 kg
轮径（新轮/半磨耗轮/磨耗轮）	680 mm/640 mm/600 mm

(2)动力性能。

在半磨耗轮径 640 mm、载荷 AW3、平直道线路及额定电压 DC 750 V 情况下,列车性能参数如表 10-8 所示。

表 10-8　储能式有轨电车动力性能参数

黏着系数	≤0.165
0~30 km/h 平均加速度	0.9 m/s²
0~80 km/h 平均加速度	0.34 m/s²
0~70 km/h 加速距离	420 m
常用制动减速度	1.0 m/s
紧急制动减速度	1.5 m/s²
80 km/h~0 的制动距离	220~250 m
冲击极限	0.75 m/s³

(3)列车故障运行及坡道救援能力。

在坡度为 30‰的坡道,超员 AW3 载荷下,并且切除 1/2 动力的列车,可载客运行至就近车站疏散旅客,并以不低于 15 km/h 的速度回库,退出运营。在坡度为 30‰的坡道,一辆功能正常的空载(AW0)列车能牵引或推动一辆相同的但损失全部动力的超员(AW3)列车,运行至就近车站疏散乘客,并以不低于 15 km/h 的速度回库,退出运营。

2. 牵引电传动系统

牵引电传动系统需满足车辆动力性能、故障运行、救援能力及实现预期的运行速度等,并综合考虑系统各参数匹配与满足储能式轻轨车辆特殊的运行模式及电气性能要求。

牵引电传动系统由主电路、牵引控制系统及其装置组成,提供列车的牵引/电制动力和实现列车牵引顺序逻辑控制、故障保护及列车牵引/电制动运行等。

储能式轻轨车辆的牵引电传动系统采用轴控型逆变器——永磁同步电机交流传动系统,以网络控制为主、硬线为辅。

牵引特性是列车电传动系统的基本特性,主要根据列车的动力性能要求,考虑列车的冲击极限与电传动系统部件的容量、参数匹配及对故障运行能力进行核算等。综合考虑牵引电动机的输出转矩、转速及机械传动装置的结构与可靠性,选定齿轮驱动装置的齿轮传动比为 6.97。

列车在半磨耗轮径 640 mm 及额定电压 DC 750 V 条件下,取齿轮装置的传动效率为 0.98,列车的最大起动轮缘牵引力:在超员载荷 AW3 时,$F = 60$ kN/辆;在空载 AW0 时,$F = 44.8$ kN/辆。

牵引系统充分利用轮轨的黏着条件,并根据列车载重从空车 AW0 到超员载荷 AW3 范围内自动调整牵引力的大小,使列车在空车 AW0 至超员载荷 AW3 范围内基本保持起动加速度不变,并具有反应迅速、有效可靠的防空转控制。牵引特性速度范围如表 10-9 所示。

表 10-9 牵引特性速度范围

恒牵引力速度范围	0～30 km/h
恒功速度范围	30～50 km/h
自然特性速度范围	50～80 km/h

3. 储能管理系统

（1）储能系统参数。

每列车都由两节独立动力单元构成，每一节车都有独立的储能电源。储能电源由多个动力型超级电容组件通过串并联的方式构成。超级电容储能元件与其他储能元件相比，具有功率高、寿命长、绿色无污染等特点。单个储能电源参数如表 10-10 所示。

表 10-10 储能电源参数

额定工作电压	DC 750 V
最高充电电压	DC 900×（1±1%）V
终止放电电压	DC 500×（1±1%）V
超级电容单体	2.7 V/7 000 F
储能电源构成	4 并 342 串
储能电源总容量	82 F
储能电源储存能量	9.2 kW·h
储能电源工作能量	6.4 kW·h
储能元件寿命	大于 100 万次
储能电源质量	1 600 kg

（2）储能管理系统功能。

储能管理系统通过 CAN 总线与电压/电流传感器采集储能系统的状态信息，对储能系统进行管理，实现储能系统的故障诊断、能量显示、状态监视和用电量计量等功能。储能管理系统通过 MVB 接口和网络控制系统连接，实时反馈储能系统的各种状态，在司机室 HMI 上显示。储能管理系统具有网络接口，供维护人员通过检测软件实时监视储能系统。

① 故障诊断。

对储能系统所发生的故障进行诊断，存储故障发生前后的电压、电流波形及温度与代码等，同时将故障代码与故障记录上传至 MVB 网络 ERM 模块，供维护人员下载与分析。

② 状态监视。

实时采集储能系统的电流、电压与温度等信号，全面监控系统内所有储能模块、状态信息并传送至 MVB 网络用显示器显示，同时提供网络接口，供维护人员通过 PTU 系统进行在线监视。

③ 能量显示。

通过采集储能系统的电流、电压等信号，计算储能系统当前的存储容量，实时发送至 MVB 网络，供 HMI 显示。

④ 用电量统计。

通过采集储能系统输入与输出的电流、电压等信号，累加计算消耗的能量、反馈的能量及能耗比，发送至 MVB 网络，供 HMI 显示。

4. 储能式牵引系统和传统电气牵引系统对比

由于超级电容储能系统与永磁同步电机的应用，储能式牵引系统具有电路形式简单、系统质量轻、效率高、能耗低等优点。与传统电气牵引系统对比如表 10-11 所示。

表 10-11 储能式牵引系统与传统电气牵引系统对比

项　目	储能式电气牵引系统	传统电气牵引系统
主电路形式	无线路电抗器、制动电阻	有线路电抗器、制动电阻
系统质量	相对约减少 900 kg	—
牵引传动效率	0.96×0.98×0.98	0.96×0.98×0.98
制动能量吸收率	0.95	0.72

三、储能式有轨电车地面充电系统技术特点

1. 充电站主要技术参数（见表 10-12）

表 10-12 充电站技术参数

额定输入电压	3AC 10 kV（50 Hz）
输出充电电流	2×900 A
最高充电电压	（900±9）V
充电特性	900 A 恒流，900 V 限压
充电工作周期	30 s（满载），180 s（空载）
充电效率	>90%
输入电流谐波	<5%
功率因素	>0.95
受电方式	静止充电

2. 充电站工作原理

（1）充电站简述。

储能式轻轨车地面充电站采用民用供电系统中 3AC 10 kV 作为输入电源，经高压电缆输送到充电站的配电柜。

配电柜主要实现主电路的开断与保护。充电站有两个变压器，主变压器一组输入，两组输出，输入是 Y 型接线方式，两组输出分别是 Y 型和 △ 型接线方式，相位相差 30°。变压器输入电压是 3AC 10 kV，输出电压是 3AC 860 V，作为两个充电柜的输入电压；辅助变压器为充电站中风机与辅助电路提供 3AC 380 V 电源。充电柜的输出和导电轨相连，通过导电轨给两组独立的储能电源以恒流限压方式充电。

（2）充电柜主电路原理。

充电柜主电路每个充电柜由 1 个主控制器、2 个整流模块、2 个 DC/DC 模块以及辅助电路组成。充电柜先采用 12 脉波整流，再通过 DC/DC 斩波，分两条支路为储能电源充电。

充电柜中的 F1~F6 是整流器输入熔断器，KM1、$R1~R3$ 与 KM2、$R4~R6$ 分别为两路输入预充电电路，整流管的 D1~D6 组成整流模块 1，D7~D12 组成整流模块 2，两个整流模块组成 12 脉波整流器，将输入的两组相位差 30°的三相 860 V 电整流成直流电输出。

控制器控制 BUCK 实现充电管理，根据车载储能电源的剩余电量进行合理充电。当储能电源两端电压值高于 400 V 时，采取正常充电模式，实现恒流限压充电；当储能电源两端电压值低于 400 V 时，采取深度充电模式。

充电柜的控制电源由外接 3AC 380 V 构成，它也作为整流柜的散热装置电源，当主输入回路异常切除时，系统仍能保证正常控制。控制器为充电柜的控制核心，包含充电管理、整流柜逻辑控制及对外通信功能。

（3）充电模式。

充电站采用恒流限压的充电模式，首先采用恒流 900 A 的方式充电，达到限压值 900 V 后，采用限压的方式充电，当充电电流小于终止充电电流值或超过设定最长时间时停止充电。

（4）充电站的保护。

变压器输入端有接触器与熔断器保护，当变压器短路、变流器短路、其他故障导致变压器输入端电流过大时，熔断器熔断。接触器与熔断器之间有互锁，只要其中一个熔断器开路，接触器就断开，并且只要其中一个熔断器开路，接触器就无法闭合，同时在变压器输入端安装有避雷器。

变压器输出端与整流器之间选用快速熔断器保护，快速熔断器的响应时间小于整流器的二极管所能承受的过流时间，当系统变流器发生短路时，熔断器熔断保护二极管。其他原因引起变压器输出端短路时，快速熔断器也能够迅速保护二极管。

变流器输出端也有快速熔断器，当充电柜或储能电源故障引起输出电流过大时，熔断器就断开，断开充电柜与储能电源，防止系统内部毁坏。

双重温度保护：控制器监控系统温度，温度过高时，变流器就停止工作；系统内安装温度继电器，温度过高时，直接切断输出。

防反接保护：当输出母线接反时，控制器一旦检测到电压异常，就会禁止变流器工作，防止毁坏储能电源与充电柜。

习 题

10-1 什么是跨座式单轨？
10-2 采用短初级直线感应电机的车型特点有哪些？
10-3 采用长初级直线感应电机的车型特点有哪些？
10-4 有轨电车的特点有哪些？
10-5 储能式轻轨车辆的储能原理是什么？

参考文献

[1] 王伯铭. 城市轨道交通车辆总体及转向架[M]. 北京：科学出版社，2013.

[2] 徐安. 城市轨道交通电力牵引[M]. 北京：中国铁道出版社，2000.

[3] 陈祖让. 城市轨道交通车辆维护与检修[M]. 北京：中国铁道出版社，2014.

[4] 彭其渊. 城市轨道交通列车牵引计算[M]. 成都：西南交通大学出版社，2005.

[5] 陈东东，陈锦生，常秀娟. 城市轨道交通概论[M]. 重庆：重庆大学出版社，2019.

[6] 张建平. 城市轨道交通列车运行自动控制系统[M]. 成都：西南交通大学出版社，2017.

[7] 薛锋，朱志国，陈钉均. 城市轨道交通新技术[M]. 成都：西南交通大学出版社，2016.

[8] 张玮，吴昕慧. 城市轨道交通列车运行自动控制系统维护[M]. 成都：西南交通大学出版社，2016.

[9] 杜彩霞. 城市轨道交通车辆构造与检修[M]. 重庆：重庆大学出版社，2015.

[10] 孟亚东. 轨道交通车辆结构与原理[M]. 北京：清华大学出版社，2019.

[11] 周江涛，周珩. 城市轨道交通车辆制动系统[M]. 北京：中国铁道出版社，2017.

[12] 刘柱军. 城市轨道交通车辆构造[M]. 北京：人民交通出版社，2013.

[13] 连苏宁. 城市轨道交通车辆构造[M]. 北京：机械工业出版社，2011.

[14] 雷晓娟，张天彤. 城市轨道交通车辆构造[M]. 北京：中国铁道出版社，2012.

[15] 史富强，祁国俊. 城市轨道交通车辆构造 [M]. 2版. 重庆：重庆大学出版社，2020.

[16] 黄凯林. 城市轨道交通车辆总体及走行部[M]. 北京：中国铁道出版社，2016.

[17] 方宇. 城市轨道交通车辆概论[M]. 北京：中国铁道出版社，2012.

[18] 吕刚. 城市轨道交通车辆概论[M]. 北京：北京交通大学出版社，2011.

[19] 柳拥军. 城市轨道交通车辆[M]. 北京：科学出版社，2016.

[20] 左建勇，丁景贤. 轨道交通车辆制动系统智能控制与维护技术研究进展[J]. 交通运输工程学报，2021，21（06）：40-62.

[21] 张晓杰. 100%低地板有轨电车制动控制策略[J]. 城市轨道交通研究，2021，24(S2)：75-78.

[22] 石艳红，陈谦. 高速列车总线式与交换式网络控制系统重联设计[J]. 机车电传动，2021（03）：108-112.

[23] 张晓晋. 高速动车组列车网络控制系统与车门子系统接口功能分析[J]. 铁道机车车辆，2019，39（04）：21-25.

[24] 戚壮，王晓雷，莫荣利，叶特. 高速列车空气弹簧横向特性动力学建模与应用[J]. 振动、测试与诊断，2021，41（05）：904-912.

[25] 李春明，张英福，徐园. 城市轨道交通车辆全自动车钩过载保护装置比较[J]. 城市轨道交通研究，2016，19（01）：123-126.

[26] 张国富. 城市轨道交通车辆空气弹簧系统使用寿命及可靠性评价方法[D]. 上海：上海工程技术大学，2013.

[27] DAVID W J. Mass Motorization and Mass Transit：An American History and Policy Analysis[M]. Indiana University Press，2008.

[28] JOACHIM S. Public Private Partnership for Urban Rail Transit[M]. Deutscher Universitätsverlag，2004.